历史演进、制度变迁与效率考量

——中国证券市场的近代化之路

尹振涛 著

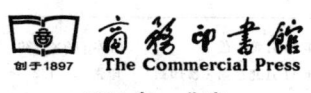

2011年·北京

图书在版编目(CIP)数据

历史演进、制度变迁与效率考量:中国证券市场的近代化之路/尹振涛著.—北京:商务印书馆,2011
 ISBN 978 - 7 - 100 - 08569 - 4

Ⅰ.①历… Ⅱ.①尹… Ⅲ.①证券市场－研究－中国 Ⅳ.①F832.51

中国版本图书馆 CIP 数据核字(2011)第 182408 号

所有权利保留。
未经许可,不得以任何方式使用。

历史演进、制度变迁与效率考量
——中国证券市场的近代化之路

尹振涛 著

商 务 印 书 馆 出 版
(北京王府井大街36号 邮政编码100710)
商 务 印 书 馆 发 行
三河市尚艺印装有限公司印刷
ISBN 978 - 7 - 100 - 08569 - 4

2011 年 11 月第 1 版　　开本 880×1230　1/32
2011 年 11 月北京第 1 次印刷　印张 11　1/2
定价:30.00 元

目 录

第一章 导 论 ……………………………………………… 1
　一、现实意义与理论意义 ………………………………… 1
　二、文献综述与简单评述 ………………………………… 6
　三、理论逻辑与内容说明 ………………………………… 21
第二章 近代中国证券市场产生的动因分析 ……………… 33
　第一节 近代证券市场产生的制度需求分析 …………… 33
　　一、良好示范作用之正比效应:股份制的引进与华商附股现象 … 36
　　二、股份公司数量之正比效应:洋务运动推动下的新式股份制
　　　　企业的发展 ………………………………………… 43
　　三、社会剩余资本之正比效应:投资者群体的形成与投资需求的
　　　　旺盛 ………………………………………………… 48
　　四、信贷融资能力之反比效应:新式银行未成规模与旧式金融
　　　　机构力量单薄 ……………………………………… 53
　第二节 近代证券市场产生的成本与收益分析 ………… 58
　　一、近代证券市场产生的预期成本 ………………… 58
　　二、近代证券市场产生的潜在收益 ………………… 60
　第三节 意识形态与近代证券市场的产生 ……………… 62
　　一、传统文化与证券市场的基本关系 ……………… 63
　　二、矛盾与冲突:中国传统文化与近代证券市场 …… 66
　　三、借鉴与融合:证券思想萌芽与近代证券市场 …… 70

本章小结 …………………………………………………… 76
第三章 诱致性制度变迁主导下的近代中国证券市场 ……… 78
第一节 初级行动团体的努力 ……………………………… 78
一、初级行动团体的第一轮努力:上海平准股票公司和公平易公司 ………………………………………………………… 79
二、初级行动团体的第二轮努力:茶会交易与上海股票商业公会 …………………………………………………………… 82
三、初级行动团体的第三轮努力:上海证券物品交易所和上海华商证券交易所 ………………………………………… 85
四、初级行动团体的非正式制度供给:证券投资思想 ……… 89
第二节 次级行动团体的出现 ……………………………… 94
一、晚清政府发行公债的动因与概况 ……………………… 95
二、北洋政府发行公债的动因及概况 ……………………… 106
第三节 次级行动团体的制度供给 ………………………… 114
一、次级行动团体的第一轮制度供给:《公司律》与《公司条例》……………………………………………………… 115
二、次级行动团体的第二轮制度供给:《证券交易所法》及附属法规 ……………………………………………………… 117
三、次级行动团体的第三轮制度供给:北京证券交易所 …… 119
四、次级行动团体的第四轮制度供给:《交易所监理官条例》…… 121
本章小结 …………………………………………………… 122
第四章 强制性制度变迁主导下的近代中国证券市场 ……… 124
第一节 产权理论、国家理论与制度变迁中的政府行为 …………………………………………………… 125
一、产权理论与政府行为 …………………………………… 125

二、国家理论与政府行为 ……………………………………… 129
第二节　政府介入证券市场的目的与方式 ……………………… 133
　　一、两种身份与两种交替关系 ……………………………… 134
　　二、"裁判员"身份纠正市场缺陷：正向交替 …………………… 135
　　三、"运动员"身份获取寻租利益：逆向交替 ………………… 138
第三节　正向交替：证券市场立法与监管 ……………………… 143
　　一、政府正式制度供给之一：证券市场立法 ………………… 146
　　二、政府正式制度供给之二：证券市场监管体系 …………… 153
　　三、政府正式制度供给之三：公债市场的监管 ……………… 161
　　四、制度供给的意识形态基础：管理证券市场的思想 ……… 164
第四节　逆向交替：发行公债弥补财政 ………………………… 168
　　一、一级市场与政府财政 …………………………………… 169
　　二、逆向交替：无限政府下的公债发行方式 ………………… 177
第五节　夹缝中曲折发展的股票市场 …………………………… 188
　　一、萎靡不振的股票市场 …………………………………… 189
　　二、股票市场的复苏与畸形发展 …………………………… 190
　　三、近代证券市场的历史终结 ……………………………… 193
本章小结 ……………………………………………………………… 194

第五章　近代中国证券市场的外在效率及参与者行为 ……… 196
第一节　产业与近代证券市场的脱节：融资者角度 …………… 197
　　一、近代股份制企业的发展与股票发行市场 ……………… 197
　　二、近代产业债券融资形式与公司债市场 ………………… 202
　　三、近代产业与证券市场严重脱节 ………………………… 205
第二节　钱庄对近代证券市场的参与：投资者角度 …………… 209
　　一、近代上海钱庄的发展 …………………………………… 209

二、钱庄的证券投资行为 ································ 213
　　三、钱庄证券投资行为的个案分析:福康钱庄和福源钱庄 ··· 220
　　四、钱庄证券投资行为的约束机制 ························ 225
第三节　银行对近代证券市场的利用:投资者角度 ············ 228
　　一、近代华资银行与证券市场的发展同步性 ················ 229
　　二、华资银行的证券投资行为 ···························· 236
　　三、华资银行证券投资行为的个案分析:金城银行 ·········· 244
　　四、银行证券投资行为的约束机制 ························ 257
　　五、银行积极参与政府公债投资的原因分析 ················ 263
　本章小结 ·· 268
第六章　近代中国证券市场的内在效率及价格波动 ············ 270
　第一节　近代证券市场波动的总体考察 ···················· 271
　　一、股票市场价格波动的历史考察 ························ 271
　　二、公债市场价格波动的历史考察 ························ 290
　第二节　近代证券市场波动的市场因素分析 ················ 294
　　一、公司价值 ·· 294
　　二、银行利率 ·· 296
　　三、供求关系 ·· 297
　　四、投机行为 ·· 299
　　五、其他因素 ·· 303
　第三节　近代证券市场波动的政府因素分析 ················ 305
　　一、政府债信动摇,公债基金不稳 ························ 305
　　二、制度供给不足,法律法规缺失 ························ 306
　　三、实施机制不健全,制度执行力差 ······················ 308
　　四、制度供给混乱,制度效率低 ·························· 311

五、寻租现象严重,制度供给时有过剩 ……………… 312
　本章小结 ………………………………………………… 314
结　语 ……………………………………………………… 316
　一、近代中国证券市场的制度变迁轨迹及特征 ……… 316
　二、近代中国证券市场的历史演进的启示 …………… 325
主要参考文献 ……………………………………………… 332

图表目录

表1—1 已知关于近代中国证券市场研究的专著(1949年以前) ······ 7

表1—2 已知关于近代中国证券市场章节的专著(1949年以前) ······ 8

表1—3 大量刊发关于近代中国证券市场研究文章的主要报刊(1949年以前) ······ 9

表1—4 有关近代中国证券市场研究的专著(1949年以后) ······ 10

表1—5 有关近代中国证券市场研究的论文检索统计(1949年以后) ······ 11

表1—6 制度变迁理论与近代中国证券市场研究的逻辑匹配图 ······ 30

表2—1 1872年以前外商在华创办的主要股份制企业 ······ 38

表2—2 1871年10月9日外商股票行情表 ······ 40

表2—3 1872—1883年招股创办的主要工矿企业 ······ 45

表2—4 旧中国人均国民收入情况 ······ 49

表3—1 清末主要的外国政治借款统计 ······ 97

表3—2 清末财政收入 ······ 99

表3—3 清末发行的国内公债统计 ······ 100

表3—4 清末发行的地方公债统计 ······ 106

表3—5	北洋政府军事费与债务费统计	107
表3—6	北洋政府公债整理前发行的公债统计	109
表3—7	北洋政府公债整理前发行的库券统计	109
表3—8	1920年底北洋政府公债未偿还额	111
表3—9	1921年公债整理情况	112
表3—10	北洋政府公债整理后发行的公债统计	113
表3—11	清政府、北洋政府主要的证券市场制度供给	115
表4—1	1927—1936年财政收支情况	140
表4—2	1937—1945年财政收支情况	141
表4—3	1945—1948年财政收支情况	142
表4—4	1927—1949年证券立法与监管情况	144
表4—5	近代证券市场监管机构的演变	146
表4—6	1927—1937年南京政府发行的公债统计	169
表4—7	1937—1945年南京政府发行的公债统计	173
表4—8	1945—1949年南京政府发行的公债统计	176
表4—9	1919—1926年上海商业储蓄银行买卖证券投资损益	183
表4—10	1912—1936年全国华资银行的开设与停业情况	183
表5—1	1895—1927年国内股份制企业历年开户数及资本总额统计	198
表5—2	1935年以前公司注册统计情况	201
表5—3	1912—1937年中国近代历年公司债发行情况	202
表5—4	1937年以前历年公司债发行情况	203
表5—5	1932—1939年100家企业的资金来源	206

表5—6	1920年、1936年工农交通总产值估计	208
表5—7	1927—1935年钱业参与公债投资情况	217
表5—8	福康钱庄证券投资情况统计	221
表5—9	福源钱庄证券投资情况统计	224
表5—10	辛亥革命前全国华资银行实收资本额	230
表5—11	北洋政府时期全国华资银行历年新设、停业和实存数	231
表5—12	北洋政府时期全国华资银行历年实收资本数	232
表5—13	1927—1936年全国重要银行实收资本额和存款额统计	235
表5—14	1928—1934年全国重要银行纯益情况	236
表5—15	1918年部分银行持有的有价证券情况	238
表5—16	1915—1926年上海商业储蓄银行持有的有价证券情况	239
表5—17	1934—1936年全国银行持有的有价证券总额与放款总额统计	241
表5—18	金城银行证券科证券公债成交额统计	248
表5—19	金城银行个别年份公债投资情况统计	249
表5—20	1927年金城银行公债库券投资统计	250
表5—21	1937年6月底金城银行累计持有的内外公债统计	252
表5—22	1931—1934年上海主要银行持有的有价证券情况	258
表5—23	1928—1931年公债实际收益率	266
表6—1	1882年6月—1884年12月《申报》刊登的股票价格行情	274

表6—2	1883年股票市场亏损情况	275
表6—3	1909年4月—1910年12月蓝格志橡胶股票价格	279
表6—4	1920—1921年信交企业规模	282
表6—5	1921年9月交易所股票价格	283
表6—6	证券投资与证券投机的主要区别	299

图1—1	行动主体推动下的制度变迁过程	27
图2—1	1873—1879年轮船招商局赢利情况	46
图2—2	民国前上海钱庄数量统计	54
图4—1	1937—1944年公债发行与财政赤字情况	175
图4—2	1927—1937年中国银行持有的有价证券总额及增长率	187
图5—1	近代上海钱庄数量统计	210
图5—2	近代上海钱庄平均资本利润率	212
图5—3	福康钱庄证券投资与放款业务比较	223
图5—4	福源钱庄证券投资与放款业务比较	225
图5—5	1928—1937年全国银行新设数、停业数及倒闭率	234
图5—6	1927—1936年全国主要银行持有的有价证券额及增长率	240
图5—7	1927—1937年金城银行公债投资与存款业务和资金运用比较	252
图6—1	1882年6月8日—1884年12月8日10只股票价格指数	277

图 6—2 1931—1941 年 9 月上海众业公所外商股票价格
　　　　指数 ·· 286
图 6—3 1942 年 6 月—1944 年 6 月上海华商股票价格
　　　　指数 ·· 288
图 6—4 1946 年 9 月—1949 年 4 月永纱公司股票指数 ····· 290
图 6—5 "九·一八"前后公债市场价格变动情况 ··········· 292
图 6—6 1928—1936 年国内公债价格指数 ··················· 294
图 6—7 1872—1945 年上海日拆年平均值 ··················· 297
图 6—8 1931 年—1934 年 5 月上海华商证券交易所公债
　　　　交割比例 ··· 303
图 7—1 制度可能性边界示意图 ······························ 317
图 7—2 近代中国证券市场发展轨迹抽象图 ················ 318

第一章 导论

一、现实意义与理论意义

(一)现实意义:现实问题的历史求解

金融是现代经济的核心,证券市场又是现代金融市场的重要组成部分之一。新中国自1984年飞乐音响公司发行第一只股票,经过20世纪90年代上海证券交易所和深圳证券交易所的相继成立,证券市场得到迅猛发展,无论在成长速度、建设规模还是拓展深度方面,均走了发达国家证券市场用了几十年甚至上百年才完成的道路,堪称是体制转轨时期我国市场化进程最快、成就最突出的经济领域之一。我国证券市场的逐步发展,标志着我国经济运行机制已由过去的单一依靠货币市场转为货币市场与资本市场结合的新型运行机制。实践证明,证券市场已成为我国社会主义市场经济体系中不可或缺的重要组成部分,对于推动国有企业的改革和发展,壮大国有经济的实力,促进市场经济的建立和完善,发挥着越来越显著的积极作用。但是,当前我国的证券市场仍处于发展阶段,与国外其他成熟的证券市场相比仍属"新兴"市场,对如何发展证券市场还缺乏实践经验。再加上中国正处于经济"转轨"时期,具有独特的时代背景,致使证券市场的运行体系、管理机制等方面仍存在诸多有待解决的问题和困扰,阻碍了证券市场健康、稳定的发展。要解决这些问题,就必须要求我们吸取以往的教训,借鉴已有的经验,而这些有益的经验教训来自于两个方向,即"横向"与"纵向"。

"横向"是指从海外发达证券市场的发展历程中寻找解决中国现实问题的"钥匙"。证券市场制度起源于西方,经过四百余年的发展与积累,西方证券市场逐步形成了一套较为成熟的运行体系与约束机制。随着社会主义市场经济的初步建立,我国证券市场仍处于起步阶段,借鉴西方成熟的证券市场理论,总结和学习海外证券市场发展过程中的经验教训,有助于合理地解决和矫正当前证券市场存在的问题。从已有的研究成果来看,"横向"的借鉴与学习一直是中国学术界关注的焦点,大量的学术成果相继问世,并取得了良好的效果。但是,在汲取西方的"精华"时,必须应该注意中国社会在时间、空间上与西方的"错位"以及内涵上与西方社会的各种差异,避免"邯郸学步"。西方证券市场的产生和发展有其特定的历史背景和孕育土壤,是社会环境变迁和对传统形式扬弃的结果,有高度的连续性、独特的创造性以及鲜明的时代性。在学习西方经验时,必须立足于自身实际,探索适合自己的道路,如完全照搬别人的东西,往往会带来灾难性的后果。同时,西方证券市场发展的历史进程也并非一帆风顺,特别是因 2007 年美国"次贷危机"而引发的全球性金融风暴,充分表现出当前西方发达的市场制度也存在许多弊病与缺陷。由此可见,"横向"借鉴西方发展经验,固然十分必要,但却不是"万能的钥匙",不能解决全部问题。因此,在重视"横向"借鉴的同时,还必须充分认识到"纵向"借鉴的重要性。

"纵向"是指从中国证券市场自身发展的历史进程中吸取经验

教训,寻找解决现实问题的正确答案。我国的证券市场是根据中国政治、经济、文化的实际建立的具有中国特色的证券市场,而这种特色尤其是独特的政治体制与文化传统不是今天才有的。当前证券市场出现的问题,除了现代技术因素以外,要寻找解决问题的方法,更应在中国证券市场发展的历史中去找。但是,新中国证券市场起步较晚,历程较短,新中国第一只股票是1984年飞乐音响公司发行的股票,1990年12月19日上海证券交易所才正式成立,从这段历史进程中可以借鉴的经验教训十分匮乏。相比之下,旧中国的证券市场起步较早,存续时间较长,如果从1872年中国第一家近代股份制企业轮船招商局发行股票算起,到1949年中华人民共和国成立为止,近代中国证券市场存在了77年;如果从1918年北京证券交易所成立算起,到1949年为止,近代中国证券市场存在的时间也有31年。[①] 同时,当前中国证券市场与近代中国证券市场的产生和发展有着极其相似的背景,即"体制转轨"与"近代化"。当前我国经济体制仍处于转轨时期,社会主义市场经济体制初步建立,仍不完善,还存在诸多弊病,证券市场的发展被置于转轨的特定历史阶段,处于初级发展阶段,新问题、新情况层出不穷。同样,近代中国证券市场也是处于特定的历史转型阶段,即其产生与发展置身于社会经济体制资本主义化、近代化的历史时期。近代化是人类社会从传统的农业社会向现代工业社会转变的必经阶段,是以科技为动力,以工业化为中心,以机器生产取代手工劳动、机器工厂取代家庭作坊和手工工场为主要标志,并引起

---

① 参见朱荫贵:《试论近代中国证券市场的特点》,《经济研究》2008年第3期,第150页。

经济制度、政治制度、生活方式乃至思维方式全方位变化的一场社会变革。近代中国证券市场正是在这场空前的变革中萌芽和发展起来的,带有鲜明的近代化特征。因此,从历史的角度对中国近代证券市场进行研究,是十分重要和必要的。这种研究不仅有助于揭示近代中国证券市场演变的脉络和轨迹,同时能够为当前证券市场提供重要的纵向历史经验。

总之,要加快中国证券市场的制度建设,建立一套符合我国国情的运行机制,保证证券市场的健康稳定发展,不仅需要我们注意借鉴西方发达证券市场成功的经验,更需要我们加强对中国证券市场发展历史的考察。研究近代中国证券市场不是"发思古之幽情",而是在总结前人成败得失的基础上吸取前人的经验教训,对促进我国证券市场健康发展有着极其重要的现实意义。

(二)理论意义:探索经济史研究新范式

科学研究不是简单的资料累积,而要形成一定的范式,即一组共有的方法、标准、解释方式和理论等,或者说是一种共有的知识体。① 范式是一门学科成为科学的必要条件和成熟标志,任何一门学科只有具备了一定的范式,才能称其为科学。当然,一门学科不一定只能存在一种范式,但是在特定时期一般只有一种主流范式。由于经济史的特殊性,中国经济史研究存在两种研究范式,一种偏重历史学方法,注重文献诠释和史料考证;一种偏重经济学方法,注重经济理论和数量分析。② 关于两者的关系,吴承明先生认

---

① 参见〔美〕托马斯·库恩著,金吾伦、胡新和译:《科学革命的结构》,北京大学出版社2003年版,第9页。

② 参见吴承明:《谈谈经济史研究方法的问题》,《中国经济史研究》2005年第1期,第3页。

为"经济学是研究经济史的方法,而历史又是研究经济学的最好的方法"①,两种方法很难说有高下、优劣之别。②"经济学方法与历史学方法二者是一种相辅相成的关系,在经济史研究中拒绝经济学方法或者采取'经济学沙文主义'的态度,都是有害的。"③其中,用经济学方法重新解释经济史的变迁,已在西方获得了巨大成功,④并形成了具有影响力的"新经济史学派"。但是,目前在中国经济史学界,历史学研究方法还是学术主流,而以经济学理论特别是西方经济学前沿理论为框架的经济史研究凤毛麟角。这就造成了中国经济史研究方法上的"跛腿",追赶不上西方经济史学"跑步"前进的步伐。

如何融入世界、融入主流,成为中国经济史学的一个发展方向。⑤要实现这一目标就必须将中国经济史学与理论经济学之间的隔阂打通,⑥做到经济学理论与历史分析的完美结合,将经济学作为史学研究的一种分析框架,指导中国经济史研究的思路,反过来再根据历史实践对经济理论进行不断的验证与修正。⑦当然,在借鉴西方经济学理论的时候,不能完全照搬西方现成结论来套

---

① 吴承明:《经济学理论与经济史研究》,《经济研究》1995年第4期,第4页。
② 参见吴承明:《中国经济史研究的方法论问题》,《中国经济史研究》1992年第1期,第3页。
③ 李伯重:《历史上的经济革命与经济史的研究方法》,《中国社会科学》2001年第6期,第185页。
④ 参见张杰:《二重结构与制度演进——对中国经济史的一种新的尝试性解释》,《社会科学战线》1998年第6期,第12页。
⑤ 参见李伯重:《理论、方法、发展趋势:中国经济史研究新探》,清华大学出版社2002年版,第247,258页。
⑥ 参见杜恂诚:《关于中国近代经济史研究方法的创新》,《中国经济史研究》1996年第1期,第29页。
⑦ 参见王玉茹:《经济史与经济学理论》,《学术月刊》2007年第1期,第127页。

用中国社会,而应该借鉴某些原理与概念、思路与方法,创造性地运用于中国经济史分析之中。①

正是基于以上的原因,本书在研究方法上,注重将经济理论与中国经济史研究紧密结合,试图用新的理论、新的方法揭示历史的逻辑内涵,并对一些经济现象进行重新解释。具体来看,本书试图建立一种新的经济史研究范式,引进西方经济学理论应用于近代经济史研究,尝试以制度变迁理论作为分析框架,以近代中国证券市场制度变迁为研究内容,阐释近代中国证券市场发展的历程轨迹与近代化进程,并试图从中探寻深层问题。

二、文献综述与简单评述

(一)研究成果的梳理

1. 新中国成立前关于近代中国证券市场的研究情况

伴随着近代证券市场的兴起与发展,在同一历史时期,就有许多学者开始关注证券市场的发展。这些学者身处近代证券市场发展的背景下,因此针对证券市场的研究不属于历史研究,而属对现实问题的探讨。笔者尽力罗列了这些资料,现呈于下,以助研究。

(1)专著情况

新中国成立前出版的有关近代证券市场的主要专著见表1—1。

除了表内所列著述以外,还有部分专著由于信息不全,笔者无法保证资料的可靠性、准确性,所以未列在表中,主要包括:前南京高等师范学校编著的《交易所论》、《交易所精义》;上海交易所研究

---

① 详见尹振涛:《经济史学研究范式探索——兼评杜恂诚〈金融制度变迁史的中外比较〉》,《中国经济史研究》2008年第4期,第162、163页。

表1—1 已知关于近代中国证券市场研究的专著(1949年以前)

编著者	书名	出版社	时间
王恩良等(编)	交易所大全	交易所所员暑期养成所	1921年版
伊兰(编)	交易所要览	上海文明书局	1921年8月版
周沈刚(编)	证券买卖秘术	上海文明书局	1922年版
进步书局(编)	交易所一览	上海进步书局	1922年版
郑爱诹(编)	交易所法释义	上海世界书局印行	1930年1月版
杨荫溥(编)	中国交易所论	商务印书馆	1930年10月版
中国征信所(编)	华商股票手册	不详	1941或1942年版[1]
华股日报社(编)	华股专集(第一辑)	文瑞印书馆	1942年7月版
华股日报社(编)	华股专集(第二辑)	文瑞印书馆	1942年10月版
江川(主编)	华股指南	华股研究周报出版	1943年版[2]
刘云舫(编)	袖珍华股宝鉴	不详	1944年8月版
吴培德(编)	交易所论	商务印书馆	1946年版
上海证券交易所(编)	上海证券交易所概述	不详	1946年9月版
陈善政(编)	证券内容专刊	不详	1946年9月版
吴毅堂(编)	中国股票年鉴	上海中国股票年鉴社	1947年1月版
上海证券交易所(编)	上海证券交易所年报	不详	1947年版
中央银行稽查处(编)	全国金融机构一览	六联印刷公司	1947年版
投资周刊社(编)	股票之研究	中国文化服务社	1947年版
投资周刊社(编)	证券交易所	中国文化服务社	1947年版
王尘影等(编)	交易所要义	上海商学社	不详

注:[1]原始资料无出版日期,笔者根据内容进行合理推断,出版时间应为民国三十年或三十一年,即1941或1942年。[2]原始资料无出版日期,笔者根据内容进行合理推断,出版时间应为民国三十二年,即1943年。

会编著的《交易所浅说》;上海中华图书集成公司出版的《交易所现形记》等。

根据以上资料的整理,笔者认为,因为当时的证券市场属于新兴事物,所以应该还存在大量的相关著述,其中应不乏证券投资公司、证券交易所、信托公司或者报社杂志为推销、推介证券商品而出版的著作。同时根据以上资料,还可以清晰地反映出,这些专著多属于编辑类出版物,以普通介绍为主,学术性、研究性不强。例如:中国征信所编《华商股票手册》、华股日报社编《华股专集》、江川主编《华股指南》等书都只是简单介绍了上市公司、证券市场和信托公司的概况,没有对证券市场进行必要的分析与研究。

还需要指出的是,在当时的一些学术专著中有部分章节涉及到证券市场问题,详见表1—2。

表1—2　已知关于近代中国证券市场章节的专著(1949年以前)

编著者	书名	出版社	时间
杨荫溥(编)	上海金融组织概要	上海商务印书馆	1930年2月版
贾士毅	国债与金融	商务印书馆	1930年10月版
张辑颜	中国金融论	上海商务印书馆	1930年10月版
杨荫溥	中国金融论	上海黎明书局	1931年2月版
丁裕长(编)	最新上海金融论	世界书局	1931年版
徐寄顾(编)	最近上海金融史	中华书局	1932年增订版
贾士毅	民国续财政史	商务印书馆	1932年版
杨荫溥	中国金融研究	上海商务印书馆	1936年6月版
许晚成(编)	全国金融市场调查录	龙文书店	1942年7月版
交通银行总管理处(编)	金融市场论	交通银行总管理处	1945年6月版
朱斯煌(编)	民国经济史	银行学会	1948年版

(2)论文情况

新中国成立前,在各类报刊杂志上发表的有关中国近代证券市场研究的论文由于数量众多,很难一一搜集整理,但笔者发现这些文章大多发表在某些经济类报刊杂志上,详见表1—3。

表1—3 大量刊发关于近代中国证券市场研究文章的主要报刊(1949年以前)

报刊名	创刊时间	停刊时间	主办单位
字林西报[1]	1850年	1951年	本社
申报	1872年	1949年	本社
商业月报[2]	1910年	1948年	中国商业研究会
银行周报	1917年	1950年	上海银行公会
钱业月报	1921年	1949年	上海钱业公会
中行月刊	1930年	1938年	中国银行总管理处经济研究室
中央银行月报	1932年	1949年	中央银行
中外商业金融汇报	1934年	1939年	中国银行总管理处经济
交易所周刊	1935年	1936年	本社
金融周报	1936年	1949年	中央银行经济研究处
中外金融周报	1938年	1941年	金城银行
金融导报	1939年	1941年	银行学会
财政评论	1939年	1948年	本社
银行通讯	1943年	1948年	上海银行通讯社
证券市场	1946年	1947年	上海证券交易所调查研究处
经济评论	1947年	1949年	本社

注:[1]属英文报纸,英文名:North-China Herald,创刊名为《北华捷报》,于1864年7月1日更名为《字林西报》,《北华捷报》转为《字林西报》的周日附刊,于1867年停刊。[2]前八卷名为:《上海总商会月报》。

在这些报刊上刊登的关于中国近代证券市场的文章,内容具体、翔实,具有较强的针对性,对于后人研究特定时期、特定问题有很大的帮助。所以笔者整理出这些近代报刊杂志的创刊、停刊时间及其主办单位,为搜集这些资料进行深入研究提供便利。

2.新中国成立后关于近代中国证券市场的研究情况

1949年新中国成立以后,由于复杂的历史原因和国家计划经济体制的确立,证券市场被取缔,并消失匿迹了近三十年之久,造成该领域的研究少有人问津。直到改革开放以后,特别是伴随着证券市场的复苏与起步,对近代证券市场的研究又重新引起了人们的关注。

(1)专著情况

在有关近代经济史、金融史的教科书和学术论著中,很多都包含探讨近代证券市场问题的章节或内容,但均因不是以近代证券市场为专题,所以涉及的内容不够详细和丰富。目前有关中国近代证券史研究的专著详见表1—4。

表1—4 有关近代中国证券市场研究的专著(1949年以后)

编著者	书名	出版社	时间
朱彤芳(编)	旧中国交易所介绍	中国商业出版社	1989年版
王广谦(编)	中国证券市场	中国财政经济出版社	1991年版
上海市档案馆(编)	旧上海的证券交易所	上海古籍出版社	1992年版
叶青(编)	证券史与证券税制研究	武汉大学出版社	1994年版
上海市档案馆(编)	旧中国的股份制	中国档案出版社	1996年版
郑振龙等(编)	中国证券发展简史	经济科学出版社	2000年版
刘鸿儒(主编)	中国证券1843—2000	九州出版社、线装书局	2001年版
戚厚杰等(编)	百年证券变迁	江苏美术出版社	2002年版
刘志英	近代上海华商证券市场研究	学林出版社	2004年版
王志华	中国近代证券法	北京大学出版社	2005年版

在这些著作中,刘志英的《近代上海华商证券市场研究》具有较高的学术价值。该书第一章对上海华商证券市场的产生和发展过程作了完整的阐述;第二章论述了北洋政府、国民政府和汪伪政府的证券立法和对证券的监管制度;因证券可分为股票和债券两种,故第三、第四章分别讨论了政府对股票和债券市场的管理制

度;第五章则论述各证券交易组织所制订的自我约束制度及其作用;在结语中,作者对近代上海华商证券市场发展演变的特点、市场管理中的制度特征以及历史启迪作了简要总结。该书运用了经济学、财政学、金融学、管理学等相关学科的知识,分析上海华商证券市场的发展历程,总结其经验和教训。刘志英认为,近代上海华商证券市场发展演变的特点包括:发展道路的曲折性、市场结构的不完整性和财政性与投机性并存。证券市场的平稳运行,需要一个持续稳定的社会环境,并减少政府对证券市场的强制干预,保障证券市场自身的自主性、独立性,充分发挥证券市场行业自律组织的自我管理与调剂的作用。该书虽然以证券市场研究为题,但侧重点主要是证券市场的管理,内容略显单薄,值得深入研究的方面还有很多。除该书以外,其他著作的研究内容多停留在一般史实性的描述,或仅从某一特定角度研究,缺乏全面而深入的探讨与分析。

(2)论文情况

据笔者初步统计,1949年以来,有关近代中国证券市场研究的论文至少有七十多篇,发表情况详见表1—5。

表1—5 有关近代中国证券市场研究的论文检索统计(1949年以后)

时间段	篇数
1949—1978	1
1979—1990	5
1991—2000	32
2001—2007	32

注:检索主题:近代证券、近代股票、近代交易所;检索时间:2009年1月1日。

改革开放前,几乎没有学者研究近代中国证券市场问题,笔者检索到的唯一一篇为陆丹林《国贼蒋介石做交易所经纪人的罪证》一文。该文将交易所的买卖性质定义为"买空卖空,投机、造谣、欺骗暗算、诱惑、耍流氓、冒险残酷"①,全盘否定证券市场的作用。改革开放以后,研究近代证券市场的文章逐渐增多,1979—1990年12年内共发表相关论文5篇,1991—2000年10年内发表32篇,2001—2007年7年内发表32篇。可见,随着改革开放的不断深入,随着中国证券市场的发展,越来越多的学者开始关注近代证券市场问题,但是与其他近代金融问题的研究情况相比,还存在很大的差距。②

对以上论文情况的统计,有一点需要说明,即表1—5中的统计数字只是近似值,是研究近代中国证券市场论文数量的最小值。因为不少有关中国近代金融史、金融市场等领域的研究均涉及证券市场,本书在统计时没有计入,另外还有部分期刊未列入笔者检索的数据库。但是,从总体上看,以上的检索统计结果还是可以反映出对近代证券市场研究的发展情况。

3. 国外学者关于近代中国证券市场的研究情况

国外学者对中国近代证券市场问题的研究成果比较少,其中专著和论文主要有:

〔日〕滨田峰太郎:《支那の交易所:附邦人关系企业》,中华经济社,大正十一年版。

〔日〕木村增太郎:《支那の经济と财政》,东京大阪屋号书店,大正十二年三月二十日版。

---

① 陆丹林:《国贼蒋介石做交易所经纪人的罪证》,《历史教学》1952年第9期,第16,17页。

② 例如,关于近代银行史的研究,仅1980年以来就有专著五十余本、论文三百余篇。详见易棉阳、姚会元:《1980年以来的中国近代银行史研究综述》,《近代史研究》2005年第3期,第252—257页。

〔日〕滨田峰太郎:《中国最近金融史》,东洋经济新报社,昭和十一年版。

〔日〕中支那振兴株式会社调查课:《上海华商证券业概况》,昭和十六年十二月版。

〔美〕Coble, Jr., Parks M., *The Shanghai Capitalists and the Nationalist Government*, 1927—1937, Cambridge, Mass: Harvard East Asian Monograph Series, 1980. 中文译本见小科布尔著,杨希孟、武莲珍译:《上海资本家与国民政府(1927—1937)》,中国社会科学出版社1988年版。

〔美〕Hao, Yen-p'ing, *The Commercial Revolution in Nineteenth-Century China: The Rise of Sino-Western Mercantile Capitalism*, Berkeley: University of California Press, 1986. 中文译本见郝延平著,陈潮、陈任译:《中国近代商业革命》,上海人民出版社1991年版。

Albert Feuerwerker, "Materials for the Study of the Economic History of Modern China," *The Journal of Economic History*, 1961, 21:41—60.

Chen Zhiwu, "Stock Market in China's Modernization Process: Its Past, Present and Future Prospects," Yale School of Management, *Working Paper*, 2006.

Goetz Mann, William N. and Andrey Ukhov, "China and the World Financial Markets 1870—1930: Modern Lessons from Historical Globalization," The Wharton Financial Institutions Center, 2001.

Philip C. C. Huang, "The Paradigmatic Crisis in Chinese

Studies: Paradoxes in Social and Economic History," *Modern China*, 1991, 3:299—341.

W. A. Thomas, "An Intra-Empire Capital Transfer: The Shanghai Rubber Company Boom 1909—1912," *Modern Asian Studies*, 1998, 32:739—760.

W. A. Thomas, *Western Capitalism in China: A History of Shanghai Stock Exchange*, Ashgate Publishing Limited, 2001.

其中滨田峰太郎的《支那の交易所:附邦人关系企业》是较早的一部国外学者对中国近代证券市场进行研究的专著。滨田峰太郎时任日本中华证券市场株式会社调查课职务,同时负责《上海日日新闻报》经济版面。《支那の交易所:附邦人关系企业》一书正是滨田峰太郎将自己对上海证券市场的调查结果进行细致梳理与总结的成果,也是迄今为止能够找到的外国人对中国近代证券市场最早、最详细的研究报告。该书共分五编二十六章,对证券交易所理论、近代中外交易所机构、证券交易市场现状及"信交风潮"爆发经过进行了详细的分析与研究。该书内容丰富,并有大量的数据资料,对于考察当时的证券市场,特别是研究"信交风潮"具有较大的参考价值。

托马斯(W. A. Thomas)于2001出版的专著《西方资本主义在中国:上海证券交易所的历史》(*Western Capitalism in China: A History of Shanghai Stock Exchange*),可以说是当前外国学者研究中国近代证券市场最新的学术论著,并且笔者未发现国内已有的研究成果参考或引用过该书。该书共分两部分:第一部分阐述了近代上海证券市场产生的商业市场及贸易背景、股票和债券的供给和需求情况、证券市场与证券交易行为、证券市场波动情况以及几次证券市场投机风潮,从宏观层面到微观层面对近代上海证券市场进行了细致的分析研究。第二部分阐述了1911—1949年整个近代中国证券市场的发展情况,最后还概述了改革开放以来大陆证券市场的新发展。作者主要根据《北华捷报》等外文报刊上所刊载的内容资料,研究中国早期证券市场的历史、上海金融业的演变历程、为进出口贸易提供资金支持的西方主要商业机构的贡献等问题。该著作对原始资料的挖掘和研究方法上的创新,为研究近代中国证券市场问题拓展了新的思路。

其他著作因不属于研究证券市场的专著,在内容上虽然部分涉及中国近代证券市场问题,但缺乏详细的资料和细致的分析。

(二)研究成果的内容总结

1. 近代证券市场产生的原因

宋士云认为外国资本主义对华的经济侵略及股份制的产生,促使中国出现了证券及证券交易,是外国人把证券市场移植于中国的,带有一定的移植性和模仿性。[①] 刘斌认为近代中国股市兴起的条件有三:一是股份制企业在中国的建立;二是近代中国一部分人有购买股票的资金能力,并在优厚利润的吸引下将资金踊跃投入股票市场;三是人们对股票及股票交易的认识不断加深。[②] 张春廷认为民国之初中国近代工商业前所未有的大发展,为中国证券市场的发展提供了一定的产业经济基础,而近代新式银行及

---

① 参见宋士云:《清朝末年中国的证券交易》,《山东师大学报》1997年第6期,第35页。

② 参见刘斌:《试论中国近代股票市场的兴起和特征》,《理论与改革》2007年第4期,第91—93页。

其他金融机构的兴起与发展,又给中国证券市场扩大规模和功能辐射提供了极为便利的条件。[①] 汪中华认为旧中国的证券市场一开始就是先天带有缺陷的畸形产物,其兴起并不是商品经济高度发达的产物,而是因为游资过多、投机盛行、货币贬值、通货膨胀的综合因素导致的。[②]

2. 近代证券市场的阶段划分

潘培志认为近代中国证券市场发展演变的过程大体经历了以下四个阶段:第一阶段从1918年证券交易所的正式出现到1922年"信交风潮"爆发,出现大批交易所旋开旋闭的局面。第二阶段从"信交风潮"发生后到1937年全面抗战爆发前。迅速膨胀起来的公债取代了股票在证券市场上的地位,成为证券交易所的主要标的物。第三阶段为抗日战争时期,这一阶段证券市场最为混乱。第四阶段从抗战胜利后到1949年新中国成立前夕。[③] 郑仁木认为清末股票、证券、交易所的出现,标志着我国有价证券和证券市场的诞生。北洋政府时期,随公债、股票发行的增多和《证券交易所法》的颁布,证券市场进入蓬勃发展阶段,但由于《证券交易所法》并没有得到实际遵守,没有起到规范证券市场的作用,故此时证券市场的发展显得杂乱无序、大起大落。国民党政府统一全国后,颁布了新的《交易所法》,对证券市场进行了调整和整顿,使市场逐渐步入规范有序的发展轨道,但由于日寇的入侵,打破了我国

---

① 参见张春廷:《中国证券市场发展简史(民国时期)》,《证券市场导报》2001年第5期,第45—52页。
② 参见汪中华:《试论旧中国证券市场的兴衰》,《学术交流》1998年第5期,第35—37页。
③ 参见潘培志:《近代中国证券交易所探析》,《广西广播电视大学学报》2000年第1期,第40—43页。

证券市场的正常发展。抗战初期,证券市场再度兴旺,但处于盲目、混乱、无人管理的局面,此时的证券市场随局势的动荡而起伏。抗战胜利后,国民党政府重建证券市场,并加以规范,使证券市场发展到了比较规范有序的鼎盛时期。① 汪中华认为旧中国的证券市场经历了三个阶段:从清末到抗日战争爆发为中国证券市场的兴起阶段;抗战期间的证券市场,形成证券市场的第二次高潮;抗战胜利后的证券市场,为旧中国证券市场的第三次高潮。②

3.近代证券市场的特征

朱荫贵认为近代中国证券市场存在以下三大特征:一是扭曲的外部环境。主要表现在:在华外国股票的买卖早于中国;中国自己的证券发行和交易所诞生较晚;民间对建立证券市场的积极性远高于政府;中外证券交易所长期并存。二是病态的内部运行。主要表现在:运行呈间歇性,交易呈波峰浪谷状,投机性极强;包揽发行;操纵垄断;增资发股获利。三是与近代中国产业发展关系不大。③ 汪开振认为旧中国证券期货市场有二大特点:一是投机性,表现在证券期货市场风潮迭起,大量游资转向证券市场的同时也助长了人为的投机活动;二是地域性差别很大,这是由于中国本身经济发展不平衡等原因造成的。④ 王广

---

① 参见郑仁木:《民国时期证券业的历史考察》,《史学月刊》1998第3期,第98—104。

② 参见汪中华:《试论旧中国证券市场的兴衰》,《学术交流》1998第5期,第35—37页。

③ 参见朱荫贵:《试论近代中国证券市场的特点》,《经济研究》2008年第3期,第150—160页。

④ 参见汪开振:《半个世纪前的中国证券期货市场》,《上海经济研究》1995第4期,第47—48页。

谦认为从近代中国五十多年的证券市场发展情况看,大致有以下几个基本特点:半殖民地半封建性;证券市场发展程度极不平衡;不是真正的资本市场,而是畸形的。① 刘志英认为近代上海华商证券市场的历史演进呈现如下特点:发展道路的曲折性;市场结构的不完整性;财政性与投机性并存;管理制度不完善。② 丁玉萍认为中国近代证券市场以公债的发行和交易为主;地区发展不平衡;证券价格变动剧烈,频繁爆发金融风潮;长期受到外商的控制;政府监管不力以及自身行为不规范。③

4.近代证券市场的效用

田永秀认为股市对近代中国经济及中国近代化历程产生了不可忽视的积极影响。股市的兴起推动中国近代经济向前发展。第一,股市促进了人们的投资热情,从而掀起了近代中国创办工矿企业的第一次高潮。第二,股价的高低以及人们对股票的态度,直接影响到股份制企业之声望及资金之筹集以至企业之前途命运。第三,股市也改变了人们的心理状态,增强了人们的风险意识,从而促进了人们心理的近代化。但是,股市也存在一些消极因素,存在许多舞弊行为,如它自发而生、缺乏必要管理、不完善等等。④ 匡家在认为旧中国的证券市场是一个处于较低层次发展阶段上的市

---

① 参见王广谦编:《中国证券市场》,中国财政经济出版社1991年版,第71—76页。
② 参见刘志英:《近代上海华商证券市场研究》,学林出版社2004年版,第333—337页。
③ 参见丁玉萍:《近代中国证券市场不发达的表现及原因》,《玉林师范学院学报》2006年第2期,第153—156页。
④ 参见田永秀:《1862—1883年中国的股票市场》,《中国经济史研究》1995年第2期,第63—65页。

场,并不发达,虽有消极作用,但也有积极作用,不可一笔抹杀。长期以来人们对近代证券市场存在偏见和错误认识,认为它是帝国主义者侵华的工具,是封建主义及官僚主义者的吸血器官,这是站不住脚的片面观。证券市场的积极作用主要体现在:进行财政盈虚之调节;抵制外来的经济渗透和侵略;吸引游资,缓冲物价波动。[①] 郑仁木认为证券市场本身具有二重性,有其利也有其弊。其利在于:证券市场作为国家重要的资本市场,立足于企业与金融业之间,发挥融通资金、引导投资、调节银根松紧、缓解市场物资供应压力等积极作用。其弊在于:如果管理不当,也确有造成过度投机,从而产生泡沫经济,引发金融危机和社会动荡的巨大风险。[②] 彭厚文认为近代中国创办工矿企业的第一次高潮由于股票交易的活跃而兴起,但又由于当时股票市场存在的种种弊端而昙花一现,最终对近代中国经济的发展并没有产生什么实际意义。而且,19世纪80年代初的上海股票市场是一个缺乏理性的不成熟的市场,人们购买股票意在投机而不是投资,股票的涨跌与企业的经营状况并无必然的联系。[③]

(三)研究成果的简单评价

中国学者对近代中国证券市场问题的研究似乎还处在拓荒阶段,虽然取得了一些成绩,也不乏真知灼见的成果,但不管从数量还是质量上看都还不够。改革开放后,中国从20世纪90年代初

---

① 参见匡家在:《旧中国证券市场初探》,《中国经济史研究》1994年第4期,第27—40页。
② 参见郑仁木:《民国时期证券业的历史考察》,《史学月刊》1998第3期,第98—104。
③ 参见彭厚文:《旧中国证券市场若干问题的订正与商榷》,《中国经济史研究》1997年第3期,第151—156页。

才开始重新建立证券市场,学术界对近代中国证券市场问题的研究基本上也是从这时候开始的。由于时间不长,其研究成果不够丰富是可以理解的。从现有的研究成果来看,其不足之处大概有以下三点:

1. 在研究内容方面

已有的研究成果存在以下几个明显的缺陷:一是只针对某一特定问题或者某一时间段进行研究,而忽视了研究的整体性。二是仅通过发行市场来反映证券市场的发展情况,而缺少对二级交易市场和交易行为的分析研究。三是多以历史事件为主题,少有从动态发展和制度演进的角度研究近代中国证券市场问题。例如:大多数研究成果都提到近代中国证券市场有波动性大、投机性强的特点,说明的方式是通过考察几次金融风潮事件来描绘,而缺少用动态的方法从整体上诠释波动的情况,缺乏从行为角度深究波动的根源。

2. 在研究理论方面

大部分研究成果只关注历史事件的描述,而忽视了理论框架与主线。研究近代证券市场问题的学者大多是历史学背景出身,主要研究领域为中国近代史、经济社会史等。研究证券市场问题本身涉及大量的经济学理论,如何以经济理论为指导,考察近代中国证券市场问题,如何从特定的历史时期走出来,寻找有借鉴意义的一般性启示,是已有研究成果所缺乏的。

3. 在研究方法方面

大多数研究成果只注重史实描述,缺乏实证研究。当代经济学已发展成为一门成熟完备的学科,有自己特殊的研究范式。经济史学的研究虽有其特殊性,属经济学与历史学交叉学科,但也应遵循经济学本身的研究模式。在中国五千年历史长河中，近代中国经济金融统计数据资料相对完备，给实证分析与检验提供了可行的便利条件。对中国近代证券市场进行实证分析与研究，使用公认的现代经济学学术语言表述研究成果是下一步研究的方向。

总之，研究近代中国证券市场是一个极富挑战性和极具意义的课题，为近代中国社会经济史拓展了新的研究视野。虽然有了一些学术成果，仍需不断地发掘新资料、应用新方法，进一步充实、丰富和开拓已有的研究内容。

三、理论逻辑与内容说明

本书主要采用新制度经济史学的制度变迁理论分析近代中国证券市场问题，以制度变迁理论的分析框架贯穿研究主题。同时，将历史研究范式与经济学理论分析相结合，力求在中国经济史研究方法上有所创新。

（一）新制度经济史学的产生

经济史作为一门独立的学科，大约出现在 19 世纪晚期，[①] 主要得益于经济学理论本身的发展和成熟。因为学者和专家可以使用经济学理论来分析和解释历史中的经济内容，故而使得经济史能够独立于历史学，自成一门学科。但因为其脱胎于史学理论，难免受到当时史学潮流的影响，特别是受到历史主义史学理论的影响。因此，这一时期的经济史虽然采用经济学理论与原理解释和

---

① 参见吴承明：《经济史：历史观与方法论》，上海财经大学出版社2006年版，第3页。

分析历史,但是仍然具有历史主义的特征。例如,英国经济史学的开山鼻祖坎宁翰(Williams Cuningha,1849—1919)强调经济变动中政治和心理因素的作用,主张利用历史学方法研究经济学。英国经济学家阿什莱(Williams J. Ashley,1860—1927)认为在经济史研究中不能完全采用经济学原理和方法,需要根据不同社会、不同时期修正或者创新理论,他把经济史看做既包括理论分析又包括历史评价的边缘科学。德国经济学家施穆勒(Gustav von Schnoller,1838—1917)在经济史研究中强调民族特征,否认一般性的经济规律,注重史料考证,建立了"国民经济发展史"的体系。总之,这一时期很多经济学家有关经济史的著作仍然带有历史主义和社会学的痕迹。①

第二次世界大战之后,西方史学界发生了根本性的变化,历史主义的缺陷日渐明显,众多的观点逐步被抛弃,其影响力也日渐式微。历史学不断地和其他学科交流、融合,显示出一种整体化和综合化的趋势。众多的社会科学方法应用于史学研究,史学研究的社会科学化趋势明显,分析的史学逐渐代替了叙述的史学。因此出现了新经济史学、新政治史学和新社会史学等众多的新流派。在现代经济学理论方面,也同样出现了革命性的变化。在凯恩斯后,宏观经济学兴起,国民经济核算理论日渐成熟,经济增长理论成为研究热点,经济发展理论也不断得到深化,数理分析和计量研究方法逐渐成为主流分析手段。经济学理论的完善和分析手段的发展都为经济史研究提供了强有力的分析工具,极大地扩展了经济史研究的视野,为经济史研究注入了新活力。

---

① 参见行龙:《经济史与社会史》,《山西大学学报》2003年第4期,第39—41页。

在历史学和经济学双方革命性变化的背景下,经济史也随之发生了革命性的变化,出现了当代西方学术界的三大经济史学派。它们分别是以法国年鉴学派第二代大师布罗代尔(Fernand Braudel,1902—1985)为代表的、出现于 20 世纪 40 年代的结构主义整体观的经济史学,以美国福格尔(Robert W. Fogel,1926—)为代表的、出现于 20 世纪 60 年代的计量经济史学(Econometric History),以美国诺斯(Douglass C. North,1920—)为代表、出现于 20 世纪 70 年代的新制度经济史学(New Institutionalism Economic History)。① 这三大经济史学派都对当代的经济史研究产生了革命性的影响,其中,计量经济史学和新制度主义经济史学构成了新经济史(New Economic History)的主要内容。

(二)制度变迁理论的主要内容

新制度经济史学的创始人道格拉斯·诺斯,因为开创性地将经济理论运用于经济史研究,并且为解释经济与制度变迁创立了大量研究方法而获得了 1993 年的诺贝尔经济学奖,并被誉为新经济史学的先驱和制度经济史学的奠基人。制度变迁理论是诺斯新制度经济史学的核心内容,该理论始于诺斯 1968 年 10 月发表在《政治经济学杂志》上的论文《1600—1850 年海洋运输生产率变化的原因》②。1971 年出版的《制度变迁与美国经济增长》③一书中,

---

① 参见吴承明:《经济史:历史观与方法论》,上海财经大学出版社 2006 年版,第 5 页。

② Douglass C. North, "Sources of Productivity Change in Ocean Shipping, 1600—1850," *The Journal of Political Economy*, Vol. 76, No. 5 (Sep.-Oct., 1968), pp. 953-970.

③ Lance Edwin Davis, Douglass Cecil North, *Institutional Change and American Economic Growth*, CUP Archive, 1971. 中文译本见科斯、阿尔钦、诺斯等:《财产权利与制度变迁——产权学派与新制度学派译文集》,第 10、11 章,上海三联书店 1994 年版。

诺斯用制度变迁理论解释了美国经济增长,并构建了一个相对完整的制度变迁理论框架。1973年出版的《西方世界的兴起》[①]提出了较为成熟的制度变迁理论体系,诺斯用制度分析的工具研究欧洲经济史。1981年出版的《经济史中的结构与变迁》[②],构建了一个有关制度变迁过程的模型,标志着诺斯制度变迁理论的形成。1990年的《制度、制度变迁和经济绩效》[③]完善了诺斯制度变迁理论,发展出一套制度变迁的经济史学分析框架,最终形成了一个包括国家理论、产权理论和意识形态理论在内的、完整的制度变迁理论体系。

制度的定义可谓五花八门,[④]但主要的意义并不矛盾。按照诺斯的观点,制度被认为是一种游戏规则,或者更规范的说,制度是构建人类相互行为的人为设定的约束,旨在约束追求主体福利和效用最大化利益的个人行为。[⑤] 制度包括:(1)正式制度,是指

[①] Douglass C. North, Robert Paul Thomas, *The Rise of the Western World: A New Economic History*, Cambridge University Press, 1973. 中文译本见诺斯、托马斯著,厉以平、蔡磊译:《西方世界的兴起》,华夏出版社1999年版。

[②] Douglass Cecil North, *Structure and Change in Economic History*, Norton, 1981. 中文译本见道格拉斯·C.诺斯著,陈郁、罗华平等译:《经济史中的结构与变迁》,上海三联书店、上海人民出版社1994年版。

[③] Douglass C. North, *Institutions, Institutional Change and Economic Performance*, Cambridge University Press, 1990. 中文译本见诺斯著,刘守英译:《制度、制度变迁与经济绩效》,生活·读书·新知三联书店1994年版。

[④] 例如:T.W.舒尔茨认为制度是一种行为规则,这些规则涉及社会、政治及经济行为;V.W.拉坦认为制度是一套行为规则,它们被用于支配特定的行为模式与相互关系;凡勃伦认为制度是个人或社会对有关的某些关系或某些作用的一般思想习惯。康芒斯认为制度是约束个人行动的集体行动,而在集体行动中,最重要的是法律制度;格鲁奇认为制度构成统一整体的各个项目相互依存或相互影响的综合体或图式;青木昌彦认为制度是关于博弈如何进行的共有信念的一个自我维系系统。

[⑤] 参见〔美〕道格拉斯·C.诺斯著,陈郁、罗华平等译:《经济史中的结构与变迁》,第225—226页。

人们有意识创造的一系列政策法则,包括政治规则、经济规则和契约,以及由这一系列的规则构成的一种等级结构,从宪法到成文法和不成文法,到特殊的细则,最后到个别契约,它们共同约束着人们的行为。(2)非正式制度,是指人们对其他人的行为方式的稳定预期,这种预期并不是基于正式规则,而是来源于社会共同知识。传统文化、社会习俗、习惯行为、道德规范、思想信仰和意识形态等都属于非正式制度的范畴。制度变迁是指"制度的创立、变更及随着时间变化而被打破的方式"[①],通常是一个不断渐进和变化的历史过程。任何制度都是适应人的需要而创立起来的,因而必定具有某种给人们带来效应与收益的功能,同时也说明任何制度必然存在高效与低效、有效与无效的问题。

新制度经济史学中的制度变迁理论和其他的经济学理论一样,是建立在一些基本假定基础之上的,这些假定包括:(1)有限理性"经济人"假定;(2)非零交易成本假定;(3)适用新古典经济学分析方法假定。制度变迁理论下的"经济人"假定实际上是一种修正的"经济人"假定。因为按照新古典经济学的"经济人"假定,人是按照个人利益最大化的原则进行一切活动的。即每个人都是在理想的情况下,信息是完全的,偏好是完备有序的,计算能力是无限制的,人会根据自利原则和完全理性原则进行经济活动从而实现个人利益的最大化。但是新制度经济史学所研究和面对的是一个存在制度与正交易费用的真实世界,而不是新古典经济学意义上的抽象世界。在这个真实的世界里,"经济人"是不可能具有完全

---

① 〔美〕道格拉斯·C.诺斯著,陈郁、罗华平等译:《经济史中的结构与变迁》,上海三联书店、上海人民出版社1994年版,第225页。

理性的，而只能是有限理性的。非零交易成本假定与修订的"经济人"假定相联系，因为信息的不完全以及处理信息的有限思维能力决定着交易必然会产生正的交易成本，新制度经济史学对新古典经济学关于交易成本为零的假设是否定的。[①] 新制度经济史学除了修正理性主义的假设外，把制度作为一个极其重要的约束条件，并把对交易成本的分析添加到了新古典经济学理论中，贯穿于制度变迁理论的始终。但是，新制度经济史学对新古典经济学进行修正的同时，保留了新古典经济学的"需求—供给"、"成本—收益"等分析方法。

制度需求是指按照现有制度安排无法获得潜在的利益而产生的对新制度或旧制度革新的要求。因为一切制度安排的调整都有可能影响到原有的收入分配和资源配置效率的格局，[②]所以制度的需求者认识到，只有改变现有的制度安排，才能使他们获得在原有制度下得不到的利益。制度供给是指为规范人们的行为而提供的法律、伦理或经济的准则或规则。制度的供给是由决策者的边际成本决定的，若决策者从制度变迁中获得的预期收益超过边际成本，则制度的供给才更有保障。任何制度变迁都会影响收入分配和资源配置效率，制度变迁成本与收益之比对促进或推迟制度变迁起着关键作用，一项新制度安排只有在创新的预期净收益大于预期成本时，才会被做出。因此，在"需求—供给"的总体框架下，对制度变迁可以进行新古典经济学的"成本—收益"分析。

在制度变迁的供求分析中，常提到政府与其他行为人，他们都

[①] 参见〔美〕道格拉斯·C.诺斯著，陈郁、罗华平等译：《经济史中的结构与变迁》，上海三联书店、上海人民出版社1994年版，第5页。

[②] 参见车维汉主编：《发展经济学》，清华大学出版社2006年版，第198页。

属于制度变迁中的行为主体。抛开阶级与政治因素,推动制度变迁的主体力量主要包括两种,即"初级行动团体"和"次级行动团体",两者都属于决策主体。制度变迁的一般过程可以分为以下五个步骤:第一,形成推动制度变迁的初级行动团体,即对制度变迁起主要作用的集团;第二,提出有关制度变迁的主要行动方案;第三,根据制度变迁的原则对方案进行评估和选择;第四,形成推动制度变迁的次级行动团体,即起次要作用的集团;第五,两个集团共同努力去实现制度变迁,详见图1—1。

根据充当初级行动团体的经济主体的不同,可以将制度变迁分为自下而上的制度变迁和自上而下的制度变迁。所谓自下而上的制度变迁,是指由个人或一群人,受新制度获利机会的引诱,自发倡导、组织和实现的制度变迁,又称为诱致性制度变迁。所谓自上而下的制度变迁,是指由政府充当制度变迁的主导力量,以政府命令和法律形式引入和实行的制度变迁,又称为强制性制度变迁。①

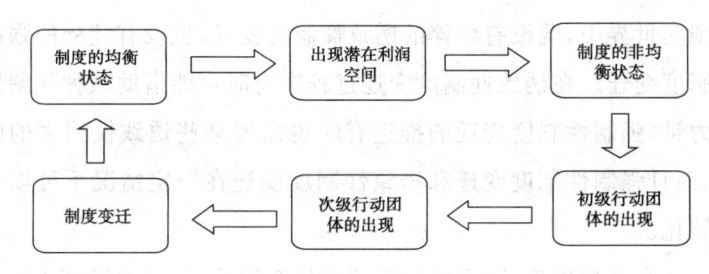

图1—1 行动主体推动下的制度变迁过程

---

① 参见林毅夫:《关于制度变迁的经济学理论:诱致性变迁与强制性变迁》,载〔美〕科斯、诺斯等:《财产权利与制度变迁——产权学派与新制度学派译文集》,上海三联书店1994年版,第384页。

诱致性制度变迁和强制性制度变迁都是对制度不均衡的反应,选择何种制度变迁方式以及选择何种制度安排均遵循"成本—收益"比较的基本经济原则。两种制度变迁方式的关系表现出如下的特征:(1)相对独立。诱致性制度变迁和强制性制度变迁各自在其适宜的范围内发挥作用。诱致性制度变迁适用于自发性求利行为,且"外部性"和"搭便车"现象相对不严重的制度变迁领域,而强制性制度变迁则恰好相反。无论是用诱致性制度变迁的作用替代强制性制度变迁的作用,还是用强制性制度变迁的功能代替诱致性制度变迁的功能,都会出现适得其反的不良后果。(2)相互补充。两种制度变迁方式各有其比较优势。诱致性变迁由于实现了利益最大化原则和一致同意原则,所形成的制度安排一般具有高效率。而强制性变迁的优势则在于能以最小的成本、最快的速度实现制度的转换和更替。而且某些诱致性制度变迁的有效性是以另外一些强制性制度变迁的实现为前提的,或者某些强制性制度变迁的有效性有赖于其他诱致性制度变迁的推行。(3)彼此联系。在现实世界中,既没有纯粹的诱致性制度变迁,也没有纯粹的强制性制度变迁。在诱致性制度变迁过程中有时可能借助某种强制性的力量,强制性制度变迁的推进有时也需要某些诱致性因素的配合,而且强制性制度变迁和诱致性制度变迁在一定情况下可以相互转化。

结合产权理论、国家理论和意识形态理论,新制度经济史学逐步形成了具备完整体系的制度变迁理论。其中,产权构造了人们交往的前提条件;国家提供基本的产权安排和交易规则;意识形态是一种人力资本,其功能在于减少搭便车行为。制度变迁理论为人们提供了一个分析经济史的新框架,即从国家到个人、从经济到法律、政治、文化的宏观框架,由此人们可以清楚地理解经济史的制度结构与变迁。

(三)理论分析逻辑

本书以诺斯的制度变迁理论作为研究近代中国证券市场问题的分析框架,主要出于以下三点原因:第一,制度变迁理论的产生源于对经济史的研究,而对经济史的不断深入研究也可以完善和充实制度变迁理论本身,制度变迁理论在解释经济史问题时不失为一种有效的方法。第二,近代中国证券市场是在鸦片战争以来,中国经济从封建主义、半封建半殖民主义逐步向资本主义过渡的经济制度转型过程中产生和发展的,这场经济制度的转型本身就是一次制度变迁的过程。第三,证券市场是由复杂的制度体系构成的,其产生和发展要求有完善的法律规则等正式制度、思想意识形态等非正式制度以及有效的运行制度。近代证券市场的产生与发展充满了对各种制度的需求和制度的建立与完善,发展轨迹本身就是制度变迁的过程。总之,使用新制度经济史学的制度变迁理论研究近代中国证券市场问题是十分适合的和必要的。当然,要使用经济学理论研究现实问题,还必须理清理论、概念在现实问题中的落脚点,即必须将经济学理论与拟研究的问题进行逻辑匹配,只有这样才能做到理论与研究对象的完美结合。诺斯的制度变迁理论与近代中国证券市场问题之间的逻辑匹配关系详见表1—6。

当然,制度变迁理论包括大量的概念、观点与分析方法,在研究近代中国证券市场制度变迁问题时,要完全做到一一对应的关系是很难的。但是笔者还是尽量遵从理论初衷,保持理论分析的整体性、完整性和系统性,将制度变迁理论贯穿全文。在理论与实际

表1—6 制度变迁理论与近代中国证券市场研究的逻辑匹配图

理论	含义	应用
制度	约束规则	近代证券市场制度
正式制度	经济规则	交易所制度(证券交易所)
	法律制度	证券法治体系(立法、监管)
非正式制度	文化、习俗、道德	传统文化的作用
制度的变迁	制度的确立、变更与发展	证券市场的建立与发展
		证券立法与监管的演变
产权理论	财产权利	近代股份制产权
国家理论	国家悖论	政府参与、干预证券市场
意识形态理论	思想观念	证券思想的作用
制度变迁的动因	制度的需求	近代证券市场产生的原因
	制度的供给	近代证券市场的主要制度
制度变迁的主体	初级行动团体	投资者、股份公司、交易所等
	次级行动团体	中央政府、地方政府
制度变迁的方式	诱致性制度变迁	1927年以前的证券市场
	强制性制度变迁	1927年以后的证券市场
正向交替	变迁以诱致性为基础	弥补市场失灵
逆向交替	变迁不以诱致性为基础	政府寻租
制度的效率	制度的实施情况	外在效率(融资、配置效率)
		内在效率(定价效率、规则执行)
时滞性	制度供给滞后	市场发展缓慢
移植性	制度的引入	舶来的证券市场制度

的匹配过程中,有如下几点解释和说明:(1)政府给予证券市场的制度供给主要包括颁布法律法规等正式制度、确立国家授权的证券交易所以及提供合法的证券发行、交易市场的规则等。(2)虽然政府是国家的代理者,但政府利益和国家利益往往存在矛盾,因而政府与国家并非完全是一回事。尽管如此,为便于研究,本书对国家和政府两个概念不作区分,把它们作为同等的概念使用。(3)本

书对制度变迁的概念运用是中性的,即它主要表明了制度的动态变化过程,而不一定意味着制度效率肯定得到改善。(4)证券市场的效率包括内在效率与外在效率两个方面。其中,内在效率是证券市场的微观效率,是证券市场本身体系结构及其运行所体现出的效率。证券市场的内在效率主要表现为定价机制的完善程度以及市场规则的执行效力。外在效率是证券市场的宏观效率,即证券市场筹集和分配资金的效率,也是证券市场对经济发展的作用。证券市场的外在效率主要表现为市场融资的方便程度和市场合理配置资源的能力。① 本书在考察证券市场效率的时候,主要以市场价格波动情况以及市场规则的执行情况来衡量证券市场的内在效率,以融资功能和资源配置功能的实现情况来衡量证券市场的外在效率。

(四)内容说明

从研究范围看,本书主要研究近代中国证券市场,对外商在华建立的外商证券市场不作研究。在近代中国证券市场上,除国人开办的证券交易所外,还长期存在外国在华证券交易所,甚至不止一家,主要包括日商上海取引所和上海西商众业公所,并存的局面一直持续到1941年末的太平洋战争爆发。② 同时,中国近代除证券交易所外,还有大量以物品为标的物的交易所。故除非特指,本书所称交易所即指证券交易所,而不涉及证券交易所之外的各类物品交易所。

---

① 参见胡新宇:《证券市场内在效率外在效率及其相互关系研究》,《武汉工业学院学报》2004年第4期,第90—92页。

② 参见冯子明:《民元来上海之交易所》,《银行周报》第31卷第23期,总第1496号,1947年6月9日。

从研究地域看,本书主要以上海证券市场为研究对象,对其他地区设立的证券市场涉及较少。旧中国证券市场影响的范围多分布于经济发达的东南沿海沿江一带,集中于上海、北京、天津、汉口、青岛、宁波等少数大中城市,除重庆外内陆基本没有证券市场。除上海以外,这些证券市场大都建立时间不长,且规模不大,交易量甚微,不足以反映近代中国证券市场的全貌。而上海作为20世纪30年代我国的金融中心,证券交易市场一直持续不断,发展规模较大,在中国证券发展史上占有极其重要的作用,是近代中国证券市场的典型代表。

从时间划断看,本书研究的主要时间集中在1840—1949年,同时在这一百余年内,又以1927年南京国民政府成立为限,划分成两个时间段。中国近代的起始时期因研究领域的不同,往往存在分期上的差异。本书按照目前学术界的普遍公认,以1840年鸦片战争作为中国近代史的起始点。[①] 西方证券市场制度在中国的生长是一个渐进的过程,是西方文明进入中国后逐渐产生和发展起来的,准确的日期很难确定。因此,本书所指的中国近代包括1840年以后的清末、北洋政府时期及南京国民政府时期,最后的截止时间为1949年中华人民共和国成立。

---

① 参见姜涛:《50年来的晚清政治史研究》,《近代史研究》1999年第5期,第22页。

第二章 近代中国证券市场产生的动因分析

新制度的创立要求存在特定的背景与诱发因素,诺斯的制度变迁理论参照了新古典经济学的"需求—供给"分析框架,采用"成本—收益"的分析方法来考察制度变迁的动因,探讨制度变迁发生的可能性与可持续性。诺斯认为,制度之所以发生变迁主要取决于制度需求与制度供给两方力量的对比与衡量,而双方博弈的筹码就是制度变迁给各自带来的成本与收益的评价结果,当新制度的创立对双方来说都会获利,那么制度需求和制度供给就会形成,从而诱发制度变迁。同时,根据诺斯的制度变迁理论,意识形态对制度变迁起着极其重要的影响作用,相悖的意识形态会阻碍制度变迁,而相辅的意识形态又会促进制度变迁的发生。本章依据以上的理论逻辑框架,探讨近代中国证券市场产生的动因,并分析中国传统文化思想对证券市场产生的影响作用。

第一节 近代证券市场产生的制度需求分析

对商品及生产要素的"需求—供给"分析构成了新古典主义经济学微观经济理论的基本内容,但是"制度"这个绝对稀缺的要素却被正统经济学视为外部因素而抽象掉了。因此,新制度经济史学的一个重要理论创新就是把"需求—供给"分析框架拓展到制度研究领域,以此来分析制度变迁的动因。根据制度变迁理论,一项新制度的产生及变迁,必须存在制度的需求因素,以构成制度变迁的动力。原先的制度均衡状态被打破,也必然要求外部环境发生变化,而这种变化构成了诱发制度变迁的正面因素。同时,证券市场制度本身也存在其特殊的制度需求因素,可以通过以下两种角度进行衡量:

第一,股份有限公司的融资需求。股份有限公司是证券市场产生与发展的微观基础,股份公司发行的股票和债券是证券市场最主要的交易品种。同时,通过股票、债券的发行,股份公司可以从证券市场中筹集资金。可见,股份有限公司是证券市场制度最直接的需求者。

假定:

1. 社会上无政府存在,股份公司为证券(股票)市场的唯一制度需求者。

2. 股份公司只存在内部自有资金、银行借贷资金和股票发行融资三种资金来源。

整个市场对证券(股票)市场制度的整体需求为:

$$D_S = f(q, -k, -\sigma)$$

其中,q 代表股份公司的平均自有资本;k 代表信贷融资量。

单个股份公司对证券(股票)市场制度的需求为:

$$D_s = f(-a, b, -\sigma)$$

其中,a 代表内部融资;b 代表证券融资;σ 代表信贷融资量。

各种融资方式的效用函数分别为：

$u(a)$＝内部资金收益—内部资金×单位资金成本

$u(b)$＝证券资金收益—证券资金×单位资金成本

$u(\sigma)$＝银行资金收益—银行资金×单位资金成本

股份公司对证券（股票）市场制度需求的约束条件为：

$$u(b) \geqslant u(\sigma) \geqslant u(a)$$

根据以上公式可知，对证券市场制度的整体需求主要取决于一国股份制企业的数量与规模，以及信贷融资量的满足程度。其中，需求的强烈程度与股份制企业数量成正比，与自有资本额和信贷融资量成反比。

第二，银行融资与证券融资的替代关系。从经济理论来看，社会融资可划分银行融资和证券融资。假定证券市场是一种融资制度，银行业为市场提供另一种融资制度，而且二者不能同时选择，互相也没有依赖关系。当银行融资能满足社会需求时，即达到制度均衡时，不会产生证券融资，反之亦然。构建简化的数学模型，以此为分析证券市场融资与银行融资之间的关系提供基本的分析框架。

假定：

1. 社会上只有两种融资制度：银行融资、证券融资。

2. 现有融资制度的净收益为 W_0。

3. 假定银行融资与证券融资两种模式互为替代。

情况1：在不考虑银行融资制度的前提下，证券融资制度需求的条件是：

$$W_s - C_s > W_0$$

其中：W_s为发展证券融资制度的收益；C_s为发展证券融资制度的成本。

情况2：在不考虑证券融资制度的前提下，银行融资制度发展的前提条件是：

$$W_b - C_b > W_0$$

其中：W_b为发展银行融资制度的收益；C_b为发展银行融资制度的成本。

情况3：在银行融资制度和证券融资制度并存的情况下，选择发展证券市场融资制度的条件是：

$$W_s - C_s > W_b - C_b$$

根据以上公式可知，对证券市场制度的需求还取决于银行融资模式与证券融资模式的"成本—收益"对比。只有在证券融资的净收益率高于银行融资净收益率时，社会才会产生对证券市场制度的需求。

当然，以上结论只是一种理论抽象，是从制度选择的角度作出的理论假设，但是这个理论假设为分析证券市场制度产生提供了一种独特的分析角度。所以本书在分析近代证券市场产生的制度需求因素时，是以供求分析为视角，并结合证券市场自身的特点，将所有影响制度变迁需求的因素都纳入整个分析框架之中，以期得到全面、科学的结论。

一、良好示范作用之正比效应：股份制的引进与华商附股现象

1840年鸦片战争后，随着门户的开放，西方国家的商人纷纷来到中国通商口岸经商。他们将西方国家已经广泛采用的股份制

搬到中国,通过组织股份制企业,发行股票,招集商股开公司、办工厂。"迨及五口通商,海禁大开。外商纷纷来华设肆营业,号称'洋行'。并仿欧西成例,在沪集合资本,发行股份证券,俗称股票。"①对于外商来说,股份制不仅是一种先进的经营管理方式,更是一种赤裸裸的掠夺方式。他们仅靠少量资本甚至空手而来,通过招股集资的方式吸收大量华商资金创办洋行或工厂,赚取巨额利润并以此控制华商企业,达到控制中国商业和对外贸易的目的。

以上海为例,19世纪50—60年代,随着上海殖民地经济的初步繁荣,洋商纷纷设立各类洋行。据1852年的统计,上海共有各类洋行41家,②1865年增加到78家。③这些洋行最初大多是由外国资本构成的股份公司,但因不断扩大对华经济掠夺的需要,不少洋行开始向华商发售股票,以广募资金,壮大实力。④1835年,英国宝顺洋行在澳门创办于仁洋面保安行时,就曾吸收中国商人认购其股份,此乃西商吸收华资创办的首家股份制企业。同时,外资在华也不断创立新式股份制工业企业,这些外资企业"华人也有投资,如自来水公司,电灯公司,华人皆愿入股"⑤。到1872年轮船招商局成立之前,外商在华创办的股份制企业达三十余家,详见表2—1。

---

① 王宗培:《中国公司企业资本之构造》,载陈真编:《中国近代工业史资料》第四辑,三联书店1961年版,第57页。
② 参见张国辉:《晚清钱庄和票号研究》,中华书局1989年版,第195—197页。
③ 参见孙毓棠编:《中国近代工业史资料》第一辑,科学出版社1957年版,第188页。
④ 参见汪敬虞:《十九世纪外国侵华企业中的华商附股活动》,《历史研究》1965年第4期,第39—74页。
⑤ 《申报》1882年6月13日。

表 2—1　1872 年以前外商在华创办的主要股份制企业

行业	中文名称	成立时间	资本
航运业	旗昌轮船公司	1862 年	1 000 000 两
	中日(沿海和长江)轮船公司	1862 年	300 000 镑
	省港澳轮船公司	1865 年	750 000 元
	公正轮船公司	1867 年	170 000 两
	北清轮船公司	1868 年	194 000 两
	东海轮船公司	1872 年	825 000 两
	中国太平洋轮船公司	1872 年	893 750 两
	太古轮船公司	1872 年	340 000 镑
保险业	于仁洋面保安行	1835 年	
	谏当保险行	1836 年	
	保家行	1836 年	
	扬子保险公司	1863 年	400 000 两
	保宁保险公司	1866 年	
	香港火烛公司	1868 年	
	宝裕保洋险公司	1870 年	1 500 000 两
	华商保安公司	1871 年	1 072 500 两
银行业	丽如银行	1848 年	
	有利银行	1857 年	750 000 镑
	麦加利银行	1857 年	
	汇丰银行	1864 年	5 000 000 元
码头船坞	浦东船坞公司	1853 年	94 000 两
	上海船坞公司	1858 年	220 000 两
	香港黄埔船坞公司	1863 年	240 000 元
	于仁船坞公司	1864 年	500 000 元
	公和祥码头公司	1872 年	
铁路	吴淞道路公司	1872 年	
公共事业	上海大英自来火房	1864 年	100 000 元
	法商自来火行	1866 年	30 000 两

资料来源:《沪报》1883 年 4 月 18 日;汪敬虞:《唐廷枢研究》,中国社会科学出版社 1983 年版;孙毓堂:《抗戈集》,中华书局 1981 年版;聂宝璋编:《中国近代航运史资料》第一辑,上海人民出版社 1983 年版,转引自田永秀:《1862—1883 年中国的股票市场》,《中国经济史研究》1995 年第 2 期,第 65、66 页。

这些股份制企业通过在报纸上刊登招股广告的方式,吸引购买者到股票发行公司或其主管洋行的办事处认购股份。这一类的招股广告,最初常刊登于在华出版的外文报纸上,到19世纪60年代后期,此类消息在上海的中文报纸上也开始不断出现。随着外商在上海创办的股份制企业逐渐增多,外商股票发行数额也逐渐增大。

从认购情况来看,由于投资于外资企业一般均可以获得丰厚的利润,从而吸引了大批的中国投资者认购外股。如香港火烛保险公司是在中国最早设立的一家火险公司,自成立以来,每年的盈利经常达到股本的50%,股票升水曾经达到400%。[①] 保家行是负责长江货运的保险企业,该行在整个19世纪60年代都获得了巨额的利润,其股东除了每年坐得10%的固定股息之外,还可以得到60%至80%的额外红利。[②] 除股息和红利外,认购外股并进行交易还可以获得巨额的买卖差价。例如,旗昌轮船公司的股票从1871年开始一路攀升,1月13日为122两,2月14日为134两,到9月升至165两,到10月和1872年1月竟高达195两和200两,[③]成为当时上海外商证券市场上最抢眼的股票。其他外商股票的市价也大多在上涨,有的股票的市价甚至远远超出其票面价值。这一点可从1871年10月9日的股票市场行情表中看出,详见表2—2。

---

① 参见汪敬虞:《十九世纪外国侵华企业中的华商附股活动》,《历史研究》1965年第4期,第39—74页。
② 参见王中茂、梁凤荣:《清季华商附股外资企业之得失再认识》,《郑州大学学报》2001年第5期,第75页。
③ 参见聂宝璋编:《中国近代航运史资料》第一辑,上海人民出版社1983年版,第469、470页。

表 2—2　1871 年 10 月 9 日外商股票行情表

股票	面值	市值	超出面值	增幅
汇丰银行旧股	125 元	170 元	45 元	36.00%
汇丰银行新股	100 元	168.9 元	68.9 元	68.90%
旗昌轮船旧股	100 两	196 两	96 两	96.00%
旗昌轮船新股	20 两	23 两	3 两	15.00%
公正轮船公司	100 两	120 两	20 两	20.00%
英自来火公司	100 两	137 两	37 两	37.00%
琼记保险公司	1 000 元	3 500 元	2 500 元	250.00%
保家行保险公司	200 两	560 两	360 两	180.00%
保家行保险公司	1 000 两	2 500 两	1 500 两	150.00%
扬子江保险公司	500 两	970 两	470 两	94.00%
宝裕保险公司	100 两	210 两	110 两	110.00%
华商保险公司	200 元	295 元	95 元	47.50%
香港火险公司	200 元	560 元	360 元	180.00%
琼记火险公司	100 元	169 元	69 元	69.00%
仁记火险公司	100 元	170 元	70 元	70.00%
大桥公司	100 元	200 元	100 元	100.00%
公和祥码头	100 两	146 两	46 两	46.00%

资料来源:根据 1871 年 10 月 10 日《上海新报》整理得到。

在利益的驱使和诱惑下,国人大量认购外商股份公司股票,近代华商附股现象愈演愈烈,其狂热的程度到了"不择手段"[①]的地步。如 1862 年成立的旗昌轮船公司,仅 100 多万元的资产中,华商的投资估计占一半以上。[②] 1868 年 2 月,旗昌轮船公司为吸引中国商人购买股票,将股票面额由 1 000 两改为 100 两,得到了很好的效果。[③] 1873 年,旗昌轮船公司进一步扩资,有许多中国商人

---

① 卿汝楫:《美国侵华史》第二卷,人民出版社 1956 年版,第 183 页。
② 参见盛宣怀:《盛宣怀行述》,载盛宣怀:《愚斋存稿初刊》,思补楼藏版,中国书店 1986 年影印版,第 5 页。
③ 参见彭厚文:《上海早期的外商证券市场》,《历史档案》2000 年第 3 期,第 97 页。

以每股212两的高价购买,还"尚不可得"①。1868年成立的北清轮船公司,额定资本30万两,实收资本19.4万两,其中1/3是由"和北方贸易有关的中国商人认购的"②。1872年10月成立的东海轮船公司,资本总额50万两,在第一批入股的1 650股中,华商股份935股,竟占了56.7%。在琼记洋行、东海轮船公司、上海自来水公司中,华股都占一半以上,在怡和丝厂和华兴玻璃厂中的华股占60%以上,在大东惠通银行和中国玻璃公司中,华商拥有的股份竟高达80%。③ 1881年12月20日,怡和洋行欲成立专保海险的保险公司,在报纸上公布招股通告,拟招股1万股,每股250元,并要求争购者先付定金每股10元,以示挂号。本打算在上海招募的2 000股很快就被预订一空,不到一个月的时间就征募到20 000股的订金,成功申购的概率只有1/10。公司最终不得不退还订金,此举还引起了大量投资者的不满。④ 面对市场上强烈的认购欲望,很多外商公司甚至开始限制华商持股比例。如保家行规定,凡申请入股者实得股份的多寡,以申请人能给公司经手多少保运货物为转移,⑤使那些力图入股而又无力为公司带来保运货物的华商,只好望而兴叹。⑥

---

① 严中平主编:《中国近代经济史(1840—1894)》,人民出版社1989年版,第404页。
② Liu Kwang Ching, *Anglo-American Steamship Rivalry in China* (1862—1874), Harvard University Press, 1962, p.78.
③ 参见汪敬虞:《十九世纪西方资本主义对中国的经济侵略》,人民出版社1983年版,第528页。
④ 参见《招股不公》,《申报》1882年1月27日。
⑤ 参见汪敬虞:《十九世纪外国侵华企业中的华商附股活动》,《历史研究》1965年第4期,第39—74页。
⑥ 参见严中平主编:《中国近代经济史(1840—1894)》,人民出版社1989年版,第399页。

华商附股成为当时市面上一个普遍的现象,华商在附股外资企业、买卖外股过程中获得了巨额利润,为日后投资于洋务派创办的民用企业及自办企业提供了必要的资金储备。据统计,19世纪外国企业中华商股份累计在4 000万两以上,[①]如按当时比较保守的股票利息10%计算,每年便可获得股票利息400万两,按连续5年计算,总共获利2 000余万两,再按时价一元兑换七钱银折算,约合2 857万元,这个数字是甲午中日战争前中国所有商办企业投资总额722.5万元的近4倍,与洋务派创办近代民用企业投资总额2 796.6万元基本持平,占这一时期外商在华总投资额5 433.15万元的50%多。[②] 有关这笔巨额资金的走向,除部分转向土地、房地产或继续以附股的形式投资于外商企业外,相当一部分被用于民族资本主义企业则是毋庸置疑的,可以说华商附股为中国近代民族股份制新式企业的产生与发展提供了模式上的榜样和资金上的支持。

随着外商在华创办的股份制企业的增多,到19世纪60年代,外股交易在上海逐步发展起来,市场上证券交易额"日以百万计,投机交易有时延至深夜"[③]。不过,当时的外股交易还没有固定场所,主要由经纪人在西商总会的大厅内或者在汇丰银行的街沿周边从事交易。1891年上海开办了第一家初具规模的外商证券交易所——上海股票公所,由外商中一些专门从事证券买卖的经纪

[①] 参见汪敬虞:《十九世纪外国侵华企业中的华商附股活动》,《历史研究》1965年第4期,第39—74页。

[②] 参见吴承明:《中国资本主义与国内市场》,中国社会科学出版社1985年版,第113页。

[③] J. W. Maclelian, *The Story of Shanghai: from the opening of the port to foreign trade*, printed and published at the North-China Herald Office, 1889, p. 83.

人组成,其性质实质属于证券掮客公会,但已具有交易所的雏形。1904年经过改组成立了上海众业公所,其组织采取会员制,即只有会员才能参与从事买卖交易,最初会员为50人。专营外商在华企业的股票,约有60余种,并也可买卖其他国家股票。1918年底日本人也在中国成立了证券交易所——日商取引所。① 与众业公所不同的是,日商取引所采取股份制,为股份有限公司组织,标的物原定为棉纱、棉花、有价证券以及生丝、面粉等5项,后仅做棉纱和有价证券两项,属于综合性交易所。

总之,由于外商股份制企业模式的引入,为近代资本主义民族工商业的发展提供了良好的模式选择和榜样。同时,国人认购外国股份制企业股份、参与外股买卖均获得了较好的利益回报,为近代中国证券市场的产生提供了良好的示范效应。由于外商股份制企业数量和股票认购买卖等方面的限制,投资者对中国自己的股份制企业及其股票和证券市场产生了强烈的制度需求。

二、股份公司数量之正比效应:洋务运动推动下的新式股份制企业的发展

在洋务运动的引领下,中国创办了一批官办企业,如江南制造总局、金陵制造局、福州船政局、天津机器制造局等。这些企业虽然生产军事产品,但都大体效仿西方企业的组织形式创办,带有明显的资本主义性质。然而,由于这些军事工业产品不投放到市场上,无利润来源,企业发展完全取决于官方拨款的多寡,同企业的实际经营无关,经营效果并不理想。当军事工业的发展遇到困难

---

① 日文即交易所之意。

时,洋务派果断提出了"寓强于富"的口号,采取官督商办或官商合办的形式,引进西方股份制,广泛地吸纳私人资本,兴办军事工业以外的其他企业,这些企业成为我国股份制企业的源头。1872年,中国首家近代意义上的股份制企业——轮船招商局诞生了。

轮船招商局的章程规定:"轮船之有局,犹外国之有公司也"。招商局之轮船"以造价之多寡核定股份,由商局分招散商承认……在商既易于承认,无虑资本之不敷,在局易集数,以此愈招愈广"①。"它开其端,一人倡之,众人和之,不数年间,风气为之大开,公司因之云集,虽其中亦有成与不成之分,然其一变从前狭隘之规则。"②很显然,轮船招商局走出了一条以招商集股方式积聚社会资金,创办大型近代企业的道路。轮船招商局"开其先声,尔后竞相学步,仁和保险继之……人见公司之利如此稳健,济和保险、开平煤矿、平泉铜矿、机器织布、机器缫丝、长乐铜矿、池州煤矿、自来水、电气灯、赛阑格之锡矿、鹤峰之铜矿莫不争先恐后,踊跃投股"③。从1872年至1883年,大批新式股份制企业均效仿轮船招商局之模式,如雨后春笋般涌现出来,至此股份制在中国近代企业中的地位已基本确立,详见表2—3。

华商股票的发行最初很不规范,主要是通过摊派或"因友及友,辗转邀集"的方式招募股份,并未大张旗鼓公开向社会招募,除洋务派大官僚、社会名流以及洋行买办购买外,一般很难利用市场募集到资金。到19世纪80年代后,这些华商股份制企业才开始纷

---

① 台湾"中央研究院"近代史研究所编:《海防档》,甲,购买船炮(三),艺文印书馆1957年版,第911、912页。
② 《申报》1983年10月21日。
③ 《申报》1882年8月24日。

表2—3 1872—1883年招股创办的主要工矿企业(单位:万两)

行业	企业名称	创办时间	招股总额
交通通信业	轮船招商局	1872年	200
	中国电报局	1882年	8
矿业	安徽池州煤矿	1877年	不详
	直隶开平煤矿	1878年	100
	山东峄县煤矿	1880年	5
	热河平泉铜矿	1881年	34
	奉天金州骆马煤矿	1882年	20
	鹤峰铜矿	1882年	20
	施宜铜矿	1882年	40
	热河承平银矿	1882年	40
	直隶顺德铜矿	1882年	20
	云南铜矿	1883年	7
	长乐铜矿	1883年	60
工业	上海机器织布局	1876年	50
	上海机器造纸局	1882年	11
	公和永丝厂	1882年	约30
	广东缫丝厂	1883年	约20

资料来源:田永秀《1862—1883年中国的股票市场》,《中国经济史研究》1995年第2期,第68页。

纷效仿洋股募集方法,在上海的报刊上刊登招股说明书,向社会大众公开招股。股票发行通常由公司设立招股处直接向社会募集资金,这些招股处或自行办理招股事宜或委托上海某些行号代理收股。如上海的丰泰账房就曾在《申报》上刊登启事,经手宝勒点铜矿股份的认购,"兹有本行经手点铜矿股分(份),诸公曾挂号者,照股即付定洋每股10元,即日五点钟为止,不付定洋以作罢论"[①]。公平行也在《申报》上启事:"本行今有缫丝局股份,合股诸君欲入

[①] 《宝勒点铜矿股分》,《申报》1882年6月1日。

股,请速来挂号"①。

为了博取社会信任,这些新设股份制企业在经营上做出了不同程度的努力,保证企业股息按期发放。例如,轮船招商局从1874年开始按照章程规定按时发放股息,且盈利逐年增长,详见图2—1。

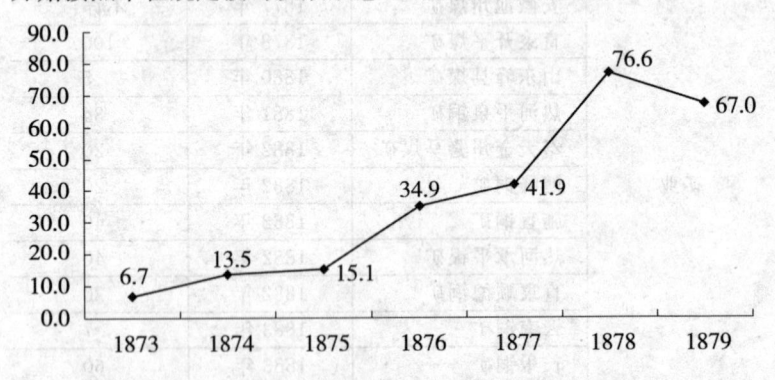

图2—1 1873—1879年轮船招商局赢利情况(单位:万两)

资料来源:根据盛宣怀档案资料"唐廷枢、徐润、张鸿禄呈(李鸿章)核招商局收入表"整理得到,转引自夏东元《洋务运动史》,华东师范大学出版社1992年版,第202页。

至1883年每年的股息均在10%—20%左右,致使招商局股票受到市面上的热烈追捧。1881年招商局宣布增资16万两,投资者纷至沓来,争相附股,②第二年又另招资本100万两,仅在一年内便如数招足。③ 上海机器织布局经郑观应、经元善等整顿后,于1882年登报公开招徕股本40万两,共4 000股,后因申购者太多,不得已增募1 000股,增至50万两,突破原定计划。④ 即便

---

① 《招投股份》,《申报》1882年6月18日。
② 参见《新报》1881年10月13日。
③ 参见聂宝璋编:《中国近代航运史资料》第一辑,上海人民出版社1983年版,第976页。
④ 参见郑观应:《盛世危言后编》第七卷,大通书局1968年版,第111页。

如此也无法满足投资者的认购欲望,于是登报宣布,所有各埠分处一律停止挂号,"如再有新招股分(份)寄银来局,亦一概不能加入矣"①。中国电报局从1882年4月改为官督商办招商集股以来,得益于这一时期有利的集股气候,"其股份票不胫而驰","至有已挂号而不得票者"大有人在,②最终成功募集股本8万两。③ 正在筹建的开平煤矿因不时传来煤质优良、采掘顺利的消息,所以在1881年便招足股金100万两④。"溯招商、开平股份,皆唐徐诸公因友及友,辗转邀集。今之登报招徕,自愿送入者,从此次开始"⑤,突破了以往公司依靠商帮亲友的狭隘集资范围,扩大到全国主要城市,刺激了各地中小商人投资近代企业的兴趣。

随着华商股份制企业取得较好的经营业绩以及对股东的良好回报,近代中国兴起了认购华商股票的投资热潮。"人见轮船招商与开平矿务获利无算,于是风气大开,群情若鹜,期年之内效法者十数起,每一新公司出,千百人争购之,以得股为幸,不暇计其事之兴衰隆替也"⑥,商民"视公司股分(份),皆以为奇货可居"⑦,"凡属公司,自刊发章程设局招股之后,不须一两月而股分(份)全行卖完"⑧,"每创一局,数千号股份不旬日而已满,买股之

---

① 《上海机器织布总局催收后五成股银启》,《申报》1882年5月18日。
② 《申报》1882年9月27日。
③ 参见杜恂诚:《民族资本主义与旧中国政府(1840—1937)》,上海社会科学院出版社1991年版,第25页。
④ 参见《北华捷报》1881年11月8日。
⑤ 经元善撰:《居易初集》第二卷,第31—38页。
⑥ 《申报》1882年8月12日。
⑦ 《论赛兰格锡矿》,《申报》1882年6月25日。
⑧ 《矿物论上》,《申报》1883年8月31日。

人,甚为踊跃"①。这些公司,有的尚未见眉目,所发售的股票就以高于票面的价格畅销于市面。更有不少商人,其中不少是依靠外国在华银行拆款进行营业的钱庄主,"以股份票互相买卖"②,牟取暴利。据统计,1882年"自春徂冬,凡开矿公司如长乐、鹤峰、池州、荆门、承德、徐州等处,已经禀准招商集股,无不争先恐后,数十万巨款,一旦可齐"③。这一时期,这些企业通过发售股票吸收到的资金在300万两以上④。曾经先后参与织布局、电报局等企业经营的经元善把这一时期出现的投资踊跃的现象誉之为"商务联群机械已将萌芽勃发"⑤。

大量华商股份制企业的诞生,为金融市场提供了证券交易的主要标的物——股票,促进了近代中国证券发行市场的逐步形成。投资者认购公司股份、大量购买并持有股票,在利益、流动性以及风险等因素的决定下,对证券交易市场制度的需求亦愈发强烈。

三、社会剩余资本之正比效应:投资者群体的形成与投资需求的旺盛

所谓社会剩余资本是指社会上存在着的暂时还没有找到合适的投资场所的闲散资金。从人均国民收入来看,旧中国还是存在一定的社会闲散资金,而这些资金可能形成证券市场的潜在流动性。尽管当时人均国民收入相当低下,详见表2—4,但如果考虑

---

① 《申报》1884年12月18日。
② 《申报》1882年6月13日。
③ 《字林沪报》1883年1月22日。
④ 参见《北华捷报》1883年10月24日。
⑤ 经元善撰:《居易初集》第二卷,第31—38页。

到中国社会的实际情况,社会上还是有相对剩余的资金。

表 2—4　旧中国人均国民收入情况

年份	国民收入(亿元)	人口总数(千人)	人均收入(元)
1850 年	181.64	414 699	43.80
1887 年	143.43	377 636	37.98
1914 年	187.64	455 243	41.22

资料来源:刘佛丁、王玉茹、于建玮《近代中国的经济发展》,山东人民出版社1997年版,第71页。

据估计,抗战前中国的国民收入中扣除人们的基本消费后,潜在的剩余应当不少于四分之一。① 再加上旧中国收入分配制度的严重失衡,虽然贫困人口数量众多,但在某些人手中必定积累了可观的社会剩余资本。据统计,1887年人口总数只占2%的富有阶层收入占全部国民收入的21%,后来此种分配趋势虽然发生了一定程度的变化,但富有阶层的收入还是占了较高比例。②

买办是一个特殊的经纪人阶层,具有洋行的雇员和独立商人的双重身份。作为洋行雇员身份的买办,得到外国势力的庇护,可以不受中国法律的约束,而作为独立商人的买办,又可以代洋行在内地买卖货物或出面租赁房屋、购置地产等。买办积累了大量的财富,主要由于他们不仅是洋行的雇佣者,同时又是自营生意的商人;不仅是货物的经纪人,同时又是货主;不仅赚取工资和佣金,同时又赚取远远超过工资和佣金的商业利润。据统计,1870年中国约有700个大买办商人在活动,每个人都可能拥资近10万两白

---

① 参见王业键:《中国近代货币与银行的演进(1644—1937)》,台湾"中央研究院"经济研究所1981年版,第85、86页。

② 参见兰日旭:《近代中国股份制企业"官利"制产生原因再探析》,《福建论坛》2008年第5期,第77页。

银。同时，由于开放口岸的增多，洋行需要设立更多的分行和代理行，每个分行或代理行至少有一个买办。到19世纪末，中国应该有买办1万人以上，这还不包括约1万个有过买办经历的人。① 随着买办数量的增加，买办手中持有的资金规模也不断扩大。19世纪40年代到60年代，买办手中积累的资金已达2 000万到3 000万元左右，这还不包括买办从非法的鸦片贸易中获取的巨额佣金。② 这笔资金相当于清政府1877—1881年5年所设立的民用企业创办资本总合的10倍以上，③约为1866—1894年民族工业资本投资总额的5到6倍。④ 到19世纪90年代中期，买办收入累计竟达4—5亿两⑤，这笔巨额的资金急需要寻找投资的出路。再加上买办为外商经手贸易，直接与外商打交道，属于最先接触资本主义经济的人，因而得沾风气之先，对股份制和股票这些新鲜事物了解较早，所以证券成为买办大量资金必要的、必然的投资领域。买办在19世纪60、70年代最先附股外国在华企业，"其有投

---

① 参见〔美〕郝延平著，李荣昌等译：《十九世纪的中国买办：东西间桥梁》，上海社会科学院出版社1988年版，第125页。

② 参见张国辉：《洋务运动与中国近代企业》，中国社会科学出版社1979年版，第123页。

③ 资本总和为244万元，详见杜恂诚：《民族资本主义与旧中国政府（1840—1937）》，上海人民出版社1989年版，第29页。

④ 民族工业资本投资总额为500—600万元，详见吴承明编：《旧中国的资本主义生产关系》，人民出版社1977年版，第8页。

⑤ 黄逸峰等认为有4亿两，详见黄逸峰、姜铎、唐传泗等：《旧中国的买办阶级》，上海人民出版社1982年版，第69、70页；张萍认为有5亿两，详见张萍：《近代买办研究综述》，《清史研究》1996年第1期，第111—118页；郝延平认为有5.3亿两，其中买办收入和经商收入各占一半，详见〔美〕郝延平著，李荣昌等译：《十九世纪的中国买办：东西间桥梁》，上海社会科学院出版社1988年版，第129页；许涤新等认为有5亿两，尚不包括买办自己投资的收益所得，详见许涤新、吴承明主编：《中国资本主义发展史》第二卷，人民出版社1990年版，第173页。

入西人股份者,亦不过洋行买办及与西人往来诸人,熟知情形,或有附股"①。买办还积极创办或入股投资华商新式资本主义股份制企业,有人根据中国近代10个行业进行统计分析,在1872—1913年,华商资本开设的新式企业共145家,在已知的202个创办人或投资人当中,买办为50人,占24.8%,仅次于地主和官僚。②

另外,地主、官僚通过剥削聚敛了一笔巨大财富,他们之中的一些人在鸦片战争后自然经济解体的情况下,可能突破传统的"购买土地"的投资方式,转而投资近代企业,李鸿章、盛宣怀即是例证。而一些旧式商人,在与外商打交道的过程中,逐渐受其影响而投资新式企业,如沙船巨商朱其昂、朱其绍兄弟即曾以巨资投资于招商局。可见19世纪70年代初,继买办之后,一些地主、官僚、商人也开始购买股票,入股近代新式企业。

当然,社会剩余资本的存在以及持有大量资金的投资者群体的形成,并不能完全说明这部分流动性资金必将流入证券市场,参与证券市场交易,投资者证券投资需求的强烈与否还取决于潜在利润的出现与大小。制度变迁理论认为,制度创新主体使潜在利润内在化的过程实际上就是制度变迁和制度创新的过程,而制度创新的第一步就是要求主体对潜在利润的认识。只有认识到了潜在利润的存在,创新主体才有动力去创新制度,或以新的制度代替原有制度。近代中国华商热衷于认购新设股份制工矿企业的股票,愿意投身证券市场,最大的原因还是利益的驱使,也就是投资证券市场可以获得高额的投资回报,实现潜在利润。中国的股份

---

① 《股价须知》,《申报》1882年4月24日。
② 参见祝寿慈:《中国近代工业史》,重庆出版社1989年版,第403页。

制企业普遍实行官利制①,投资者可以获得稳定的回报,有时另外还有分红。如轮船招商局的股东,每年除提官利一分即10%外,据记载1874年7月还获红利10%,次年7月获红利15%②,两年中股东每股获利分别为20%和25%。再如投资南通大生纱厂,股票从第二天起就按8%年息拿官利,每年结账时,去掉官利以外,还要分红。如投资者存款于钱庄,一类为无息存款,一类为有息存款,但利息不高,即使个别年份个别钱庄较高,也未能超出年息12%。③初期外商在华银行并不办理活期存款业务,甚至在19世纪50年代"对每日存款结余,不仅不付利息,反而要抽手续费"④,这种情况一直持续到60年代,之后外国银行虽然开始注意吸收存款,但利息极低。一般情况下"殷商富户银行存款,便定一年期者息五厘,半年期者四厘,三月期者息三厘,活期存款利息二厘"⑤,洋行存款的利息最高也不过8%左右。⑥ 总之,存款于上述各处利息即便按最高计算,其收益与购买近代企业股票获取的利息相差殊远,远不如股票在涨价时带来的成倍甚或十几倍的高额利润。

因此,在近代中国资本主义企业初创时期,已有一批人具有相当的投资能力,为购买股票提供了必要的资金,而这些投资者构成了近代中国证券市场制度需求的主要力量。同时投资者通过证券投资行为也认识到了潜在利润的存在,认识到证券交易这种新式交易形式可以给其带来更大的收益,只有打破原有的制度均衡的

---

① 即不问企业盈亏,必须按期支付股息。
② 参见刘广京:《1873—1885年中英轮运业竞争》,载中国近代经济史丛刊编委会编:《中国近代经济史研究资料》,上海社会科学院出版社1984年版,第23、27页。
③ 参见张国辉:《晚清钱庄和票号研究》,中华书局1989年版,第27页。
④ 张国辉:《晚清钱庄和票号研究》,中华书局1989年版,第54页。
⑤ 夏东元编:《郑观应集》,《银行》上,上海人民出版社1982年版,第680页。
⑥ 琼记洋行为吸引中国人存款而提高利率,由于利率优厚,中国人存款甚多。

局面,并实施制度变迁,才能为获得潜在利润提供制度上的保障。

四、信贷融资能力之反比效应:新式银行未成规模与旧式金融机构力量单薄

随着民族资本主义的发展,工商企业的融资需求越来越旺盛,但与此同时,与现代化股份制企业相对应的新式银行在晚清还未形成规模。最早在中国出现的银行,均为外国资本集团所设,是帝国主义用于掠夺中国财富的代理机构,从本质上无法为民族资本主义企业提供必要的资金支持。中国人自己开设的第一家现代银行——中国通商银行,在1897年才正式创立,其他如户部银行(1908年改称大清银行)、交通银行、浙江兴业银行、四明银行等,则更晚至20世纪初才相继设立。所以说,在当时的金融市场上以银行为主体的信贷融资体系还未形成。

晚清占主导地位的金融机构是钱庄、票号等,其中钱庄是最重要的信贷机构。上海钱庄在乾隆时就有了长足的发展,并成立了钱业会所。据会所所在地内园碑所载,碑上庄名可辨的在乾隆四十一至四十六年(1776—1781年)就有18家,乾隆五十一年至嘉庆元年(1786—1796年)有64家,并尚存庄名无法辨认的34家。[①]如果再考虑到尚有相当数量的钱庄并未加入钱业会所,那么仅从此碑所记载的钱庄数来看,清乾隆时期上海钱业就已经相当发达。鸦片战争以后,随着上海开埠,中外交往日渐频繁,商品经济发展迅速,而且由于太平天国运动,江浙一带的地主、富商纷纷迁往上

---

① 参见中国人民银行上海分行编:《上海钱庄史料》,上海人民出版社1978年版,第11、12页。

海,这都促使上海钱庄得到快速的发展。

从数量上看,上海钱庄在 1858 年、1873 年和 1876 年分别为 120、123 和 105 家,达到了前所未有的高峰。但是受到 1883 年金融风潮的影响,上海钱庄大批倒闭歇业,到 1884 年上海钱庄仅存 24 家,详见图 2—2。

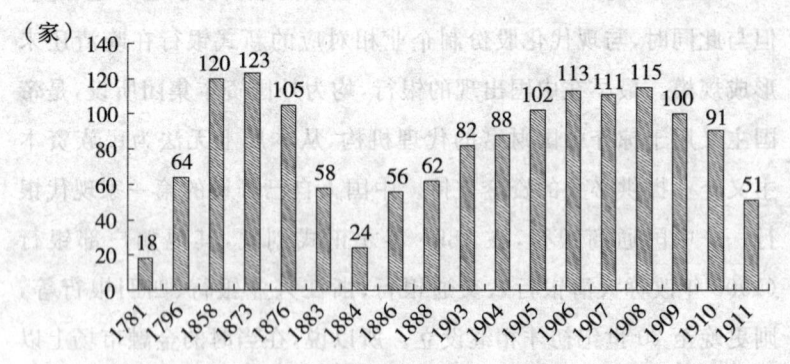

(家)

年份	数量
1781	18
1796	64
1858	120
1873	123
1876	105
1883	58
1884	24
1886	56
1888	62
1903	82
1904	88
1905	102
1906	113
1907	111
1908	115
1909	100
1910	91
1911	51

图 2—2 民国前上海钱庄数量统计

注:各资料中的部分数据存在不一致的现象,最终以数值最小的为准。

资料来源:郭建《上海钱庄的发展》,载上海通社编:《上海研究资料续集》,上海书店 1984 年版,第 691、692 页;中国人民银行上海分行编:《上海钱庄史料》,上海人民出版社 1978 年版,第 94 页;杜恂诚:《民族资本主义与旧中国政府(1840—1937)》,上海社会科学院出版社 1991 年版,第 169—189 页。

清末钱庄虽得到了快速的发展,但是仍然无法满足民族工商业发展的需要,主要因为资本主义工商业特殊的资金需求以及钱庄本身所固有的弊端。民族资本主义工商业的发展对信用的需求更加广泛,需要大量低利贷款,而钱庄不仅势单力薄,而且贷款利率普遍很高,一般起限就在 4.5% 左右,最高能达到 20% 左右,[①]

---

① 参见中国人民银行上海分行编:《上海钱庄史料》,上海人民出版社 1978 年版,第 694 页。

民族资本企业根本无法承受这样的融资成本。同时,钱庄本身固有很多弊端,从根本上限制了其对民族工商业发展提供必要的资金支持的能力。

第一,钱庄的资本规模普遍较小,只有白银3—5万两乃至不足万两,[1]而新式资本主义工商业需要的资金往往数额巨大,钱庄资金根本无法给予满足。

第二,钱庄大多受制于外国银行,外国资本主义从本质上不允许钱庄对中国企业进行大量融资,即便是投资华商股票也大多是投机性的,而非真实的融资行为。19世纪50年代开始,一些大钱庄的庄票逐步取得外商的信任,成为融通棉织品买卖和鸦片贸易的手段。到60年代末,钱庄庄票普遍取得外国银行的承认并向其拆款。汇丰银行买办王槐山就"深悉各庄底细,导银行放息,岁存庄家何止数百万"[2]。外国银行对钱庄的拆款到70年代有200万两左右,[3]最盛时期总数约上千万两,平均每庄拆进约为70—80万两。据载1911年10月18日,钱庄共欠外国银行之银总数为881.5万两。[4] 外国银行对钱庄的拆放,通常两天结算一次,"月仅息银五六厘,该庄出借于人,月必拆息一二分不等"[5]。另有资料显示,"上海钱庄借用外资的利息是7%,而以10%的利息转贷于商店老板"[6]。由此可见,资本实力并不雄厚的钱庄通过拆借放款

---

[1] 参见中国人民银行上海分行编:《上海钱庄史料》,上海人民出版社1978年版,第14页。
[2] 同上,第29页。
[3] 参见《申报》1878年12月10日。
[4] 参见《北华捷报》1911年10月18日。
[5] 《申报》1883年12月6日。
[6] J. Edkins, *Banking and Price in China*, 第34页,转引自张国辉:《晚清钱庄和票号研究》,社会科学文献出版社2007年版,第119页。

可以获得可观的利息差价收入。对外国银行来说这是"用最好的方式利用这些头寸",而钱庄则"每天依照他们的需要拆借,使他们能够以有限的资金做成庞大的生意"。① 外国银行对上海钱庄拆款如此之巨,必然对钱庄的经营有巨大的影响力,外国银行只关心银行的利益和本国洋行和企业的发展,根本无欲扶持中国民族资本主义工商企业。有时钱庄虽热衷于企业股票的追逐,手中持有大量工矿企业所发售的股票,但其中大部分实际上是作为投机工具的。②

第三,钱庄经营内容与业务范围的特点,决定其发展的不稳定性,根本无法为企业提供长期、稳定的融资环境和信贷资金。除正常的存贷款、贴票及汇兑等主业外,钱庄还大多从事许多投机性非主营业务,其中"洋厘"和"银拆"是近代钱庄主要从事的投机业务。在半殖民地的旧中国市场上,自从外国银洋流入后,一直推行银两、洋元并用的货币制度,市场上自然就相应的存在着"银拆"和"洋厘"两种行市,给金融市场上的投机分子提供了一条追求暴利的途径。③ 钱庄的这种投机行为在1864年以前就已经存在,而1864年以后则更为盛行。钱庄利用洋厘的高低和银拆的变化,人为地制造银元或银两短缺的恐慌,从中牟利。"上海市面钱业,竟有虚做银洋拆息,买空卖空。欲求无本之利,情近赌博,势同垄断。其买空者以洋价昂涨为利,其卖空者以洋价低跌为利。两利相持,

---

① S. R. Wagel, *Finance in China*, (魏格尔:《中国金融论》)1914年版,第239页。
② 参见张国辉:《晚清钱庄和票号研究》,社会科学文献出版社2007年版,第144页。
③ 参见冯养源:《洋厘、拆借之意义》,《银行周报》第10卷第29期,1926年8月3日,第11—14页。

必有一损。于是亏损者无力偿垫,势不得已,必先认赔利息。至赔之不已,逐倒闭走逃,累及他人。"[1]因为外国银行实际操纵着国际汇兑行市,又可自由输入输出白银和银元,对银两、银元的供求有着绝对的控制力,所以钱庄的洋厘、银拆投机必须有外国银行做后台,其命运完全被外国银行所掌控。[2] 由于钱庄的经营活动具有较强的投机性,经营基础不牢固,市场上一旦风吹草动,钱庄常是首当其冲的受其害。[3] 晚清发生的几次大的金融恐慌,如1871—1873年、1883年和1897年等,钱庄的倒闭数动辄达十几家,甚至几十家,发展极其不稳定,根本无法为大型企业提供长期的资金融通。

第四,钱庄作为典型的旧式金融机构,其放款多是信用放款,不注重抵押放款,造成钱庄放款范围不广且具有分散性。因信用放款具有较大的风险,所以钱庄信用放款有一定的依据,有的与经营某种商品的商人联系紧密,有的与某一地区的商人交往广泛,这就造成钱庄一般只为有限的、特定的对象服务。这种信用放款模式与近代资本主义工商业以及社会复杂的经济环境是极不适应的,即便小型民族工商业能接纳钱庄放款融资,但对大型企业来说钱庄放款可谓杯水车薪。随着大量现代化工业部门的兴起,大型的棉纺织厂、面粉厂和化工厂不断设立,这些企业对资金的需求是巨大的,且一般建成投产后还需要后续借贷资本的持续支撑,钱庄

---

[1] 《上海县严禁洋厘空盘示》,《申报》1887年11月23日。
[2] 参见中国人民银行上海分行编:《上海钱庄史料》,上海人民出版社1978年版,第553—643页。
[3] 参见戴建兵:《白银与中国近代经济(1890—1935)》,复旦大学出版社2005年版,第187页。

等旧式金融机构根本无法满足其需求。

所以说,从社会信贷融资能力看,不管是新式银行还是旧式金融机构都无法满足日益增长的民族资本主义工商业对资金的需求。大量的资金缺口需要其他的融资方式给予补充,这时证券融资成为另一种选择。信贷融资能力愈弱,资金缺口愈大,社会对证券融资体系以及证券市场制度的需求也愈强烈。

第二节 近代证券市场产生的成本与收益分析

按照制度变迁理论,一项新制度的产生是由于该制度降低了交易成本,实施该制度的预期收入可超过实际成本。当然,尽管在理论上可以对制度进行"成本—收益"分析,但实际上对制度的成本与收益进行计量是很难的,尤其是制度的收益。[①]

一、近代证券市场产生的预期成本

(一)实施成本

要发展证券市场,需要花费大量的成本去认识、学习证券市场制度、交易模式和运行体系,进行证券市场法律系统的构建,进行证券市场交易组织体系的建设,进行证券市场中介组织的创立,进行投资者群体的管理与培育等。证券市场与其交易形式是西方资本主义发展过程中演化出来的新式金融体系,在半封建半殖民

---

① 参见黄少安:《关于制度变迁的三个假说及其验证》,《中国社会科学》2000年第4期,第37—49页。

义体制下的中国属于新兴事物,投资者和政府都需要花费大量的成本去认识和熟悉。上文提到买办由于其特殊的性质而较早地认识和接触到股份制度和证券市场,从而成为近代中外证券市场最早的参与人,而要使其他的潜在投资者参与证券市场交易还需要一个逐步的过程。清政府是封建性质政府的代表,北洋政府虽开创了民族资产阶级政权的先河,但在军阀的统治下,仍带有明显的封建落后的性质,它们对证券市场这种新兴事物需要一个认识的过程。证券市场属于一种复杂的金融运行体系,需要完善的运行机制、健全的法律制度以及确定组织形式,这些对封建性质的政府来说都是难以实现的,必然需要巨额的成本费用。

(二)机会成本

在选择证券市场制度的时候,可能会放弃或部分放弃其他市场而带来机会成本。特别是在社会融资总量不变的情况下,可能会冲击银行融资制度,牺牲银行融资制度的发展机会。近代中国证券市场发展的同时,也是新式银行发展的时期,两种不同的融资制度必然存在一定的竞争。同时,在社会总资本一定的情况下,投资者将大量的资金投入证券市场,必然影响储蓄存款,进而也会对银行的发展产生不利的影响。

(三)负面成本

证券市场制度是一种高风险和高收益并存的金融体系,在高额利润回报的诱惑下,投机炒作不断发生,造成证券市场存在巨大的风险,表现为市场发展极不稳定。证券市场制度本身是一种具有强辐射性的体系,像一条无形的纽带,连动着大量的流动资金,成为连接宏观经济运行中各部门之间的桥梁。当证券市场不稳定的时候必将带来整个金融体系的震动,甚至是金融危机和经济危机。近代中国证券市场成立之初,便发生了多次因证券市场波动而引发的金融危机,给社会造成了巨大的财富损失和重置成本。

二、近代证券市场产生的潜在收益

(一)融资功能

集资融资是证券市场的一个主要功能。现代社会化大生产以规模经济为基本特征,要求集中巨额资本。企业通过在证券市场上发行股票或企业债,能够在短时间内把分散的社会资本集中起来,达到社会化大生产、大规模经营的目的,筹集资金的规模与速度是仅靠自身积累和银行贷款无法比拟的。证券市场集资手段的灵活有效适应了社会化大生产的需要,极大地推动了社会化大生产的迅速发展。在洋务运动的推动下,近代中国民族资本主义得到快速的发展,建立了大量新式的、符合社会化大生产意义的民族资本主义工商企业,这些企业的发展壮大需要大量的资金支持。证券市场制度的产生正适应了这种需求,降低了整个社会的融资成本。

(二)配置功能

证券市场的资金会自发地向优秀企业和朝阳产业集结,从而发挥出强烈的优化资源配置功能。在证券市场的运作过程中,投资者通过各种证券产品在证券市场上的收益率的差别以及发行者所公布的财务信息,可以了解到资金使用者的经营效率、技术水平和管理经验,从而选择和改变投资方向,把资金投到经济效益更高的地方去。投资者往往抛弃收益率低、缺乏增长潜力的证券,转而购买收益率高和具有增长性的证券。这种趋利行为,使效益好、有发展前景的企业能够获得充裕的资金,而业绩差、没有发展前景的企业就得不到资金,逐步消亡或被好企业兼并收购。就整个产业而言,证券市场的资金也会在选择企业的同时,自发地从夕阳产业涌向朝阳产业,从而推动一个国家的产业结构调整与经济发展。在近代证券市场中,投资者大都热衷于新兴产业证券,例如新式矿业、轮船业、橡胶业和公共事业股票,这都体现了证券市场的资源配置和产业结构调整的功能。

(三)约束功能

企业在股权筹资的过程中,可以明晰产权主体,促进所有权和经营权的分离。通过股东大会选举董事会,董事会决议经理人,经理具体负责企业日常运转而构成三级授权关系,有利于保全资产存量,也有利于保证资产增值。企业经营好坏可以直接影响证券市场上公司的股票价格,反过来,证券市场上股票的价格也同样连动着企业,经营不善产生的股价下滑很可能导致企业资金链条的中断,甚至企业的倒闭。所以在证券市场背景下,企业会受到更多的约束,为近代股份制企业的健康发展提供了一定的保障。

近代中国证券市场建立之初,投资者利益集团获得了部分潜在利润。虽然我们很难对证券市场产生的成本和收益进行计量分析,但我们可以进行这样的推理,如果在近代创立证券市场成本大于收益,那么制度需求者的需求动力就会减弱,制度供给者也无法将制度变迁进行下去。从上文对晚清外资企业的华商附股现象和民族企业股份的认购热潮的分析中可以看出,投资者利益集团即制度的需求者从证券市场上获得了巨大的收益,所以,可以认为,近代中国证券市场的制度收益远大于制度成本。

第三节 意识形态与近代证券市场的产生

通过对西方市场经济演变史的审视与分析,新制度经济史学升华出制度变迁理论的思想,并以三大理论基石来构建其分析框架。这三大理论分别是:(1)描述一个经济体系中激励个人和集团的产权理论;(2)界定实施产权的国家理论;(3)影响人们对"客观"存在变化的不同反应的意识形态理论。[①] 其中,产权理论和国家理论将在本书其他章节予以阐述。

意识形态是一个含义丰富的概念,它可以定义为一个团体(社会)关于世界的一套信念,是一个团体中所有成员共同具有的认识、思想、信仰、价值、伦理、道德、习俗、精神状态等所组成的非正式制度安排,是非正式制度安排的核心,反映了团体的利益取向和价值取向。新制度经济史学认为意识形态是一种行为方式,这种方式通过提供给人们一种世界观而使行为决策更为经济,使人的经济行为受一定的习惯、准则和行为规范等的协调而更加公正、合理并且符合公正的评价。同时,这种意识形态不可避免地与人们的公平道德、伦理评价相互交织在一起,一旦人们的经验与其思想不相符时,他们就会试图改变其意识形态。由此可见,意识形态不仅对人们有强有力且持久的影响作用,而且作为非正式制度的一个重要组成部分,其自身也存在一个不断变迁的过程。

---

① 参见〔美〕道格拉斯·C.诺斯著,陈郁、罗华平等译:《经济史中的结构与变迁》,上海三联书店、上海人民出版社1994年版,第6页。

一、传统文化与证券市场的基本关系

传统文化是一个社会在长期实践中形成的、对其成员具有普遍约束力的行为方式和认识世界的方式,它使一个社会区别于另一个社会。从某种意义上讲,传统文化是意识形态范畴内最重要的部分之一,这是因为传统文化不仅决定了社会的主流价值观与世界观,而且还影响着民族的宗教信仰与哲学伦理。

证券市场是西方国家经济发展的产物,同时也是在西方文化背景下滋生的,有其培育和发展的特定土壤。一般说来,西方传统文化可分为中世纪前后以欧洲教会教义为中心的传统文化和近代资本主义传统文化,而西方证券市场的萌芽与发展完全是依托在资本主义传统文化的基础上发展起来的。证券市场为什么在西方国家捷足先登并获得广泛发展,而在中国却迟缓一步,除了经济发达程度和经济制度的差异之外,不同传统文化的影响无疑也是一个重要因素。[①]

(一)传统文化与社会价值观念

证券市场是投资者进行经济活动的场所,从证券买卖中获利是投资人的唯一目的,所以说证券市场的产生和发展依赖于社会对追逐利益行为的肯定与认可。由于不同的传统文化有不同的价值判断标准,即不同的社会价值观念,这些价值观念对投资者的牟利动机和牟利行为有不同的看法,因此在不同的传统文化背景下,证券市场的发展程度肯定存在差异。在中世纪前后的欧洲传统文

---

① 参见王广谦编:《中国证券市场》,中国财政经济出版社1991年版,第19—26页。

化中,不存在证券市场产生和发展的文化基础,主要因为中世纪欧洲教会斥责高利贷这种"以钱生钱"的牟利行为。但当西方资本主义文化兴起,并逐步取代中世纪欧洲教会文化而成为主流文化之后,情形发生了巨大的变化。在近代资本主义文化中,把追求个人最大利益和自我实现看成是应该的、天经地义的,社会价值观念发生了转移。这种文化不但不把牟利行为看做是非正当的,而且还把不能牟利看做是无能的表现。同时,与近代资本主义传统文化相适应的资本主义生产方式以追求最大的剩余价值为目的,社会价值观念的变化使追求最大剩余价值的欲望变得永无止境,而这种永无止境的欲望需要社会提供一个可供社会各阶层参与的利益追逐的平台。总之,近代资本主义文化为证券市场的产生提供了最基本的文化、社会基础,反过来说,西方证券市场的产生也为满足资本主义追求最大剩余价值的欲望提供了现实的场所。

(二)传统文化与竞争风险意识

不同的传统文化对竞争有不同的理解和不同的需要,竞争的目标和方式也有所不同。证券市场的发展和繁荣需要竞争,但这种竞争离不开投资者对个人利益的追求。因此,不同传统文化产生的不同的竞争意识对证券市场的发展起着重要的作用。西方资本主义传统文化中的社会价值观念和永不满足的牟利欲望使投资者具有较强的竞争意识,并且竞争要胜利才能得到社会的认可和个人价值的实现。可以说,在西方资本主义利益追逐价值观主导下的文化是西方证券市场充满活力的源泉。不同传统文化中的风险意识也不相同,在以追求社会公平、稳定、团结为目的的传统文化中,社会经济生活的各项活动都希望避开风险或使风险减到最低限度。而在以追求个人最大利益和自我价值实现为目的的传统文化中,冒险成为实现最终目标的一种手段。证券市场作为整个经济状况的"晴雨表",对经济生活以及社会生活各方面的变动极为敏感,其内在机理也远比一般经济现象更为复杂。西方资本主义文化是建立在赤裸裸的掠夺与殖民基础上的,形影相随的是资本主义国家为航海远征而承担的巨大风险与发现新大陆而获得的巨大利益。在这种背景下培养出的文化是鼓励探险,勇于冒险和敢于承担风险的。因此,证券市场一方面在这种竞争意识和风险意识中成长起来,另一方面又锻炼和强化了西方投资者的竞争意识和风险意识。

(三)传统文化与法治观念

法治观念是传统文化中的一项重要内容,是在传统文化的积累中逐步形成的。在以追求社会公平、稳定、团结为目的的传统文化中,道德的力量在维护社会经济运行和发展方面不亚于法治的力量。在以追求个人最大利益和自我实现的传统文化中,道德的力量是软弱的,维护社会经济运行和发展主要依靠法治力量。而证券市场的发展虽然需要道德的约束,但更需要法治的健全与完善。因此,法治观念是影响证券市场发展与繁荣的主要因素之一。由于近代资本主义文化所产生的永无止境的牟利欲望,竞争、风险意识体现在所有的投资者身上,因此法治成为协调各投资主体之间关系的协商物,促使西方社会对法治有强烈的需求,而法治理念与法治体系则被渗透到社会的各个领域。从证券市场来看,虽然投资者会尽力避开法治的要求去实现其欲望和自我价值,但在形式上却不能不受到法治的强烈约束。因此,西方证券市场的法治体系与法治观念在这种背景下被逐步确立起来。

反过来看,近代西方资本主义传统文化给证券市场的畸形发展提供了文化基础。由于这种传统文化下的社会价值判断标准是永不满足的牟利欲望,不择手段实现个人最大利益和自我价值的冒险、竞争观念等因素,给证券市场带来了投机、欺诈等非正当的行为。虽然有法治约束,但不乏一些冒险家为了实现个人最大利益而践踏法律,扰乱市场秩序。另一方面,投资者为追求赢利而进行的过度竞争使证券市场越来越脱离实体生产过程而成为冒险家的乐园。过度地投机、欺诈行为造成证券市场的虚假繁荣,从而不断导致金融危机,破坏实体经济生产。例如,美国1925年的证券市场非理性泡沫导致了资本主义社会连续4年的空前大危机。

总之,近代资本主义的传统文化带动了证券市场的发展,并通过证券市场的发展促进了资本主义的发展。同时,近代资本主义的传统文化也存在不利于证券市场发展的因素,不断诱发资本主义的经济危机。

二、矛盾与冲突:中国传统文化与近代证券市场

中国的传统文化,是指中华民族在漫长的历史长河中创造的独具特色的民族文化。从内容上讲,它是以汉族为主体的中华民族共同创造的。从时间上讲,它是指1840年鸦片战争以前的中国文化。

(一)传统文化中的"重义轻利"与"功利主义"的证券市场相冲突

儒家思想是中国传统文化的主体文化,也是一种伦理政治型文化,[①]其"伦理至上"的观念对中国社会、对华夏民族的影响很

---

① 参见冯天瑜、何晓明、周积明:《中华文化史》,上海人民出版社1990年版,第201—207页。

大。它把人的道德修养和个体人格的完善视为人生的最高要求,提倡精神上的追求应当优先于物质上的满足,从而形成了中国强调"义"而蔑视"利"的传统"义利观"。中国传统文化中的"义利观"把道德标准的"义"放在首位,认为"不义而富且贵,于我如浮云"①;"富与贵,是人之所欲也,不以其道得之,不处也。贫与贱,是人之所恶也,不以其道得之,不去也"②。同时强调在经济活动中要遵守社会伦理规范,不要"见利忘义"。这些传统文化虽有其积极的意义,但这种传统"义利观"同时又把"义"与"利"完全地对立起来,认为"君子喻于义,小人喻于利"③,把牟利归于小人的行为,因而君子不必谈"利"更不能去追求"利"。"王何必曰利,亦有仁义而已矣"④,完全否定了追求"利"的正当性,把牟利视为罪恶之渊。而在证券市场中,恰恰必须要追求利益的最大化,要最大限度地激发和满足人们的欲望,其本质就是对物质利益的关注与追求,也就是通常所说的"功利主义"。要建立运行良好的证券市场,就必将强化人们对物质利益的关注,从而与传统的"安贫乐道"、"重义轻利"等观念相悖。

(二)传统文化中的"德治"、"人治"与"法治"的证券市场相冲突

中国传统文化高度关注伦理道德和礼数,两者的组合体构成了社会行为的主要约束机制。作为中国传统文化两大主干的儒家、道家都非常看重伦理道德。儒家把道德作为人兽区分的根本和人格尊严的体现。孔子有影响深远的"君子谋道不谋食,君子忧

---

① 《论语·述而》。
② 《论语·里仁》。
③ 《论语·里仁》。
④ 《孟子·梁惠王上》。

道不忧贫"①,"故远人不服,则修文德以来之"②等重视道德的名言。道家更是重视道德的意义,"言道德之意五千余言"的《道德经》认为"万物莫不尊道而贵德"③。儒道两家均以道德实践为第一要义,由此形成了"德性文化"精神和"道德至上"的价值取向。④在阐述道德重要性的同时,中国传统文化将礼数视为衡量道德的标准和培养道德的手段。孔子认为"道德仁义,非礼不成,教训正俗,非礼不备,纷争辩讼,非礼不决,君臣上下,父子兄弟,非礼不定"⑤。这里的"礼"是封建统治者维护封建等级和专制制度的重要手段。"礼"所维护的核心是封建家长制,具有至高无上的权力,掌握着对他人的生杀予夺大权,其实质便是"德治"和"人治"的观念。与"德治"、"人治"相反,证券市场最基本的特征是"法治"。证券市场最主要的特征是虚拟经济的运行,与实体经济相比,有其特殊的运行机制、体系和要求,其中最重要的一条就是必须建立公平、公正的法律约束机制,而这一点与中国传统的"人治"观念显得水火不容。由于中国人受"人治"传统的影响相当严重,法治观念、法律意识普遍较为淡薄,致使"有法不依"、"执法不严"的情况特别突出。

(三)传统文化中的"中庸平和"的处世之道与"激荡起伏"的证券市场相冲突

"中庸之道"在维护一个拥有几千年历史传统的多民族大国的

---

① 《论语·卫灵公》。
② 《论语·季氏第十六》。
③ 《道德经》,第五十一章。
④ 参见冯天瑜、何晓明、周积明:《中华文化史》,上海人民出版社1990年版,第447、448页。
⑤ 《礼记·曲礼上》。

统一、团结、稳定方面有着积极的意义。但对发展商品经济而言，这种文化显然限制了经济行为中的投机，同时也限制了经济行为中的竞争。"枪打出头鸟"、"不患寡而患不均"的思想磨灭了国人在经济活动中的进取心。而证券市场是投资者牟利的活动场所，它需要的是强烈的竞争意识，而不是"中庸之道"。因此，传统文化中的"中庸之道"与证券市场是极不吻合的。

（四）传统文化中的"消极静止"的敛财观与寻求"资本增值"的证券市场相冲突

在相当长的历史时期，中国都是小农经济为主体的经济运行模式，其特点是简单再生产。除了高利贷之外，大多数资金所有者不可能把资金作为直接牟利的手段，而高利贷"用钱赚钱"的做法一直为社会主流价值观所不耻。这种经济基础在传统文化中的一个突出体现就是"消极静止"地对待货币财富，仅仅把货币财富当作聚敛保存的对象，作为衡量财富的标准，而不是当做价值增值的手段，这与商品经济和商品经济决定下的证券市场也是明显不符的。证券市场本身是依靠资本流动而形成的市场，投资者通过资本的流动、买卖获得收益，与商品经济资本运动的要求是一致的，即符合 $G-W-G'$ 公式，以实现资本的增值，而"消极静止"的敛财观是完全不需要证券市场的。

（五）传统文化中的"官、权、利"与"股权至上"的证券市场相冲突

在文化结构与政治结构一体化的中央集权政体下，国家对金融业不断进行渗透、控制或垄断。从历史上看，中国历代官僚都从事金融、融资等业务，甚至对民间进行高利贷放款。在一些朝代，政府还规定贷款利息限额，对金融市场进行直接的干预与调控。

如在元代,曾在至元三年(1266年)下诏,重申民间贷款限收息"三分",即使超过年限,最多以"一本一利"为原则。官方干预和控制金融市场的传统与"股权至上"的自由证券市场的要求也是不相符合的。证券市场是以股票为主要的交易对象,股票又是股权的唯一载体,即持有股票的多少决定了所有者权利的大小,其他一切因素都不能影响股份权利的行使。当证券市场被政府控制以后,政府的干涉必定要损伤证券市场中的股权。同时,由于中国"无限政府"力量的强大,在政府利益的驱使下,政府对证券市场的控制不仅不会放松,反而会愈来愈强,对市场的破坏力也会更大。

三、借鉴与融合:证券思想萌芽与近代证券市场

拥有五千年文明史的中国,形成了用一种理性适应客观世界的素质,对外来文化有很强的适应、消化和模仿能力,从佛教进入中国后的情况就可以印证这一点。鸦片战争之后,西方列强用大炮、军舰敲开了中国的大门,在它们对中国实施军事、经济、政治侵略的同时,也带来了资本主义生产方式和与之相适的西方文化。儒家文化的"以和为贵"、"忍耐"、"兼容"等观念使中国文化逐步容纳西方文化中的一些内容,反映出中国传统文化对外来文化的强大的吸收、消化和学习能力,也改变了中国固有的传统文化,实现了意识形态自身的变迁,产生了适应证券市场产生和发展的文化基础。

证券市场制度完全属于西方舶来品,要在中国的土地上发芽生长,就必须经历一个充分借鉴和逐步融合的过程,这个过程也是

意识形态实现自身变迁的过程。西方证券思想被近代中国的有识之士逐步地介绍到中国,与中国传统文化、传统观念以及传统经济理论相融合,逐步被国人所接纳,促进了证券市场制度的产生与发展。

(一)梁启超的证券思想

梁启超可谓国人倡议创建证券市场以及证券交易所的先驱,他对建立证券市场的设想主要体现在1910年所著的《公债政策之先决问题》及随后的《敬告国中之谈实业者》两文之中。梁启超视公债和股票为有价证券中最重要的交易品种,其中公债在流通条件下产生的效能将大大强于借债所带来的效果,并将"反以增全国资本之流通之速度"。具体来看,公债主要有如下四点用途:(1)"公债最适于为保证金之代用品也"[①]。银行可以将公债作为发行准备金,以此促进银行的发展,以及拓展了公债的用途。(2)"公债最适于为借贷之抵押品也"[②]。与田园房屋等不动产、普通商品相比,有价证券可谓最适合的贷款抵押品,其中公债更为优良。(3)"公债最适于为公积金之用也"[③]。以公债作为最基本的公积金,有利于国家、银行、保险、商户以及个人从事金融业务,以此促进金融业的发展。(4)"公债最适于安放游资之用也"[④]。公债可以吸收社会多余的闲散资金,以此调整金融余亏,并为人们提供了良好的投资品种。

[①] 梁启超:《公债政策之先决问题》,载梁启超:《政闻时言》下册,商务印书馆1916年版,第325页。

[②] 同上书,第329页。

[③] 同上书,第330页。

[④] 同上书,第337页。

同时，梁启超还认为公债可以增加国家税收，弥补财政赤字，他指出：

> 国家欲得正确之收入，必恃租税，租税者，所以应经常费之用也。夫募集公债之目的，虽本籍以支办临时费，及其已募得之后。而按年派息，则经常费随而增矣，使其公债而属于定期定额偿还之种类，则派息之外，再加以逐年偿本，经常费益随而增矣，而此所新增之岁费，其财源非求诸租税焉而不可得也。或所借公债用之于生产事业，则其事业所生之利益亦足以增国家之岁入。①

同理，当股票作为有价证券流通之后，"循环转运于市面，使金融活泼而无滞也"，由于"其为物至灵活而富于伸缩力，即便于公司，复便于股东，而尤便于社会之金融"。鉴于有价证券的重要性，梁启超呼吁效仿西方模式建立国人自己的证券交易所，并建议：

> 我国人现在虽不知懋迁公司为何物，然非有股份懋迁公司，则公债断无从办起。而欲使一国商业交通便利则商品懋迁公司，亦不可少。其必须设法奖励，殆无疑义。计全国应设懋迁公司之地不下五十市，每市设株式懋迁公司一所，商品懋迁公司二所。②

梁启超在其1910年出版的《敬告国中之谈实业者》中主要探讨了股份有限公司的问题。他认为，"我国固有之实业，不足与外国竞，……是故今国人士所奔走呼号以言振兴实业者，质而言之，

---

① 梁启超：《公债政策之先决问题》，载梁启超：《政闻时言》下册，商务印书馆1916年版，第320页。

② 同上书，第333页。

则振兴新式之企业而已"①,而"所谓新式企业者,以股份有限公司为其中坚者也。今日欲振兴实业,非先求股份有限公司之成立发达不可"②。

与西方国家相比,中国近代股份有限公司发展缓慢,主要有如下四点原因:

第一,股份有限公司必在强有力之法治国之下乃能生存,中国则不知法治为何物也。

第二,股份有限公司必责任心强固之国民,始能行之而寡弊,中国人则不知有对于公众之责任者也。

第三,股份有限公司必赖有种种机关与之相辅,中国则此种机关全缺也。

第四,股份有限公司必赖有健全之企业能力,乃能办理有效,中国则太乏人也。③

梁启超还认为要大力发展股份有限公司就必须具备两大辅助机关,即股票交易所和银行,主要因为"股份懋迁公司为转买转卖之枢纽,银行为抵押之尾闾。不宁惟是,即当招股伊始,其股票之所以得散布于市面者,亦恒借股份懋迁公司及银行以为之媒介"。④

(二)康有为的证券思想

康有为的证券思想主要体现在其1913年出版的《理财救国

---

① 梁启超:《敬告国中之谈实业者》,载李华兴、吴嘉勋编:《梁启超选集》,上海人民出版社1984年版,第572页。
② 同上书,第572页。
③ 同上书,第572、573、576、577页。
④ 同上书,第576页。

论》一书中,该书的核心思想为"妙用银行"与"善用虚金",其中"虚金"主要指的就是银行券与公债。他指出:

> 夫所谓理财之道者,妙用银行以为枢,通流至虚之纸币公债以为用,搜藏至实之金银以为备,铸行划一之金币以为符而已。①

可见,康有为认为只要建立一套资本主义国家那样的银行信用制度和银行信用网,就可以利用银行和利用发行银行券和公债以开源兴利。② 他认为公债等虚拟资金的存在有利于生产的扩大,指出:

> 国家以公债票与之银行,而银行以纸币与之国家而买公债,银行得公债以作纸币之保证准备,可出纸而易实金焉。然而国家之国库即在银行,则金块在银行,支用纸币亦在银行。故银行之与国家,是一是二,如身形神之异而不相离,乃以运转于无穷,而大生广生焉。③

康有为认为,证券交易所以及证券市场的建立,能够促进股票的流通,而股票的流动必然增加社会资本,以此促进经济发展。

> 吾国商务不振,资本乏绝,令人人政策,皆知不昌实业不能富国矣。然实业出于资本,资本有实有虚。各国股票,日日

---

① 康有为:《理财救国论》,上海广智书局1912年版,载赵靖、易梦虹主编:《中国近代经济思想资料选辑》中册,第188页。
② 参见侯厚吉、吴其敬主编:《中国近代经济思想史稿》第二册,黑龙江人民出版社1983年版,第472页。
③ 康有为:《理财救国论》,载赵靖、易梦虹主编:《中国近代经济思想资料选辑》中册,第188、189页。

出售,商店人家,可藉抵押,银行可以为保证准备,于是纸币可以多出,盖与公债同一妙用焉,皆以为增资本之法。若股票不日售而为私人定质,则商店抵押无物,银行无以为保证准备,而纸币不能多出,即资本不能大增。故以金为商务公司资本同,而股票流通,则为生产物,股票不流通,则为不生产物。股票流通,则可化一为万,股票不流通,则以一为一,止是不生而无用矣。①

他还认为,证券市场的存在可以督促董事改善企业的经营管理,促进工商企业的繁荣。

督劝其工商业,至精且勤,惟恐其无溢利也。……公司无溢利,则股票无人过问,欲出售而不能也;公司常溢利,则股票永不落,诸董事亦无妙法以获无穷之利;……若其督商务之实业,收商业之实利,胜则大益,败则大亏……是以其工商之业,甚稳而日精进也。②

据此,康有为积极主张建立证券交易所,并认为:

故今全国之才英竭才尽智,皆以增资本,奖富豪计耳,若遽忧股票市易之有弊与夫投机之有害也,是与不识中国之奇穷而欲行社会均产之法无异也。知防弊之义而不知奖富之谋,是与于颠倒本末之甚者也。……今令各通商大市开股票交易所,以渐推行于内,又晓令各公司商店,以商业注册,制为股票以出售,各报推发之,则股票流通,商店可以抵押,银行可

---

① 康有为:《理财救国论》,上海广智书局1912年版,载赵靖、易梦虹主编:《中国近代经济思想资料选辑》中册,第200页。

② 同上书,第201、202页。

以为保证准备,纸币可为多出,而后资本可计日大增也。①

以梁启超、康有为为代表的建立证券市场的思想,随着20世纪20年代国内证券交易所的建立得到不断的发展、完善与充实,国人对证券市场的认识也更加深入。

本章小结

根据诺斯的制度变迁理论,新制度的产生必须存在强烈的制度需求因素,而制度需求的产生则要求制度变迁的需求方从制度变迁的过程中获得的收益大于其付出的成本,即存在潜在净收益。从制度需求的角度来看,近代中国证券市场的产生有其特定的背景,西方股份制传入中国并获得了良好的示范效应,洋务运动推动下的新式股份制企业获得了显著的发展,这些都为近代中国证券市场的产生提供了必要的环境基础,而大量社会剩余资本的存在不仅造就了一批中国最早的证券投资者,也为证券市场的发展提供了必要的资金支持。伴随着资本主义性质的新式企业的快速发展,原有的信贷体系根本无法满足市场日益膨胀的资金需求,证券融资模式呼之欲出。从制度变迁的成本收益角度来衡量,近代证券市场不仅给制度的需求方带来了获得高额收益的可能性,而且证券市场制度本身也存在多种经济功能,从而促使理论上的制度需求转化为现实的制度需求。中国传统文化存在许多与西方证券市场制度相悖的价值观念,这些传统文化形成了近代证券市场制

---

① 康有为:《理财救国论》,上海广智书局1912年版,载赵靖、易梦虹主编:《中国近代经济思想资料选辑》中册,第203页。

度产生与发展的主要阻力,同时也影响了近代证券市场制度发展的方向与特征。近代中国证券市场是传统文化与西方思潮碰撞与融合的结果,是封建主义与资本主义强烈对抗的产物,更是中国近代化进程的附属品。

第三章 诱致性制度变迁主导下的近代中国证券市场

初级行动团体与次级行动团体共同构成制度变迁的推动主体,并据此可以将制度变迁的方式分为诱致性制度变迁和强制性制度变迁。两种制度变迁的主要模式,各有其特征与优缺点,同时,两种制度变迁模式常常交替、结合运行,共同作用于制度变迁的整个过程。本章以制度变迁的主体为视角,通过考察初级行动团体与次级行动团体在制度变迁过程中的作为,阐述南京国民政府成立前,近代中国证券市场的发展历程与状况。

第一节 初级行动团体的努力

任何制度变迁都是制度创新主体行动的结果。制度变迁的初级行动集团是指那些最早预见到制度变迁和制度创新能够带来潜在利润,因而发动制度变迁和创新的个人或团体。初级行动团体的成员是对制度创新的利益最为敏感的决策单位,在制度创新的过程中,既是潜在利益的感知者,又是制度变迁方案的设计者,还是宣传游说者,可以说初级行动团体是制度创新的始作俑者。在近代中国证券市场的初创时期,初级行动团体主要包括:其一,新式股份制公司。其二,投资者。其三,股票掮客。其四,证券交易所。本书第一章已经详细地阐述了新式股份制公司与证券市场投资者在近代中国证券市场产生中所发挥的作用,下文将着重分析后两项。

一、初级行动团体的第一轮努力:上海平准股票公司和公平易公司

随着近代股份制企业的不断设立,股票发行的数量愈来愈大,股票交易也活跃起来,"除竞附股份而外,又以股分(份)票互相买卖,其行情亦时有涨跌,逐日不同"①。从1882年6月9日开始,上海最具影响力的中文报纸《申报》,每日在附页中辟出专栏②,刊登各种股票的市场行情,既可为投资者、读者服务,又增加了报纸的销量和受关注程度。

证券交易的空前活跃,使建立证券交易机构成为一种客观需要,也成为有利可图的事情。1882年10月24日,上海平准股票公司应运而生。③ 该公司连续两天在《申报》上刊登启事④,其中阐述了创建股票公司的五大好处:

> 今设一平准股票公司以维持之,其利有五,可得而言……今有平准公司以确访底蕴,广采舆评,持平定价,务使涨则实在宜涨,跌则实在宜跌,则人人有探讨真实之处,浮论自息,其利于各公司者,一也。初来沪上者,人生地疏,欲买股

---

① 《申报》1882年2月24日。
② 《股价须知》,《申报》1882年6月9日。
③ 参见陈善政:《我国证券市场之发展史》,载上海市档案馆编:《旧上海的证券交易所》,上海古籍出版社1992年版,第395页。
④ 《申报》1882年9月27日、28日。

票，苦无门路。……今有平准公司逐日悬牌，定出真价，如兑换钱洋之听水牌然，可以一览而知。其利于买票者，又一也。……今有平准公司，而市虎之讹言可以不信。其利于藏票者，又一也。……今有平准公司可以押银，则度过年关价仍复旧，不致受人挟制。其利于卖票者，又一也。各项公司，或旷日持久，难收效于目前，或货物囤积，难脱卸于克日，此项平准公司则轻而易举。股本所存，非银即票，并无积货，不须栈储，开销省而担荷轻。此本公司自居之利，又一也。①

该公司采取股份公司的组织形式，招股规元银10万两，分为1 000股，每股100两。公司设董事数人，正副执事2人，常驻公司，综理公司一切事务。此外还聘请正副账户2人，跑街2人，学生2人，翻译、书记、庶务各1人。②从该公司的章程来看，公司的主要业务包括：(1)代理客户买卖股票。在进行交易时，"门庄买票者，欲买何项股票，订期限价，书立台同。定票如到期，而照限兑进，毋得毁议"，还要求"门庄卖票者，须先将股票送到公司，给与合同收票，订期限价代售"。对"远处函托素昧平生"的股票买卖者，公司规定"须先付定银一成"，即缴纳1/10的保证金。股票成交后，公司向买卖双方收取一定的中介费，"每票中用照章扣取"。为了吸引经纪人在该公司进行股票交易，该公司还规定"买进卖出之时，本公司均给与发票一纸，三个月后，

---

① 《上海平准股票公司叙及章程》，转引自上海市档案馆编：《旧中国的股份制(1868年—1949年)》，中国档案出版社1996年版，第104、105页。
② 参见《上海股票市场史话》，《股票新闻》第1卷第1期，1949年2月21日，转引自刘志英：《近代上海华商证券市场研究》，学林出版社2004年版，第291页。

凭发票来本公司扣还回用十成之二",从中介费中抽取一定的回扣给经纪人。(2)调查各上市公司信誉,并公布于市。该公司强调,要"遍访各家底蕴",对"植基稳固"而又经该公司买卖的股票,该公司"均加戳印"。为使股票买卖"涨跌不虚",该公司还每天公布股市行情,"逐日行情除写挂水牌外,送登《申报》"。(3)抵押股票。抵押时"随时议价",公司给予抵押者一定的现金,只收利息,不收取手续费,但在一个月内必须赎回,"期满不赎,照市出卖"。除上述业务外,还规定公司资金只能用于抵押股票和投资各种新创办企业,"惟不得囤积各项股票,预防日后流弊"。① 作为近代中国第一家证券交易机构,在创立章程中便关注到投资风险等问题,充分说明当时的投资者对证券投资风险已经有了一定的认识。

从1882年10月27日开始,上海平准股票公司在《申报》上刊登在该公司交易的各种股票的市价。开业之初,在该公司上市交易的各种股票即达19种,②而后陆续有所增加,到1883年4月12日,即有各种股票30种。③ 根据平准公司刊登的公司章程,可以推断出:上海平准股票公司是经营中国近代新式企业股票买卖的公司,它能够议决股票市价,并公布于众,实际上提供了一个公开的证券交易场所,基本上承担了证券交易所的主要功能。④ 它不

---

① 彭厚文:《近代上海证券交易所流变考述》,《江南学院学报》1998年第3期,第2页。
② 参见《平准公司各股份市价》,《申报》1882年10月27日。
③ 参见《申报》1883年4月12日。
④ 参见邓华生:《旧上海的证券交易所》,载中国人民政治协商会议上海市委员会、文史资料工作委员会编:《旧上海的金融界》,《上海文史资料选辑》第六十辑,上海人民出版社1988年版,第319页。

仅提供证券交易场所,保证了证券交易的流动性、流通性,而且还制定了一系列的规章制度,部分消除了信息不对称现象,保证了股票买卖者的合法、公开的竞价。但与现代意义的证券交易所相比,上海平准股票公司还亲自参与股票买卖。因此,上海平准股票公司是一家以公司形式组织的股票自营商,也可以说是有组织的股票捐客或信用委托公司。1883年4月12日,受金融风潮的影响,上海平准股票公司宣告倒闭。①

风潮过后的1884年4月27日,上海金融市面上又出现了一家股票交易公司——公平易公司,②与上海平准股票公司一样,该公司仍是一家公司组织形式下的股票捐客商。1885年6月22日,《申报》开始刊登在公平易公司上市交易的各种股票市价,股票尚有25种之多,③至1886年初,减至12种。④ 由于业务量非常少,公平易公司只能勉力支撑,至1887年初终告倒闭。⑤《申报》从1887年1月14日起,再也没有刊登股票市场的交易行情,证券交易市场上的华商股票步入了长期的低潮期。

二、初级行动团体的第二轮努力:茶会交易与上海股票商业公会

辛亥革命爆发前10年,清政府实行新政,鼓励实业发展,中国民族资本主义工矿企业又获得了新的发展机遇。这段时期全国新

---

① 平准公司最后一次刊登股票行情是在1883年4月12日的《申报》上。
② 《申报》1884年4月27日。
③ 《申报》1885年6月22日。
④ 《申报》1886年1月7日。
⑤ 公平易公司最后一次刊登股票行情是在1887年1月13日的《申报》上。

设立的厂矿有 340 家,累计资本额达 1 亿多元,新增厂矿数和资本额都超过了此前二十多年总数的两倍以上。① 这些公司均以招股的方式筹集资本,使社会上股票发行数量增加很多,"股票流通的需要日趋殷繁,以奔走股票交易为副业者应运而起"②,华商股票的买卖又渐趋活跃,得到复苏。如粤汉铁路股票,每股 5 元,认股者先缴 1 元,但仅这 1 元的收据,也竟涨至 2—3 元。③ 在此背景下,上海金融市面上又涌现出一大批股票掮客,他们大多集中在大新街和福州路转角处的惠芳茶楼上从事股票买卖,俗称"茶会"。茶会交易形式是自发形成的,没有专门的组织,也没有人管理,完全是自由交易。茶会的一切交易均为现货,价格也是偶然形成的,只要双方愿意即可成交,手续极为简便。④ 茶会时期的证券交易表现出如下几个特点:(1)股票商、股票掮客"为数极少"⑤,且多数不专门从事股票交易,大都另有它业,如茶商、钱商、皮货商、古董商、杂货商等,"而仅以证券买卖,为其副业"⑥。(2)上市交易的证券品种以股票为主,且股票也仅有轮船招商局、商务印书馆、中兴煤

---

① 参见严中平等编:《中国近代经济史统计资料选辑》,科学出版社 1955 年版,第 93 页。

② 陈善政:《我国证券市场之发展史》,载上海市档案馆编:《旧上海的证券交易所》,上海古籍出版社 1992 年版,第 392 页。

③ 参见俞寰澄:《民元来我国之证券交易》,载朱斯煌主编:《民国经济史》,银行学会 1948 年版,第 141 页,载沈云龙编:《近代中国史料丛刊》第三编,文海出版社 1985 年版。

④ 参见杨荫溥编:《中国交易所论》,载金融史编委会:《旧中国交易所股票金融市场资料汇编》,书目文献出版社 1995 年版,第 80 页。

⑤ 杨荫溥:《中国之证券市场》,载上海市档案馆编:《旧上海的证券交易所》,上海古籍出版社 1992 年版,第 307 页。

⑥ 同上。

矿、汉冶萍公司、华商电气、大生纱厂以及几家铁路公司等十余种。①(3)从事股票买卖大多是"与洋商接近粗知新式企业经营之道的茶商、丝商洋行及轮船公司的买办"②。可见,此时的华商股票交易市场虽然已有所复苏,但规模十分有限,并未形成社会气候。

但随着北洋政府公债的大量发行,以及公债收益的确实与保障,投资者把投资公债当做"生财之大道"③,"证券买卖,因以渐盛;股票掮客,亦因以增加"④。1914年,由股票交易商自发组织的"上海股票商业公会"正式成立,交易形式"则一仍茶会之旧,备茶备水,以供会员"⑤。该公会对证券交易的手续和方式,主要作出了如下规定:(1)吸收会员12家,推荐人选为公会代表。(2)每日交易时间为上午9至11时。(3)交易对象为公债、股票和外国货币等。(4)交易内容一经讲定,报告市场管理人记录。(5)交易行情逐日公布,并印送行市单。(6)交易佣金按实价1‰(五折以上者)或5‰(五折以下者)收取。(7)股票交易必须为现货交易。⑥从以上的规定来看,股票商业公会应该说已经具备了证券交易所的性质,属于证券交易所的初级形式。公会成立后,"参加该公会

---

① 参见俞寰澄:《民元来我国之证券交易》,载朱斯煌主编:《民国经济史》,银行学会1948年版,第142页,载沈云龙编:《近代中国史料丛刊》第三编,文海出版社1985年版。
② 陈善政:《我国证券市场之发展史》,载上海市档案馆编:《旧上海的证券交易所》,上海古籍出版社1992年版,第392页。
③ 千家驹:《旧中国发行公债史的研究》,载千家驹编:《旧中国公债史资料(1894—1949年)》,中华书局1984年版,第10页。
④ 杨荫溥:《中国之证券市场》,载上海市档案馆编:《旧上海的证券交易所》,上海古籍出版社1992年版,第307页。
⑤ 同上。
⑥ 参见陈善政:《我国证券市场之发展史》,载上海市档案馆编:《旧上海的证券交易所》,第397、398页。

的股票商,团结巩固,交易活跃,营业发展,获利莫不倍蓰"①,到1918年冬,会员数由最初的20人发展到四十余人。② 从规模上看,1917年在公会上市交易的证券有二十余种,到1920年5月增加到三十余种。③ 从品种上看,前期主要以股票为主,但随着政府公债的发行,后期以公债为主。

三、初级行动团体的第三轮努力:上海证券物品交易所和上海华商证券交易所

1916年底,孙中山先生感到创设交易所可以为革命事业提供经费,于是联络上海商界名人虞洽卿等商议创办"上海交易所",筹备处设在四明银楼,挂牌"通记"。1917年2月22日,由孙中山领衔,虞洽卿、张人杰、戴季陶、赵家蕃、张鉴、赵家艺、盛丕华和洪承祁等8人附议,向北洋政府农商部呈请成立交易所。这份报告中列出的交易业务除了证券外还有花纱、金银、杂粮、皮毛等,属于综合性交易所。同年2月,农商部批复:"查所拟营业目的,除物品交易一项,应咨请江苏省长查复到部,再行核办。具证券一项,系为流通证券起见,应准先行备案。惟呈请手续核与《证券交易所法施行细则》第二条规定未符,应即遵照办理。"④ 虞洽卿等人接到指

---

① 陈善政:《我国证券市场之发展史》,载上海市档案馆编:《旧上海的证券交易所》,上海古籍出版社1992年版,第397、398页。
② 参见邓华生:《旧上海的证券交易所》,载中国人民政治协商会议上海市委员会、文史资料工作委员会编:《旧上海的金融界》,《上海文史资料选辑》第六十辑,上海人民出版社1988年版,第321页。
③ 参见《申报》1920年5月1日。
④ 盛丕华:《上海交易所发起和成立简况》,载中国人民政治协商会议上海市委员会、文史资料工作组编:《上海文史资料选辑》第十一辑,第1页。

示,加紧筹备,准备再次上报。不久北京便发生张勋"复辟"事件,政局波动,商业停滞,孙中山也离沪南下广州"护法",酝酿中的第一家国人创办的证交所便告搁浅。①

就在国人筹设证券交易所的脚步趑趄不前时,早已觊觎上海证券业的日商却趁虚而入。由在华经营棉纱的日商三井、三菱、伊藤等洋行筹建的株式会社"上海取引所"在沪正式成立。看到日商欲操纵证券市场,虞洽卿打着"为国争商业主权"的旗号,联络李云书、闻兰亭、张静如等人再次发起筹备上海交易所的努力,向农商部申请注册,要求北京方面对物品交易也一并批准立案。呈文指出:

> 缘外人已有上海交易所之组织,我不自办,彼将反客为主,代我而办,则商业实权,实操外人之手,华商命脉不绝如缕,因此上海各业董如米业花业金业等,均愿列入发起,遵照前案迅速进行,以为保持商权之计,至条例未颁,不妨依照外国先例,参酌国内习惯,先行试办,随时仍由官厅监督纠正,俟正式条例颁布后,再行遵照办理,似于法例商情,均无窒碍,除已函请上海总商会转呈外,理合具呈县长,俯赐转呈沪海道尹,详请省长,转咨农商部核准,证券物品,一并立案,俾得依法集资,迅速开办,以保主权而维商业,临呈不胜迫切待命之至。②

但是农商部还是认为:

---

① 参见剑荣:《虞洽卿与上海证券物品交易所》,《档案与史学》1996年第3期,第61—63页。
② 《组织上海交易所之呈请》,《银行周报》第2卷第14号,1918年4月16日。

证券与物品,各国交易所通例,大抵分别经营,即就物品一项,以一交易所兼营多种事实上亦多窒碍,应将证券金银及花纱布匹暨粮食等项,分为三个交易所办理。①

在双方争论无果的情况下,虞洽卿等还是着手筹办起来,②并坚持认为:

以日本人取引所包含各种营业,我非联合各业各商帮团结为一,则资历人力皆无能与之对抗,故决议上海交易所全体组织为一公司,以期利害共同,互相辅翼,而交易所则拟分为三处或七处,以利进行,而免窒碍,不意部饬令为三交易所办理,是注册亦必须分为三公司,而各发起人以一公司而为三公司,开支浩大,且虞资历人力皆不足以对人,故拟力与部争,非达到统一公司目的不止。③

在这种情况下,农商部最终不得不核准综合经营的证券交易所先行开办。1919年9月,筹备中的上海交易所修订章程,将上海交易所改名为上海证券物品交易所。1920年7月1日上海证券物品交易所正式开业,额定资本500万元,分10万股,每股50元,先收1/4,推举虞洽卿为理事长,闻兰亭、沈润挹、盛丕华、郭外峰、赵林士、周佩箴为常务理事,理事会下设四科一室,即场务科、计算科、会计科、总务科和文书室。④

在上海证券物品交易所筹备成立过程中,曾试图把上海股票

---

① 《上海交易所批准立案》,《银行周报》第2卷第16号,1918年4月30日。
② 参见《上海交易所筹备复业》,《银行周报》第2卷第33号,1918年8月27日。
③ 《银行周报》第2卷第50号,1918年12月24日。
④ 参见龚彦孙:《民国初期上海的证券交易》,《民国春秋》1992年第6期,第15、16页。

商业公会的会员拉拢过来充当证券经纪人,但却遭到股票公会的强烈抵制,并决定自筹开办证券交易所。经公会议定,全体会员均作为证券交易所发起人,将资本额定为 25 万元,分 12 500 万股,每股 20 元,先收 1/4,全部资本由会员自愿分认。额定经纪人 40 名,全由会员担任。于是,会员既是证券交易所的发起人,又是股东兼经纪人,这种三位一体的特点,完全有别于其他各类交易所。① 1919 年 10 月底,上海股票商业公会拟定《上海证券交易所股份有限公司章程》共六章三十五条,报农商部批准。② 1920 年 1 月 12 日,公会致电农商部暨江苏省实业厅称:

> 上海股票公会,改组证券交易所,资本认足,已收证据金 1 万元,存上海浙江兴业银行,昨日开会议决报部备案,复开收股款,并选定干事 7 人,至虞和德筹办交易所,并不征求股票业真意,遂行混用证券名义,迹近扰乱详情,先已分别电呈在案,现经同业筹备,已告成立,为此俯恳大部,体恤商艰,予以维持。③

1920 年三四月间,公会将会址迁到汉口路昼锦里附近,5 月 20 日,在汉口路的会所举行股东创立会,并通过章程,宣告"上海华商证券交易所"成立。交易所选出范季美、张慰如、孙铁卿、尹韵笙、陈兰庭、冯仲卿和周守良等 7 人为理事,陈永卿和顾鼎贞为监事,并成立经纪人公会,推举何世葆为会长。正式开业之后,该所

---

① 参见奇良:《上海华商证券交易所概况》,中国人民政治协商会议上海市委员会文史资料委员会编:《上海文史资料选辑》第七十六辑,1994 年版,第 40 页。
② 参见《上海证券交易所股份有限公司章程》,《银行周报》第 3 卷第 49 号,1919 年 10 月 30 日。
③ 《证券交易所立案要电》,《银行周报》第 4 卷第 2 号,1920 年 1 月 13 日。

虽然比证券物品交易所成立较迟,但由于它继承了股票商业公会的全部业务,客源有保证,生意反倒更加兴隆。①

四、初级行动团体的非正式制度供给:证券投资思想

随着北京证券交易所、上海证券物品交易所及上海华商证券交易所的相继成立,国人对证券市场有了更进一步的认识,证券投资思想随之发展起来,学术界及实业界也对其进行了较为深入的探讨。

上海交易所暑期养成所教员王恩良在其著作《交易所大全》中,充分肯定了证券交易所对社会经济发展的有益意义。他认为:

> 近世潮流急进,商情实业愈趋愈扰杂,其危险之机四伏,决非小企业小资本家所能窥测而运用,于是不得不借伟大之经济机关,以为之辅翼,为之维持。作投机者之乡(向)导,保持金融上之平和。像投资事业,渐趋于稳健地位。由此观之,交易所一业,实为经济界工商界金融界上不可或缺之一种机关也。②

他还认为:

> 畴昔吾国股份公司之所以不能发达,其大原因实以股票不能流通于市面耳。惟其不能流通,故募股份,极为困难。盖商人以流通资本为第一要义,外国商人,往往一万元资本,而经营至五倍十倍以上之事业者,以资本之能流通故也。若人

---

① 参见奇良:《上海华商证券交易所概况》,中国人民政治协商会议上海市委员会文史资料委员会编:《上海文史资料选辑》第七十六辑,1994年版,第41—43页。
② 王恩良等编:《交易所大全》,交易所所员暑期养成所1921年版,第1页,载《民国丛书》编辑委员会编:《民国丛书》第二编(41),上海书店1990年版。

以活动之资本购不流通之股票,则不如购不动产之较为稳妥矣。如有交易所设立,则股票有流通之机关,而股份公司亦随之发达。①

从这可以看出,他认为交易所的功能众多,但最重要的是股票流通,股票一旦流通,可以使从事企业运作的人筹集到比自己拥有的资本大几倍甚至几十倍的资本来从事企业的运作,从而扩大企业的规模,更好地从事生产经营。他还认为:

> 交易所未发生时,一般资本家辄以投资无方,致藏富于家,不肯出而经营企业。其稍有冒险性者,因不谙商业途径,投资于危险之地,致遭失败者,亦时有所闻。此无他,以不明投资之方向耳。……有交易所则可指示方向,使其有所适从,如鉴于市价之变动,而各公司营业盛衰完全表示。投资者即可择其股票市价无大涨落,且甚稳当而有利可图者购进之,自无投资不安全之弊害矣。②

周沈刚在《证券买卖秘术》中对投资与投机、投机与赌博进行了详细的对比研究。他以投资时所持有的目的为标准,来区分投资与投机的区别,并认为:

> 证券交易之主旨,不外于致富,其方法不外于投资于投机。……如不急[急]于出售,惟以取得此股票之收益为主旨,则其性质即无异以固有之财产,变形为有价之证券。虽其市价一时低落,苟其收益金无丝毫之变动,固亦无疑于其利殖之方法,仍得保存之以取累积之效。至投机则不然,彼并不介意

---

① 王恩良等编:《交易所大全》,交易所所员暑期养成所 1921 年版,第 6 页,载《民国丛书》编辑委员会编:《民国丛书》第二编(41),上海书店 1990 年版。
② 同上,第 16 页。

> 于利息与收益之多寡,惟欲利用此市价之变动以为利益。于某种证券之低价时,向交易所买入,至其价格腾昂时而他卖;或以价格腾贵时而出售,至下落时而又将原券买还。一高一低,而利益自见。……故由投资之方法,则以买入确实之证券,为第一手段,非万不得已时,无出售之必要。由投机之方法,则最初即以相机出售为能事,是二者固大有区别也。①

对于投机与赌博的关系,他认为:

> 世固有以投机事业,为迹近赌博者。……如以预料将来之贵贱为投机,则社会上之企业,何一不含有将来之奢望。如以非现物授受为投机,则大商家之交易,亦固非尽以现物相交换也。可知定期交易,绝非投机之谓。②

投机与赌博的主要区别在于:

> 一、赌博以侥幸射利为目的,其胜败之数,纯归自然。投机则以判断而定。
>
> 二、赌博恒致力于胜败不可知之数,而预为推测。投机则努力于对以预知其市价之高下。
>
> 三、赌博损益之额,最初即为限定。投机则其损益之程度,即非意料。
>
> 四、赌博之胜负,欲下以推理的判断,绝无余地。而投机则由经验研究之知识,与其他之理由,得下以推理的判断。③

关于证券市场价格变动,周沈刚认为:

---

① 周沈刚编:《证券买卖秘术》前篇,文明书局1922年版,第2、3页。
② 同上书,第4页。
③ 同上书,第5页。

证券价格之变动,亦与财物价格之变动同,均由需要供给之关系而定。是即证券之需要较供给为大之时,则其价格腾贵;需要较供给为小之时,则其价格下落。然此仅就价格言,而需要供给。何以变动不定,一无定轨,此其故虽有关于经济、有关于心里、有关于社会、有关于道德,总其大纲,实不出内部原因、外部原因二种。①

具体来看,周沈刚认为内部原因包括:公司事业之盛衰、生产费与生产物之关系、资产之增减、资本金之增减、政府之政策及立法以及企业热之流行。而外部原因则包括:政治的因素、灾变的原因、经济的原因、农产物的原因以及市场的原因。他还提出了购买股票的两项标准,特别强调了长期投资的重要性:

第一、吾人之投资计划,不论其股票之分配收益,与增价收益若何,总以极少之资金,能贯彻其利殖之目的为标准。第二、吾人之投资计划,不但以能活用其分配收益,并活用其元(原)本价值,使其收益率,以可惊之率而累进,且将使其将来之增价收益,不知不觉而入于吾人之手。②

据此,周沈刚提出了"购买股票之四大原则":

可买之原则:(一)证券之价格,较过去五年间之平均价格低者。(二)有吉报之希望者。(三)市场活泼能为大宗之交易者。(四)大下落及不意下落之时。

不可买原则:(一)大腾贵,或不意腾贵之后。(二)高率之收益,或吉报,既经发表之后。

---

① 周沈刚编:《证券买卖秘术》中篇,文明书局1922年版,第4页。
② 周沈刚编:《证券买卖秘术》后篇,第9、10页。

可卖之原则：（一）不意之腾贵，或不规则之腾贵之后。（二）若起大腾贵之吉报，既经公布之后。（三）恶影响将来之预报，尚未公表之前。

不可卖之原则：（一）不意下落，或暴跌之后。（二）不吉之报知消减以后。（三）实际上证券之价格，一无变动，而以他种原因，波及于现时之价格者。①

随着近代中国证券市场的发展，特别是在经历了几次影响较大的市场风潮之后，国人对证券市场有了新的认识，并对证券市场的发展进行了总结与反思。近代著名经济学家杨荫溥在其1930年出版的《中国交易所论》中指出，"交易所实为金融商业上之一种分配机械。有此机械，而生产与消费，得以衔接。企业与投资，因以相连。其效用处，正不在少"。他认为：

> 股票不能流通于市面，则募股既难，而股份有限公司之组织，即不能十分发达。盖投资者，及商人，均以资金之能流通为要义。断不愿以活动之资金，购不流动之股票。自有股票交易所之设立，则股票既有流通之机关，而股份公司，亦可随之而发达。且自有票据交易市场，而债票之发行，亦自易于流动；企业集资，益易着手；企业发展，益有进步。②

杨荫溥对投资、投机的说法比较具体、明确，他认为投机与投资的区别在于"投资者，以稳健之法，运用资金，以获得相当之安全利息为最大目的"。投资者的目的，一在其本金的安全，二在利息的稳妥，所以对市价一时的涨落根本不关心。投机者常预测市价

---

① 周沈刚编：《证券买卖秘术》后篇，文明书局1922年版，第49、50页。
② 杨荫溥编：《中国交易所论》，商务印书馆1932年版，第25页，载《民国丛书》编辑委员会编：《民国丛书》第二编（41），上海书店1990年版。

的变动,利用涨落的机会,或先买入后卖出,或先卖出后投入,在这一出一入之间,坐收涨价之利或价落之利。所以投机者的目的就是希望价格发生涨落变动,而不在本利的永久安全上,这是二者的区别之一。他还着重分析了投机与赌博之间的关系,认为投机与赌博的共同点在于二者"均以将来发生之事实为基础一决胜负而履危险之点",而中国证券市场中的转卖买回是投机而不是赌博。投机者的买卖行为属于生产行为,赌博则以市价的变化互赌,非买卖行为,更非生产行为,所以赌博必定是一方盈利,他方受损,其损益之额也必相等,投机则不同,有时当事者双方均可获利。根据上述分析,投机与赌博的区别可表述为:(1)投机以获得货物价格变动的差利为目的,而赌博则以专利他人之损失;(2)赌博者,危险之创造也,投机者,危险之创造兼其移转者也;(3)投机交易为生产的,赌博为非生产的。

纵观上述证券投资思想和投资理念,可知当时的一些有识之士已经对证券市场有了较为充分的认识,对证券市场的运作系统进行了深入的分析,并开始涉足证券投资分析理论的研究。近代中国的证券投资分析理论十分重视考察影响证券市场供求关系的各种因素,以此作为准确预测证券价格趋势的基本面。但是,证券投资的技术分析方法并未引起社会大众的广泛关注,这显然与中国近代证券市场的初级发展及畸形发展有关。

第二节 次级行动团体的出现

次级行动集团是指制度变迁中协助制度变革与创新主体完成创新过程并确立制度的机构,次级行动集团作为一个决策单位,它的行动旨在帮助初级行动集团获取潜在收益而进行一些制度变迁的安排。但事实上,次级行动团体的出现往往伴随着自身潜在收益逐步被认识、取得并扩大的过程,制度安排也往往出于次级行动团体利益的实现。晚清政府及北洋政府发行公债时的历史过程,正好说明了这一问题。

一、晚清政府发行公债的动因与概况

(一)财政窘境是晚清政府发行公债的主要原因

中日甲午战争失败以后,战争中所花费的巨额军费开支,再加之战后对日本的巨额赔款,使得本来就捉襟见肘、难以为继的晚清财政雪上加霜、不堪重负。清政府面临着前所未有的严重财政危机,这次危机的规模、严重程度及其对晚清社会的破坏性都是空前的。"自中日战争后,吾国各方面所受之影响甚巨,因之威信扫地,以启外人有睡狮进而为死狮之消。于是,列国乃弄其外交手腕,今而要求土地租借,明又要求路矿权利,如此种种,就中国财政之影响,亏损最巨。第二次英德公债募集之际,英则要求财政监督权,而并牵及政治之目的,此吾国财政上之信用一败涂地之明证也。按中日战争,吾国实际上所用之战费不过910万镑,而赔偿日本则二亿余万两,较之实际之战费,尚不足其半额。而以如此之巨额外债,致岁出非常增加,无有止境。"[①]此时清廷最主要的财政负担包括:军费支出、战争赔款、巨额的外债债息以及日益膨胀的政府运行费用。

---

① 中国人民银行总行参事室编:《中国清代外债史资料(1853—1911)》,中国金融出版社1991年版,第228页。

清后期的军队主要由八旗兵、绿营兵、各省招募的防军练勇以及水师兵等组成。同治、光绪年间,绿营兵力达46万人,各省防军练勇达36万人,常备兵力不下90万人。养兵费开支,八旗、绿营兵岁支军饷达2 000万两,各省防军练勇岁支军饷也为2 000万两,水师兵等尚不计内,可见军饷数额之巨。① 清后期的军费中还包括大量的军事装备费,尤以海军建设为最大,为装备水师清政府从国外购入军舰近百艘,并花费大量资金投资船政、造船、养船等。为抵抗外国侵略者和镇压国内起义,清政府军费中更是包含了大量的军事战争费用。

1840年鸦片战争后,清政府在西方资本主义列强屡次发动的侵华战争中,无一不以失败而告终,每次战败都要负担巨额的战争赔款。第一次鸦片战争的赔款总计为2 100万银元,约合1 470万两白银;第二次鸦片战争后向英、法两国各赔款800万两白银,再加上恤金,英国30万两,法国20万两,总计约1650万两;《中俄伊犁条约》规定向俄国赔款600万两白银;② 中日甲午战争签订《马关条约》,中国赔偿日本军费20 000万两,分8次于7年内交清,除第一期的5 000万两(6个月内还清)不计利息外,其余的15 000万两年息5%;八国联军侵华签订《辛丑条约》,向中国索要赔款45 000万两,议定分39年赔付完毕,未偿之款年利4%,连本带息高达98 000万两。③

巨额的军费和战争赔款是清政府财政困难的主要原因之一,清政府只能依靠举借外债以支撑,由此背上了沉重的债息负担。

---

① 参见黄天华编:《中国财政史纲》,上海财经大学出版社1999年版,第363页。
② 参见孙文学、齐海鹏:《中国财政史》,东北财经大学出版社1997年版,第153、154页。
③ 参见孙翊刚主编:《中国财政史》,中国社会科学出版社2003年版,第327、328页。

其中主要的政治借款本金总额折合库平银即达3.5亿两,预计期限内利息总额将达5亿两以上,详见表3—1。

表3—1 清末主要的外国政治借款统计

名称	时间	年息	期限	借款
汇丰银款	1894年	7%	20年	1000万库平银
汇丰镑款	1895年	6%	20年	300万镑
俄法借款	1895年	4%	36年	4亿法郎
瑞记借款	1895年	6%	20年	100万镑
克萨镑款	1895年	6%	20年	100万镑
英德借款	1896年	5%	36年	1 600万镑
续英德借款	1898年	4.5%	45年	1 600万镑

资料来源:徐义生编《中国近代外债史统计资料(1853—1927)》,中华书局1962年版,第28、29页;许毅、金普森等:《清代外债史论》,中国财政经济出版社1996年版,第423页;潘国旗:《近代中国国内公债研究(1840—1926)》,经济科学出版社2007年,第85—91页。

除了这些主要的政治借款外,截止辛亥革命爆发前,清政府还向帝国主义列强举借了大量铁路外债,合计库平银达3.3亿两,占外债总额的27.47%。[①] 此外,《辛丑条约》签署后,清中央和地方政府还陆续借了一些别的外债,致使财政压力进一步加大。

清政府开展洋务运动,实行资本主义新政,需要大量的财政资金支持。自19世纪60年代到90年代,从中央到地方先后创办了一批近代军事工业,并雇佣工人1万—1.3万人,约花费了国库经费银4 500万两左右。19世纪70年代后,洋务派逐渐从军事工业转向民用工业,兴办了一批冶金、铁路、纺织、面粉、织布等近代轻

---

① 参见徐义生编:《中国近代外债史统计资料(1853—1927)》,中华书局1962年版,第26页。

重工业。在洋务派的倡导下，清政府还设立了许多军事学校，如天津武备学堂、天津水师学堂、广东水师学堂、福建船政学堂等，还创办了一些普通学校，如北京同文馆、上海方言馆、广州同文馆、湖北自强学堂，并先后派遣不少留学生去英、美、法、德、日等国学习。这一运动持续了近四十年，每年所需经费超过2 000万两，为清后期中央财政的主要支出之一。

清末封建性的皇室支出也有增无减。皇室支出主要包括内务府经费、庆典费用、陵墓建筑维修费和园囿修建费等。内务府经费从1894年开始由原先的每年60万两增加至110万两左右，户部每年支出的宫廷费用，在光绪后期每年不下三四百万两。[①] 这些还都是每年的例行支出，如遇大事，财政支出更是入不敷出。例如，光绪十三年的大婚，就用银550万两。再如，光绪二十年为庆祝慈禧寿辰举行"万寿庆典"，各种耗费约计700余万两，仅光绪皇帝进贡物品和银两，共计59.8万两，内务府大臣、安徽巡抚等所贡之物尚未计入。至于陵墓费，主要是光绪陵工程，花费180万两，从各省地丁、厘金、海关和洋税中提取，此种挥霍使得户部处境更为艰难。

财政收入方面，太平天国起义后，原本作为主要财赋区的江浙等省无法给清政府提供收入，而随即而至的海啸、黄河决口、洪水、干旱等自然灾害不但加大了赈济支出，还缩小了清政府的田赋税源。除田赋以外，清政府主要的财政收入来源还包括海关关税、盐税、厘金和其他工商税等，详见表3—2。

---

① 参见周棠编：《中国财政论纲》，政治经济学社民国图书集成公司1910年版，第90—94页。

表3—2　清末财政收入　　　　　　　（单位：两）

项目	总额	项目	总额
地租银	25 967 000	地租谷	7 697 000
内地关税	4 230 000	租课租息	690 000
盐课盐厘	13 050 000	土地买卖典当税	110 000
海关税	22 052 000	捐官	266 000
厘金税	12 610 000	协饷	9 282 000
内地鸦片税	2 830 000	内国公债献纳金	6 334 000
杂税	2 165 000	茶税	900 000
芦课	215 000	米及石炭厘金税	101 567 000

资料来源：中国人民银行总行参事室编《中国清代外债史资料(1853—1911)》，中国金融出版社1991年版，第230页。

虽然清末的财政收支情况没有正式的官方统计资料，但根据各种资料可以判断，从甲午到庚子前后，清政府财政岁入应达8 800万两左右，岁出计入外债本息等新增款，共计约1亿余两，收支相抵财政赤字在1 300万两左右。从1902年起，清政府每年又需支付庚子赔款2 000多万两，使清政府财政收不抵支的危机更加严重。1903年岁入10 492万两，岁出13 492万两；[①]1905年岁入10 292万两，岁出13 650万两。[②] 根据这两年的数据，可以看出清政府的收支赤字在庚子赔款以后短短几年内就增加了1倍之多，每年达3 000万两以上。

为了解决财政危机，维持其统治，晚清政府也费尽心机地推行了一系列的举措，增加创收，缩减开支。主要措施包括：(1)节支。

---

① 参见周棠编：《中国财政论纲》，政治经济学社民国图书集成公司1910年版，第21、22页。
② 参见汪敬虞主编：《中国近代经济史(1895—1927)》，人民出版社2000年版，第1335、1336页。

如裁减制兵,核扣俸廉,裁减局员薪费,停放米折等。(2)杜绝中饱以核实归公。如考核钱粮,整顿厘金。(3)增加捐税。如盐斤加价,茶糖加厘,重抽烟酒税厘,土药捐输等。① 可以说是开源节流并重,但实际效果并不理想,其中成效较好的是压缩开支,开源的问题则没有得到实际解决,杜绝中饱归公也遭到地方的抵制,新增捐税的收入几乎微不足道,与摆脱财政困境的目标相差甚远。此时开辟新的财源,成为清政府的当务之急。

日益严重的财政危机,空前巨大的财政包袱,常规财政手段的执行无力和增收潜力的苍白,使晚清政府必须实行一种崭新的财政手段,突破几千年的传统束缚,聚集大量的资金以解决财政的困难,近代公债制度由此产生。从总体上看,清政府共发行了三次国内公债,详见表3—3,下文将分别述之。

表3—3 清末发行的国内公债统计

名称	发行日期	发行定额	实发数额	担保品	利率
息借商款	1894年	无定额	1102万两	地丁、关税	月息7厘
昭信股票	1898年	1亿两	1000多万两	天赋、盐税	年息5厘
爱国公债	1911年	3000万元	1160万元	部库收入	年息6厘

资料来源:千家驹编《旧中国公债史资料(1894—1949年)》,中华书局1984年版,第366页。

(二)息借商款

1894年,中日甲午战争爆发,军事上需款甚急,而清廷却财政紧张,入不敷出,于是户部建议仿照国外办法,向本国商人举借内债,称为"息借商款"。户部在1894年9月8日的《酌拟息借商款

---

① 参见周育民:《晚清财政与社会变迁》,上海人民出版社2000年版,第343—346页。

章程折》中奏道,"海防吃紧,需款浩繁","近年以来,帑藏偶有不敷,往往息借洋款,多论镑价、折耗实多。因思中华之大,富商巨贾,岂无急公慕义之人,若以息借洋款之法,施诸中国商人,但使诚信允孚,自乐于从事"。①

为此户部拟定了息借商款章程,共计六条:(1)预定还期。清政府对息借商款的募集总数没有提出明确的要求,并规定还本付息"援照成法,略作变通,分限两年半,以六个月为一期,第一期还利不还本,自第二期起本利并还,每期还本四分之一,已还本银若干,利即递减,定以五期还清"。(2)酌给利息。比照借用洋款的行市,息借商款确定了七厘的年息,每年分 12 个月分别计算,如遇闰月照加。(3)颁发印票。凡购买息借商款者均发给由户部统一印制的债券票据。每票面额为 100 两,且背书商铺字号、本息数目、交兑日期。(4)定准平色。"查借用洋款以镑价合银,每遇归还之期,镑价骤昂,以致异常折耗",据此息借商款规定"借用商款概以库平足色纹银交纳,将来亦以库平足色纹银归还",这样"一出一入,平色划一,自无两歧之弊"。(5)拨抵款项。为简便于续,拟将京城所借商款 100 万两直接拨付内务府,以此冲抵内务府政费,而于国库内提取同等数目银两,留作军需。(6)严防弊端。户部派遣司员经理一切相关事宜,并随时督察经募事项,"如有吏役在外招摇,立即饬拿严究,并传知该商,遇有前项情事,准其赴部控呈,以凭惩办"②。

---

① 千家驹编:《旧中国公债史资料(1894—1949 年)》,中华书局 1984 年版,第 1 页。

② 同上书,第 1—3 页。

息借商款累计发行的数额并不多,仅1102万两而已①。虽然最终筹到的款额十分有限,但所借之款基本上都用到了甲午军费,起到了举债的实际作用。从偿还的情况看,各地办理情形各不相同。有的地区今日缴银领票,"明日即将印票抵偿关税厘金等项"②;有的地区则通过增加税收筹款偿还本息;③当然还有一部分借款被直接贪污,中央政府没有收到现银,也不给票,不予偿还的。④

但是由于"息借民款章程,于部议各条外,多有增改,不肖州县威赫刑驱,多方逼抑,甚至贫富颠倒,索贿开除,又向出借绅民需索无名之费,弊端百出,谤讟频兴"⑤,进而遭到了商人、民众的强烈反感与抵制。清政府不得不于1895年5月宣布"未收者一律饬停,毋庸再行议借"⑥,勒令停止招募息借商款。息借商款是中国历史上首次以政府名义在民间发行的公债库券,虽然与现代意义上的公债尚存很大区别,但开创了中国公债发行的历史先河。

(三)昭信股票

甲午战争的失败,使清王朝陷入了太平天国革命以来的第

---

① 参见贾士毅:《民国续财政史》第四编,商务印书馆1932年版,第3页。
② 《清德宗实录》卷356,载《清实录》第五十六册,中华书局1987年版,第636页。
③ 参见《清德宗实录》卷387,载《清实录》第五十七册,第56页。
④ 参见杜翰藩编:《光绪财政通纂》第二卷,《国债》,蓉城文伦书局1905年版。
⑤ 千家驹编:《旧中国公债史资料(1894—1949年)》,中华书局1984年版,第4页。
⑥ 同上书,第6页。

二次财政危机。2亿两的战争赔款和3 000万两的"赎辽费",再加上6 000万两的甲午战争军费,[1]总数达3亿两白银以上,相当于当时清政府三年的财政总支出,三年半的财政总收入,本来就财政匮乏的清王朝根本无力承受。1898年1月底,右春坊右中允黄思永上了一道奏请特造股票筹借华款疏,指出,"合天下之地力人力财力,类别区分,各出其余,以应国家之急;似乎四万万之众,不难借一、二万万之款"。他呼吁朝廷"速造股票",并仿效西法,每百两为一股,每股分期收缴,还期以10年或20年为度,每张本利共还若干,预定准数,随股票另给票据,10年则10张,平时准其转售,临期准抵交项。"出入皆就近责成银行票庄银号典当代为收付,不经胥吏之手,无诈无虞,确有凭信,可售可抵,更易流通。"[2]黄思永的建议得到了朝廷首肯,并交户部复议。户部当时正为筹款之事发愁,故对黄思永提出的发行股票的建议十分支持。随后户部上奏朝廷,提出由该部"印造股票一百万张,名曰昭信股票,颁发中外"[3]。其实,当时清朝统治集团内部并未真正弄清股票为何物,只是借西方国家发行股票筹集巨资之例,简单地认为"股票胜于银票,故举国信从,趋之若鹜,每得中国电报借款议成,则由银行造票,登新闻纸出售,虽万万两之多,克期力尽,中国风气若开,岂难渐收成效"[4]。因"中国集股之

---

[1] 参见吴廷燮:《清财政考略》1914年版,第22页。
[2] 王延熙、王树敏编:《皇清道咸同光奏议》,载沈云龙编:《中国近代史料丛刊初编》第三十四辑,文海出版社1969年版,第602、603页。
[3] 朱寿朋:《光绪朝东华录》第四卷,中华书局1958年版,第4035页。
[4] 王延熙、王树敏编:《皇清道咸同光奏议》,载沈云龙编:《中国近代史料丛刊初编》第三十四辑,第602—604页。

类,惯于失信,人皆望而畏之,即铁路、银行、开矿诸大端,获利亦无把握,收效未卜何时,故信从者少"①,所以清政府为设法使该债券获得信誉,不仅将债券命名为股票,而且还冠以"昭信"之名,其目的无非是为了"以冀通行而昭大信"②。于是,"昭信股票"就这样出台了,名为股票,实为债券。

1898年2月10日,户部奏准发行昭信股票,并拟定了详细的章程,共计十七条。章程要点如下:(1)股票定名为"昭信股票",共发行白银1亿两,面额分别为100两、500两、1 000两。(2)股票为20年长期债券,利率5%,前10年只付利息,后10年本息并还。(3)户部设昭信局,各省设昭信分局,经理股票发行和还本付息事宜。(4)股票准许抵押、售卖。(5)各省官绅商民,有劝集股款至10万两以上者,准各省督抚分别奏请,由户部加以奖叙。(6)各省所收股款,用于偿还户部"拨还洋款","不准移作他用,更不许勒令捐输"。户部以裁减兵勇、加增当税、扣减养廉银、漕粮减运、丁漕折钱等盈余所得五六百万两白银作为偿债来源。③ 从章程上看,昭信股票较之以前,最突出的特点就是股票准许抵押、售卖,即准许自由流通。现代债券有上市及非上市债券之分,一般来讲,可上市债券因流动性好、易于变现,为投资者所青睐。晚清公债虽还不具备二级市场,但准其售卖,无疑是一个较大的革新。

---

① 王延熙、王树敏编:《皇清道咸同光奏议》,载沈云龙编:《中国近代史料丛刊初编》第三十四辑,文海出版社1969年版,第602—604页。
② 同上书,第602、603页。
③ 参见朱寿朋编:《光绪朝东华录》第四卷,中华书局1958年版,第4052—4055页。

昭信股票的偿还方式,以田赋、盐税为担保,但实际情况是"自王公以下京外文武各员已经认缴之款,毋庸给票,准其报效","民捐昭信股票有情愿报效不愿领本息者,准其缴票,按给奖叙"①。由于保障不力,并未按章程偿还,再加上各种弊端丛生,清政府不得不在1898年底草草停止了昭信股票的发行,累计发行量大致在1 000万—2 000万两之间,②仅完成了不到预定目标的1/5。

(四)爱国公债

辛亥革命爆发后,清政府为挽救其垂死命运,急忙筹措军费,于1911年12月14日由内阁奏请,经资政院修正议决颁发"爱国公债"。定额3 000万元,年息6厘,以部库之款为担保。债票分5元、10元、100元和1 000元四种。期限9年,前4年付息,后5年平均抽签还本,一切还本付息事宜悉委大清银行经理。

爱国公债发行之际,清王朝正值垂暮之年,财政紊乱,吏制腐败,人心涣散。爱国公债自颁布以来,王公大臣应者寥寥,"不过认捐五万两,而实际所交数中尚短少千余金"③。爱国公债最终募集不满1 200万元,其中的1 016万元实际上是清廷以内帑购认,及向王公世爵及在京文武官员劝募所得,京外募债区域也只限于直隶、山西、河南等数省,在外销售额不及1/10。④

---

① 《清德宗实录》卷437,载《清实录》第五十七册,中华书局1987年版,第745页。

② 孙毓棠认为不足500万两,详见孙毓棠:《抗戈集》,中华书局1981年版,第169页;千家驹认为不足1 000数百万两,详见千家驹编:《旧中国公债史资料(1894—1949年)》,中华书局1984年版,第366页;周伯棣认为不到2 000万两,详见周伯棣:《中国财政史》,上海人民出版社1981年版,第521页。

③ 《时报》1911年12月30日。

④ 参见贾士毅:《民国续财政史》第四编,商务印书馆1932年版,第6页。

(五)晚清发行的其他一些地方公债

从1905年的直隶公债开始,清末各省都效仿发行债票、公债,总计达13次之多,但大都未成功发行,或以失败告终,详见表3—4。

表3—4 清末发行的地方公债统计

名称	时间	发行额	备注
直隶公债	1905年	480万两	期限6年,第一年7厘,以后逐年增加1厘,至第六年还清为止
湖北公债	1909年	240万两	
安徽公债	1910年	120万两	
湖南公债	1910年	120万两	
福建公债	1907年	120万元	实际未发行
吉林公债	1909年	1 000万元	
云南公债	1910年	300万两	
江南公债	1910年	240万两	
奉天公债	1910年	200万两	
福建二次公债	1910年	20万元	
直隶二次公债	1910年	320万两	
四川公债	1911年		
江西公债	1911年		

资料来源:贾士毅《民国续财政史》第四编,商务印书馆1932年版,第106页;朱寿朋编:《光绪朝东华录》第四卷,中华书局1958年版,第5691页;周棠编:《中国财政论纲》,政治经济学社民国图书集成公司1910年版,第248、249页;姜宏业编:《中国地方银行史》,湖南出版社1991年版,第81、82页;天津市档案馆:《天津商会档案汇编(1903—1911)》上册,天津人民出版社1989年版,第699—701页。

二、北洋政府发行公债的动因及概况

(一)财政窘境是北洋政府大量发行公债的主要原因

北洋政府的财政体系延续了清财政的体系,财政支出也主要包括军事费、债务费和政务费。北洋政府时期军阀混战,兵连祸结,例如1916年的粤桂战争、1920年的直皖战争、1921年的湘鄂战争、

1922年的直奉战争以及1924年的第二次直奉战争和江浙战争等。据粗略估计,仅在1912—1922年的11年中,就发生内战179次。[①]战争消耗了大量的财力、物力和人力,造成这一历史时期军费开支庞大,并呈现出逐年上涨的趋势。北洋政府在财政枯竭的情况下,只能借债度日,债台高筑,"债额愈多,偿还愈难,息转为本,本复生息,生生不已,遂使债务日趋紊乱,陷于不可收拾之境"[②],故债务支出就成了国家财政支出的一个沉重负担。1913—1925年,北洋政府的军事费用逐年增加,到1925年军费竟然占到全部财政支出的47%,13年间平均值约为39%。债务费用虽在财政支出的比重中不断降低,但是比重均在1/4以上,平均值近1/3。政务费也是北洋政府时期的三大支出之一,平均值占整个财政支出的1/4左右,主要包括外交费、内务费、财政费、教育费、司法费、农商费、交通费等项目,详见表3—5。

表3—5 北洋政府军事费与债务费统计　　（单位:万元）

年份	岁出总额	军事费		债务费		政务费	
		数额	百分比	数额	百分比	数额	百分比
1913年	64 233.7	17 274.8	27%	29 905.1	46%	15 353.8	24%
1914年	35 702.4	14 240.1	40%	9 856.5	28%	10 751.8	30%
1916年	47 283.9	17 546.9	37%	13 768.4	29%	14 828.6	31%
1919年	49 576.3	21 721.2	44%	12 796.3	26%	11 178.8	23%
1925年	63 436.2	29 770.3	47%	16 646.7	26%	12 109.1	19%
年平均	52 044.5	20 110.7	39%	16 594.5	32%	12 844.1	25%

资料来源:国民政府财政部财政年鉴编纂处编《财政年鉴》上册,商务印书馆1935年版,第116—121页;杨荫溥《民国财政史》,中国财政经济出版社1985年版,第13页。

---

① 参见杨荫溥:《民国财政史》,中国财政经济出版社1985年版,第12页。
② 金国珍:《中国财政论》,商务印书馆1931年版,第83页。

北洋政府时期,财政收入制度也没有发生根本性变化,但是国家重要税收却进一步被外国所控制。同时,各省还不断停解中央税款,造成财政赤字的进一步扩大。如在1913年的中央预算中,岁入为41 266万元,岁出为49 787万元,收支相抵后缺口8 521万元。① 袁世凯死后,全国军阀割据混战,各自为政,中央根本无法制定全国的财政预算,全国财政状况更加混乱,几乎无法维持。如在1926年的中央预算中,岁入为46 164万元,岁出63 436万元,收支相抵后不敷达到17 272万元,②财政赤字已经十分惊人。同时,财政收入中很多项目都属虚列,政府并无实款可得,据专家匡算,实际财政赤字应该在4亿元以上。③

(二)1921年公债整理之前的公债发行的情况

由于第一次世界大战的爆发,北洋政府对外借款之路被迫中断。为了缓解财政困境,袁世凯政府于1914年设立了内国公债局,力图通过发行政府公债弥补财政上的不足。截止1921年北洋政府公债整理之前,北洋政府合计发行公债11种,累计发行总额在3.72亿元以上,④属政府公债发行最滥之时期,详见表3—6。

除上述公债外,北洋政府还发行了大量用于短期调剂财政收支的库券,详见表3—7,数额从数千元到八九百万元,期限从一年到两三年者都有,更有长达14年者,年厘也变化很多,但突出特点是这些库券大都无实际保证,到期往往本息无着。

---

① 参见贾士毅:《民国财政史》下册,商务印书馆1917年版,第47、48页。
② 参见左治生:《中国财政历史资料选编》第十一辑,中国财政经济出版社1987年版,第40页。
③ 参见刘克祥、陈争平:《中国近代经济史简编》,浙江人民出版社1999年版,第297页。
④ 参见王宗培:《中国之内国公债》,上海长城书局1933年版,第18页。

表3—6 北洋政府公债整理前发行的公债统计 （单位：万元）

名称	发行年	发行额	实发额	年息	折扣	用途
元年军需公债	1912年	10 000	737	8%		临时军需
爱国公债	1912年	3 000	164	6%		经常军需
元年六厘公债	1913年	2 000	13 598	6%	92%	政费、偿还旧账等
三年内国公债	1914年	2 400	2 493	6%	94%	调剂金融、补助国库
四年内国公债	1915年	2 400	2 583	6%	90%	调剂金融、补助国库
五年六厘公债	1916年	2 000	2 000	6%	95%	政费、调剂金融
七年短期公债	1918年	4 800	4 800	6%		调剂金融
七年长期公债	1918年	4 500	4 500	6%		调剂金融
八年七厘公债	1919年	5 600	3 400	7%	93%	补助国库
整理金融短期	1920年	6 000	6 000	6%		调剂金融
九年赈灾公债	1920年	400	217	7%	90%	补助国库赈灾

资料来源：王宗培《中国之内国公债》，上海长城书局1933年版，第6、7页；千家驹编《旧中国公债史资料（1894—1949年）》，中华书局1984年版，第33—101页；汪敬虞主编《中国近代经济史（1895—1927）》，人民出版社2000年版，第1430、1431页。转引自潘国旗《近代中国国内公债研究（1840—1926）》，经济科学出版社2007年，第218—224页。

表3—7 北洋政府公债整理前发行的库券统计 （单位：万元）

年份	种数	当年发行额
1913年	2种	220
1914年	3种	1 010
1915年	1种	40
1916年	8种	180
1917年	2种	20
1918年	9种	700
1919年	7种	530
1920年	22种	2 470
1921年	22种	2 900

资料来源：王宗培《中国之内国公债》，上海长城书局1933年版，第13—15、26页；汪敬虞主编《中国近代经济史（1895—1927）》，人民出版社2000年版，第1432页；潘国琪等《略论北洋时期的国内公债》，《浙江社会科学》2000年第4期，第113页，转引自潘国琪《国民政府1829—1949年的国内公债研究》，经济科学出版社2003年版，第48、49页。

北洋政府早期大量发行公债,很大程度上解决了其财政的燃眉之急。从表3—6中可以看出,这些公债大多用于增加军费开支、负担政务费、弥补财政不足、扩充国库、偿还政府旧债和调剂金融等。北洋政府时期政府债信不高,为吸引投资者认购,采用高利率、高折扣以及落实确实可靠的担保基金为诱饵,致使公债发行的成本很高。但是,通过发行公债,政府却可以在短时间内解决财政危机,以免破产,这种做法维持了岌岌可危的北洋政府。政府在公债发行中尝到了甜头,因此加强了继续发行公债缓解财政危机的信心。

(三)1921年公债整理案及之后的公债发行情况

从1918年起,随着各省截留税款日益增多,北洋政府财力愈加衰弱。"民国以来,无政可记,惟有借债一事,东挖西补,妙想大开,为他国之所不及。计新旧各债,截止去年年底[①]止外债共三十余万万,内债已三万万有奇。……债台百级,危如累卵,真令人思之胆碎也。财政至于今年,山穷水尽,无可讳言。"[②]1921年成"为我国财政上最紧要而最危险之关头"[③],"财政之危险,殆趋极点"[④],政府财政几乎到达崩溃边缘。

财政出现的窘境使国内公债偿还不力,截止1920年底,北洋政府所发行的公债,加上从清政府和南京临时政府继承下来的爱国公债和八厘军需公债,合计11笔,实际发行总额达40 492万元,详见表3—6。所发各债,虽然都指定了本息基金,但实际上除七年短期

---

① 此处即1920年。
② 《惊心动魄之内外债》,《申报》1921年。
③ 《周财长之谈话与避津》,《申报》1921年。
④ 《倚伏中之本年财政》,《申报》1921年。

公债,三年、四年内国公债外,其他均无确实担保,本息无着。如爱国公债,只剩一期,原应1920年底抽签还清,但到1921年初尚未进行;八厘军需公债,尚余二期,已误期两年;五年公债,原定1917年起,分三年共六期抽还,但是仅于1920年三月抽签一次。至1920年底止,北洋政府公债未还数高达33 623余万元,详见表3—8。

表3—8　1920年底北洋政府公债未偿还额　(单位:元)

名称	担保品	未偿还额
民国元年军需公债	钱粮作抵	3 367 640
爱国公债	部库收入	236 790
民国元年六厘公债	印花税、契税	121 680 570
民国三年内国公债	铁路收入、商税	16 670 065
民国四年内国公债	关税、山西厘金	7 815 910
民国五年六厘公债	烟酒收入	16 770 515
民国七年短期公债	延期偿付庚子赔款	45 000 000
民国七年长期公债	付息部拨	45 000 000
民国八年七厘公债	货物税	19 692 315
整理金融短期公债	关余	60 000 000
合计		336 233 805

资料来源:《张公权氏之整理内债谈》,《银行周报》第5卷第6号,1921年。

　　北洋政府发行的公债大多采用委托承购方式,由银行先期垫付承购,因此如政府债信不实,必将引起银钱业的担忧,公债整理的呼声越来越高。1920年全国银行公会决定,如政府不能保障公债清偿力,银行将拒绝继续认购承销政府公债。[①] 在"中外银行相戒决不投资于政费"[②]的背景下,为保证今后公债库券的顺利发行,北洋政府"以责任关系及顺从民意起见,故感整理公债之必要"[③],据此决定进行内债整理。

---

① 参见《全国银行公会之建议案》,《东方杂志》第18卷第3号,1921年。
② 《罗掘俱穷之财部》,《申报》1921年。
③ 《周财长发表整理内债问题》,《申报》1921年。

这次公债整理案涉及到五笔公债,分别是元年军需公债、爱国公债、元年六厘公债、五年六厘公债和八年七厘公债。具体来看,规定元年军需公债从1921年起分4年4次抽签偿还;规定原以京钞计算的爱国公债改为现洋折算,并于1921年内还清;规定元年六厘公债采用特定办法,另发新债票,以旧元年公债100元换新债票40元,从1921年起抽签还本,分10年还清;规定五年六厘公债从1926年开始,分3年6次抽签偿还,并以1925年到期的三、四年公债转充五年六厘公债还本付息之基金;规定八年七厘公债也另发七厘新债,以旧八年公债100元换新债票40元,分10年清偿。依据上述整理公债办法,北洋政府为收回民国元年和民国八年公债先后累计发行的整理债票共计8 000万元以上,详见表3—9。另外,北洋政府还对本息基金的来源和保管方法作了相关规定,以确保还本偿息的顺利进行。

表3—9　1921年公债整理情况　　　　（单位:元）

名称	发行额	实发额	年息
元年公债整理债票	25 600 000	12 150 000	6%
八年公债整理债票	8 800 000	1 210 000	7%
整理公债六厘债票	54 392 228	54 392 228	6%
整理公债七厘债票	13 600 000	13 600 000	7%

资料来源:千家驹编《旧中国公债史资料(1894—1949年)》,中华书局1984年版,第367、368页;王宗培《中国之内国公债》,上海长城书局1933年版,第6、7页。

整理公债激发了投资者的信心,活跃了岌岌可危的金融市场。"各项公债,自经此次整理,市价顿形起色,全国金融,均为之活动"[①],"各种公债市价亦因之增高"[②]。1921年整理公债案像是一座分水

---

① 王云五主编:《民国梁燕孙先生士诒年谱》,台北商务印书馆1978年版,第641页。
② 《上海商情·证券》,《银行周报》第5卷第6号,1921年。

岭,此后北洋政府公债和库券的发行数量都较以往明显减少了。1921—1927年,北洋政府仅发行了3笔公债,共实际发行8 139万元;发行库券9笔,合计4 760万元,详见表3—10。

表3—10 北洋政府公债整理后发行的公债统计(单位:万元)

名称	日期	实发额	利息	折扣	担保品	备注
特种盐余库券	1922	1 400	月1.5分	100%	军政费	部分偿还
九六公债	1922	5 639	年8厘	90%	偿还旧账	本息无着
四年特种债票	1922	280	年6厘		整理公债	1928年全部偿还
十一年公债	1922	1 000	年8厘	90%	军政费	1927年全部偿还
使领库券	1923	500	年8厘	100%	政务费	1930年全部偿还
教育库券	1924	100	年8厘	100%	教育费	1930年全部偿还
四二库券	1924	420	年8厘	94%	政务费	1927年全部偿还
十四年公债	1925	1 500	年8厘	90%	政务费	1935年全部偿还
春节特种库券	1926	800	年8厘	82%	政务费	1936年并入统一公债
临时治安债券	1926	200	年8厘	60%	军政费	1936年并入统一公债
秋节特种库券	1926	300	年8厘	88%	政务费	本息无着
二四库券	1926	240	年8厘	82%	政务费	1939年全部偿还

资料来源:王宗培《中国之内国公债》,上海长城书局1933年版,第6、7页;千家驹编《旧中国公债史资料(1894—1949年)》,中华书局1984年版,第33—101页;汪敬虞主编《中国近代经济史(1895—1927)》,人民出版社2000年版,第1430、1431页。转引自潘国旗《近代中国国内公债研究(1840—1926)》,经济科学出版社2007年,第218—224页。

经过此次整理后,"公债基础始臻巩固。截止民国十七年底,除十一,十六两年以关税锐减,基金不足,迟展两年还本外,其余均各如期照付焉"[①]。公债的按时偿付,稳定了公债市场,为以后南

[①] 王云五主编:《民国梁燕孙先生士诒年谱》,台北商务印书馆1978年版,第641页。

京国民政府公债的发行提供了良好的环境,并奠定了公债在证券市场中的基础地位。

第三节 次级行动团体的制度供给

在自下而上的制度变迁中,次级行动集团是指政府及立法机构,它们对制度变迁的参与主要是通过立法确定新制度的法律地位。研究表明,在制度变迁的过程中,制度需求虽然是必要条件,但并不具有充要性,制度供给及制度的供给者才是制度变迁的重要环节和主导力量。当近代中央政府发现可以从证券市场,特别是发行公债获得潜在利益的时候,作为次级行动团体的政府就开始考虑制度供给了,以此来维护、保证和扩大其收益,实现制度变迁的整个过程。政府给予证券市场的制度供给主要包括供给法律法规等正式制度、设立国家授权的证券交易所并提供合法的证券发行、交易市场的规则等。总体来看,清政府和北洋政府有关证券市场的制度供给主要包括以下几点,详见表3—11。

为鼓励股份制工商企业的发展,晚清政府发布《公司律》,对股票的上市发行、交易以及信息披露等方面都有所涉及。北洋政府早期,为维护金融市场的稳定,维持政府的信用,政府颁布《证券交易所法》,使证券交易有章可循,尔后又批准设立北京证券交易所,并颁布交易所适用的法律制度。证券市场正式法律制度的建立与官方授权的证券交易所的设立标志着近代中国证券市场制度的确立,至此近代中国证券市场走上了法治化的道路。同时,政府通过制度供给与参与程度的不断加深给近代中国证券市场深深地打上了政府的烙印。

表 3—11 清政府、北洋政府主要的证券市场制度供给[1]

轮次	颁布时间	制度供给内容	颁布机构
第一轮	1904 年 1 月 21 日	《公司律》	清政府
	1914 年 1 月 13 日	《公司条例》	北洋政府农商部
第二轮	1914 年 12 月 29 日	《证券交易所法》	
	1915 年 5 月 5 日	《证券交易所法施行细则》	
	1915 年 5 月 5 日	《证券交易所法附属规则》	
	1921 年 3 月 10 日	《证券交易所课税条例》	
第三轮	1918 年 6 月 5 日	北京证券交易所	
第四轮	1926 年 9 月 9 日	《交易所监理官条例》	

注:[1]这里的立法仅仅包括了政府出台的法律,不包括交易所自行出台的条例、规范以及法院的解释判例。

资料来源:上海市档案馆编《旧中国的股份制(1868 年—1949 年)》,中国档案出版社 1996 年版,第 113—156 页;上海市档案馆编《旧上海的证券交易所》,上海古籍出版社 1992 年版,第 274—294 页;王志华《中国近代证券法》,北京大学出版社 2005 年版,第 51—53 页。

一、次级行动团体的第一轮制度供给:《公司律》与《公司条例》

19 世纪晚期,近代中国虽已有股份公司的设立和股票发行,但依据的仅是"国际约章,立案合同,试办的奏咨和批准的章程",没有国家制定的法规可以遵循。① 1904 年 3 月 1 日,清政府颁布《公司律》,规定公司欲发行股票必须呈报商部注册"方能刊发股票,违者股票作废",同时还要求"每股银数至少以五圆为限,惟可分期缴纳","股份银数必须划一,不得参差"。该法对公司招股信息披露也作了一定的规定,"如须招股,必先刊发知单,并登报布告

---

① 王效文:《公司法·绪论》,载《现代法学》第 1 卷,转引自王志华:《中国近代证券法》,北京大学出版社 2005 年版,第 72 页。

众人"。清末《公司律》是中国历史上第一部涉及证券内容的法律制度,具有开创性的历史意义。①

晚清《公司律》对股票发行的规定非常简略,对证券交易根本没有涉及,无法满足实际需要。中国商会一直致力于该法的充实、补充与修订,于1909年提交《商律草案》呈请农工商部审议,之后由于清政府的灭亡而流产。1914年北洋政府将商会呈交的《商律草案》略加修改,颁布了《公司条例》。与清末《公司律》相比,《公司条例》对股票的发行有了更加详细的规定,同时增加了很多新的规定。例如,首次指出股份有限公司发行股票可平价或溢价发行,但"不得较少于票面银数,第一次当缴之股银,不得少于票面银的四分之一";首次规定了公司可依照章程发行优先股、记名股或无记名股,并可在规定要求下自由转让,但"股东会之决议,对于优先股东之权利有妨碍时,除股东会决议外,更须优先股东会之决议,优先股东会,准用股东会之规定";首次提出了关于公司债的规定,主要内容包括:"公司债之总银数,不得逾于已缴之股分(份)银数"、"公司债每分(份)之银数,不得少于二十圆"。募集公司债时也必须公告公司各项有关内容,其他有关发行条款参照股票发行的规定。②

因清末《公司律》和北洋政府之初颁布的《公司条例》均属公司法,所以其证券市场规定仅涉及发行领域,且内容简单,还存在许多不足之处,但还是对以后的证券市场立法产生了重大的影响,奠定了坚实的基础。

---

① 参见王志华:《中国近代证券法》,北京大学出版社2005年版,第51、52页。
② 参见《政府公报》第606号,1914年1月14日,转引自上海市档案馆编:《旧中国的股份制(1868年—1949年)》,中国档案出版社1996年版,第113—145页。

二、次级行动团体的第二轮制度供给:《证券交易所法》及附属法规

虽然有了《公司条例》,但近代证券市场还未构成管理与监督的整体性或专门性立法,又受到1883年和1910年证券市场投机风潮的接连打击,社会各界对成立正式的证券交易所和订立证券市场专门立法的呼声越来越高,于是就有了《证券交易所法》的诞生。

1914年12月29日,北洋政府正式颁布《证券交易所法》,共八章二十五条。主要内容包括:(1)凡为便利买卖、平准市价而设之国债票、股份票、公司债票及其他有价证券交易之市场,称为证券交易所。(2)设立证券交易所必须经过国民政府农商部核准。(3)证券交易所每地方以设立一所为限,其区划由农商部会同财政部定之。(4)证券交易所以十年为限,但可视地方商业情形,禀请农商部续展。(5)证券交易所以股份有限公司为组织形式。(6)证券交易所限于其经纪人得参加其买卖。职员及其他雇员,均不得在证券交易所为证券之买卖。(7)证券交易所之买卖分为现货和期货两种。(8)农商部可派人对证券交易所进行检查和监督,并享有处罚权。[①]

1915年5月5日,北洋政府进一步颁布了《证券交易所法施行细则》和《证券交易所法附属规则》。其中《施行细则》共计二十六条,对建立证券交易所的具体条件、必备手续、申请程序以及经

[①] 参见《东方杂志》第12卷第2号,1915年2月1日,转引自上海市档案馆编:《旧上海的证券交易所》,上海古籍出版社1992年版,第274—281页。

纪人申请程序均作出了详细的规定。《附属规则》共包含十三条规定,对证券交易所的股本、营业保证金、经手费、经纪人保证金以及买卖方法等具体问题进行了规定。① 1921年3月10日,北洋政府又颁布了《证券交易所课税条例》共计四条,规定证券交易所每次结账后,应就纯利中提取3%作为交易所税,所缴纳的交易所税由实业厅征解农商部核明后转报财政部国库列收,未设实业厅的地方则由农商部委托相当官署征解。②

《证券交易所法》及其附属法规的颁布实施开创了中国证券市场立法的先河,推动了中国证券市场的发展,为随之成立的证券交易所提供了必要的法律保障,并奠定了证券立法的雏形,积累了有益的经验。但是,从整体上看,这些法律法规在约束证券市场行为方面还存在很大的缺陷和不足。首先,从内容上看,《证券交易所法》及其附属规则是极不完善的,条例内容也十分简单。该法主要对证券交易所的建立提出了具体的要求,对证券二级交易市场提出了较详细的管理处罚等规定,但是缺乏对一级发行市场进行必要的约束,缺少对上市公司发行股票进行必要的信息披露和必备程序流程的相关规定。当然,北洋政府颁布的《证券交易所法》主要是以日本明治二十六年《取引所法》为蓝本,很多条款完全相同,只做了少许修改,很多规定俨然不合中国实际。③ 其次,从监管方面看,没有提出具体的监管实施和执行细则,仅规定了农商部的监管权以及监管原则。对证券违法行为主要依靠撤销交易所注册资

---

① 参见《东方杂志》第12卷第7号,1915年7月10日,转引自上海市档案馆编:《旧中国的股份制(1868年—1949年)》,中国档案出版社1996年版,第149—154页。
② 参见《东方杂志》第18卷第6号,1921年3月25日,转引自上海市档案馆编:《旧中国的股份制(1868年—1949年)》,第154、155页。
③ 参见《日本取引所调查录》,《银行周报》第2卷第39号。

格、取消经纪人或职员资格、强制证券交易所改组或修改章程以及罚款等行政处罚,缺少更加严厉的约束机制和刑事责任认定程序。此外,也没有授予证券行业自律组织明确的法律地位,造成证券同业公会以及经纪人公会等同业组织的责权利混乱,给证券市场发展带来了不稳定的因素。最后,从执行情况看,自《证券交易所法》颁布起,监管机构都试图取缔场外交易,但黑市交易却从未间断过。而且法律规定证券经纪人只能从事代客买卖业务,不得自营,但是许多经纪人经常利用内幕消息,勾结政府官员,组织大规模资金进行炒作。例如,在 1921 年的"信交风潮"中,上海证券物品交易所的一名理事和一名经纪人就曾虚设公司,进行拉抬炒作。①

三、次级行动团体的第三轮制度供给:北京证券交易所

北京证券交易所设立的背景是 1916 年中交两行的"京钞停兑"事件。当时京津地区金融市场一片混乱,北洋政府用公债和银行定期存单回收不兑现京钞的办法对金融市场进行整理,同时北京地区"所有公债及一切有价证券之买卖渐见增多,但无统一机关为之评定,价值涨落毫无一定标准;且无稳固机关为之担保,故买卖通常只可为现货买卖,而不能为定期买卖,以是关于证券之流转不无窒滞之处"②。在这种情况下,北洋政府财政当局出面督促金融界组成"北京证券交易所"。可见,北京证券交易所的产生并非是产业发达的需要,而是为适应北洋政府大量发行债券情形的产物,其目的在于维护金融市场的稳定,维持政府的金融信誉。

---

① 参见成九雁、朱武祥:《中国近代股市监管的兴起与演变:1873—1949 年》,《经济研究》2006 年第 12 期,第 114—123 页。
② 《银行周报》第 2 卷第 11 号,1918 年 3 月 26 日。

1918年3月,北京证券交易所筹备会召开第一次理事会,以欧美等交易所组织形式筹建证券交易所,并推选王小宋为理事长,沈艺舫、张蓉生为常务理事,聘请梁涣涛为经理兼市场主任。① 北京证券交易所采用股份制形式,由股东认定股额,规定第一期应收股款为50万元的30%,共计15万元,分存中国、交通、盐业、新华、金城各银行,其中托中国银行北京分行代收股款并存入活存项下。

经农商部立案,北京证券交易所于1918年6月5日在前门外大街开业,共设四股七处,分别为征收股、出纳股、计算股、会计股、现金处、代用品处、证据金处、差金处、付股票利息处、经手费处和市场处。经纪人共计60名,②每位需缴纳保证金5 000元,同时北京证券交易所向国库缴纳总数为20万元的现金保证金。③ 交易所每天上午10—12时、下午2—4时营业,一般上午开盘交易,下午进行交割买卖。

1918年北京证券交易所成立后,其经纪人都是以个人名义参与的,即便是银钱业等机构派出的经纪人仍以个人名义参加。每位经纪人须有两家银号作保证,并呈请农商部核准给照方可进行营业。由于当时诸如中国银行等机构纷纷向北京证券交易所派出经纪人,交易所接各行号函,充经纪人者逾额甚多,于是交易所不得留候补名额,遇有缺出依次递补,并函请各行正式来函声明以资

---

① 参见《北京证券交易所之近闻》,《银行周报》第2卷第21号,1918年6月4日。
② 其中54人有名可查,详见《北京证券交易所经纪人名录》,北京市档案馆馆藏档案,档案号J41—1—553。
③ 参见席长庚:《1918年建立的北京证券交易所》,《经济师》1999年第3期,第103页。

确定。① 同时,经纪人依北京证券交易所业务规程第二十九条之规定组织"北京经纪公会",会员入会资格以先充北京证券交易所之经纪人为限,凡取得经纪人资格后非加入本会不得在交易所执行业务,公会以确树商业道德、维持交易信用、联络同业感情为主旨,设干事、评议各五人,由会员共同推荐,任期为一年,并制定了详细的《北京经纪公会规约》。②

北京证券交易所的设立和发展初期,适逢北洋军阀公债发行最滥和"停兑风潮"之时,交易所的经营业务活动深受政府的影响与控制。据 1918 年 11 月 30 日该所第一届营业决算报告,北京证券交易所各项证券共成交 2 120 万元,其中现货交易 1 114 万元,期货交易 1 006 万元,③维系了北洋政府巨额的财政开支。

四、次级行动团体的第四轮制度供给:《交易所监理官条例》

1926 年 9 月 9 日,北洋政府农商部颁布《交易所监理官条例》,该条例要求在各地区设交易所监理官,统一负责稽核各交易所账目、征收交易所税及其他监督事项。④ 同年 9 月 15 日,农商部任命谢铭勋为上海地区交易所监理官,在闸北恒通路 38 号组织办公。任命沈宪为总务科长,唐世仁为会计科长,谢华为审计科长。并派委员 5 人分驻各所,即金业交易所的翁振青、华商纱布交易所的黄韫甫,证券物品交易所的沈井忻,面粉交易所的华驾千和

---

① 参见《北京证券交易所关于派充经纪人、公债票、购股票等的函》,北京市档案馆档案,档案号 J31—1—492。
② 参见《北京经纪公会规约》,北京市档案馆馆藏档案,档案号 J41—1—553。
③ 参见席长庚:《1918 年建立的北京证券交易所》,《经济师》1999 年第 3 期,第 103 页。
④ 参见《交易所监理官条例》,《银行周报》第 10 卷第 36 号,1926 年 9 月 21 日。

杂粮油豆饼交易所的王志贤。①

《交易所监理官条例》的订立,从制度上明确了政府对证券市场监管的地位,并就监管的机构与方法进行了明确的阐述,标志着近代中央政府对证券市场监管制度和体系的基本确立。但该条例由于遭到了各交易所的联合抵制,实际执行效果并不明显。该条例实行不久,北洋政府便被推翻,但其监管理念和主要的监管体系均被日后的法律法规所吸收。

本章小结

根据诺斯的制度变迁理论,引导制度变迁的主体包括初级行动团体与次级行动团体,再根据行动团体的特征,制度变迁可分为自下而上的诱致性制度变迁和自上而下的强制性制度变迁。在近代中国证券市场制度的创立过程中,初级行动团体由新式股份制公司、证券市场投资者、证券市场经纪人即股票掮客和证券交易所等构成,在各自利益的驱使下,它们自发形成行动团体,通过一轮又一轮的努力,力求构建中国自己的证券市场制度体系。其中主要的作为包括:上海平准公司和公平易公司的成立,茶会交易和上海股票商业公会的形成,由市场力量主导并最终由政府确认的证券交易所的设立,以及证券投资思想的形成与传播。此时的中央政府(清政府、北洋政府)属于近代中国证券市场制度变迁的次级行动团体,在制度变迁的过程中,经历了不干涉、开始认识、逐步参

---

① 参见《交易所监理官正式就职》,《银行周报》第10卷第38号,1926年10月5日。

与到干预的过程。政府认识并参与证券市场的主要动机是通过证券市场发行公债,以此弥补岌岌可危的财政赤字,维持政权的稳定。当政府认识到证券市场的积极作用,特别是通过证券市场获得利益之后,作为次级行动团体的政府逐步参与到证券市场中,并开始干预和控制证券市场运行,通过供给证券市场基本制度,例如《公司律》、《公司条例》、《证券交易所法》、《交易所监理官条例》等法律法规,维持其潜在利益的获取。根据主导行动团体的不同,北京证券交易所是政府力量推动下的强制性制度变迁的结果,而上海证券物品交易所和华商证券交易所是市场力量主导下的诱致性制度变迁的结果,它们的相继成立标志着近代中国证券市场的正式形成。根据制度变迁主体的行为特征与力量对比,在南京国民政府成立之前,近代中国证券市场制度变迁属于初级行动团体主导下的自下而上的诱致性制度变迁过程,市场发展的过程表现出明显的市场主导性和自发性,而政府在其发展过程中仅起到辅助性的次要作用。

第四章　强制性制度变迁主导下的近代中国证券市场

根据制度变迁的"需求—供给"分析框架,追求利益最大化的单个行为主体总是力图在给定的制度约束条件下,谋求对自己最为有利的制度安排和权利界定。政府作为制度的主要供给者,向社会提供制度体系和行为规范,并从规则中获取既得收益。国家通过立法程序确立一项新制度安排,以法律的权威性、强制性使这一新制度得以确立。政治体系的成本和利益,对制度变迁的性质、进程和方向起关键性作用。[①] 当政府主体与非政府主体对某一新的制度安排的成本与收益的预期值不一致时,只有重新调整利益结构,改变力量对比,才能增加制度供给,保证制度变迁的顺利进行。对于一个有着长期集权且市场不发达的国家来讲,政府更是制度变迁的决定力量。本章以政府为主要视角,通过分析中央政府介入证券市场的目的与方式,考察近代中国证券市场中的政府行为,以及南京国民政府成立后证券市场的历史演进过程。

---

① 参见杨瑞龙:《论制度供给》,《经济研究》1993年第8期,第45—52页。

第一节 产权理论、国家理论与制度变迁中的政府行为

除意识形态理论外,产权理论与国家理论是诺斯制度变迁理论的另外两个理论基石。新制度经济史学认为国家和产权有着紧密的联系,离开产权,很难对国家作出有效的分析,而如果没有一个关于国家的理论,也不能真正完成关于产权的理论。产权的本质是一种排他性的权利,因此在暴力方面具有比较优势的组织处于界定和行使产权的地位。没有国家权力及其代理人的介入,没有国家为产权的运作提供一个公正、安全的制度环境和一套健全的"游戏规则",产权就无法得到有效的界定、保护和实施。因此,国家权力构成有效产权安排和经济发展的一个必要条件,没有国家就没有产权。另一方面,国家权力介入产权安排和产权交易,又是对个人财产权利的限制和侵害,会造成所有权的残缺,导致无效的产权安排和经济的衰落。

一、产权理论与政府行为

(一)产权理论

产权理论是制度变迁理论的第一大理论支柱。诺斯的制度变迁理论认为有效率的经济组织是经济增长的关键,而有效率的经济组织的产生需要在制度上作出安排并确定产权,以便对人的经济活动产生激励。显然,经济能否增长往往受到产权效率的影响,有效率的产权之所以对经济增长起着重要的作用,因为一方面产权的基本功能与资源配置的效率相关,另一方面有效率的产权使

经济系统具有激励机制。

这种机制的激励作用体现在以下三个方面：(1)降低或减少费用。(2)人们的预期收益得到了保证。(3)从整个社会来说，在产权行使成本为零时，充分界定的产权使个人的投资收益等于社会收益。所以产权的界定、调整、变革和保护是必要的，而产权的明确界定可以形成一种激励，引导人们在经济活动中追求自身利益最大化，以此促进经济增长和社会制度的变迁。

产权理论有助于解释人类历史上交易费用的降低和各种经济组织形式的替换。如果假定国家是中立的，根据产权理论，在现存技术、信息成本和未来不确定性因素的情况下，在充满稀缺和竞争的世界里，解决问题的成本最小的产权形式将是最有效率的。竞争将使有效率的经济组织形式替代无效率的经济组织形式，为此，人类不断地为降低交易费用而努力。有效率的产权应是竞争性的和排他性的，因而，必须对产权进行明确的界定。这样才有助于减少未来的不确定性因素，从而降低产生机会主义行为的可能性。

（二）中央政府与近代股份制产权

西方股份制产权的引入一改中国旧式产权制度，并且也为近代中国证券市场的发展提供了必要的产权基础。清政府倡导和经办过一些"官督商办"企业，这些企业在设立之初大多以商办形式设立，但在其后的实践中大都以"政企合一"的形式运作。企业的人事权、财务权、经营管理权都被政府所控制，而企业根本无法成为独立自主经营的市场主体，在某种意义上成为政府的附属机构。例如轮船招商局设立之初，按照官督商办的原则，"由官总其大纲，察其利病，而听该商等自立条议，悦服众商"[1]，"所有盈亏，全归商

---

[1] 台湾"中央研究院"近代史研究所编：《海防档》，甲，购买船炮（三），艺文印书馆1957年版，第920页。

认,与官无涉"①。挑选既有雄厚财力又具有新式企业经营经验的商人,委任他们担任企业的经理领导职务,负责企业经营管理活动。章程中虽规定了股东有选择商总、商董的权利,但实际上商总、商董最终任命权操纵在北洋大臣李鸿章手中。"商董若不称职,许商总禀请大宪裁撤,另行选举,商总倘不胜任,亦应由各董联名禀请更换"②。尤其到招商局后期,政府的权力更大,李鸿章使用与北洋政府关系更密的盛宣怀顶替商人徐润担任董事长,控制轮船招商局。除了人事任命以外,其实整个企业都被政府所控制,"官夺商权难自主"③。1884年中法战争期间,招商局的全部财产以525万两的代价售卖给美商旗昌洋行,约定在战后照原价收回,这次出售是秘密进行的,事先并没有经股东集体公议表决,股东根本没有控制企业的能力。④ 政府可以任意对企业进行彻查,⑤仅1900年前,这样的彻查就至少发生过三次。政府还可以任意以招商局的局款拨充其他官督商办等国家资本主义企业的股本,甚至借各种名目,任意向企业抽提报效银。1927年国民党统一中国后,开始对招商局实行全面控制。1932年收归国有时有轮船5.8万余吨,房地产众多,总值近2000万两,有61年历史的招商局,终被南京政府以约六分之一的成本囊括而去,⑥被纳入了官僚资本体系。

---

① 吴汝纶编:《李文忠公全集》,《奏稿》,第二十卷,载沈云龙编:《近代中国史料丛刊续编》第七十辑,文海出版社1965年版。
② 聂宝璋编:《中国近代航运史资料》第一辑,上海人民出版社1983年版,第1000—1002页。
③ 夏东元编:《郑观应集》,上海人民出版社1982年版,第1369页。
④ 参见《字林沪报》1884年8月23日。
⑤ 参见中国科学院历史研究所第三所编:《刘坤一遗集》第二册,中华书局1959年版,第605页。
⑥ 参见许涤新、吴承明主编:《中国资本主义发展史》第三卷,人民出版社1990年版,第97、98页。

除官督商办股份制企业外,近代还创立了很多民办股份制企业,对这些企业来说,政府起初规定"一切仿照西例,商总其事,官为保护,若商力稍有不足,亦可借官款维持"①,"所有商股获利或亏耗等事,臣部除奖励及饬追捕欠外,其余一概不闻,并不用官督商办名目,亦不派监督总办等员,以防弊窦"②。例如,1903年设立的华商铁路公司,其章程中也明文规定"地方官惟不得干预公司办事之权"③。1904年清政府颁布的《公司律》规定,"附股人无论官职大小,或署己名,或以官阶署名,与无职之附股人均只为股东,一律看待,其应得余利暨决议之权以及各项利益,与股东一体均沾,无稍立异"④。这些规定初步体现了股份制企业内部"股权平等、股权至上"的基本原则,纠正了以政府行政权力代替股权的行为。但是法律法规的制度并没有从根本上改变近代中央政府与股份制企业的关系,在中央集权的政治体制下,法律制度根本难以得到有效的执行,政府对股份制企业的干预照行不误。1911年清政府宣布"所有宣统三年以前各省分设公司集股商办之干路,延误已久,应即由国家收回……其以前批准各案,一律取消"⑤,这是明目张胆的巧取豪夺。于是许多股份制企业为了避免政府的干预,不得不借用外国商股的名义作掩护。⑥

政府行政权力直接介入企业经营,必然产生利益摩擦,激化政

---

① 刘锦藻编:《清朝续文献通考》第126卷,浙江古籍出版社2000年版。
② 陈毅编:《轨政纪要》初编,《轨一》,文海出版社1970年版。
③ 《大清光绪新法令》第十类,《实业》,商务印书馆1909年版,第4页。
④ 上海市档案馆编:《旧中国的股份制(1868年—1949年)》,中国档案出版社1996年版,第16页。
⑤ 汪敬虞编:《中国近代工业史资料》第二辑:1895—1914年,科学出版社1957年版,第1126页。
⑥ 参见吴汝纶编:《李文忠公全集·朋僚函稿》第十七卷,载沈云龙:《近代中国史料丛刊续编》第七十辑,文海出版社1965年版。

企之间的矛盾。政府通过加强监督管理使政府与企业的结合更为紧密,以此实现自身利益的最大化,以行政权力代替企业投资者的股权,其结果是企业的利益、股东的利益得不到基本的保障,侵占企业利益以满足政府利益或官员私利,无视企业的发展。股份制企业对自己的前途完全无力掌控,在政府的高压下束手无策。政府只要认为是它所需要的,就可以任意将私有产权变为政府产权,这充分诠释了近代中国私人产权制度的不完整、不充分、不独立以及中央政府权力是最高产权的涵义。对这一点的理解和掌握对于解释中国近代证券市场制度变迁的过程以及国家权利在其变迁中所起到的作用有着重要的意义。

二、国家理论与政府行为

(一)国家理论

国家理论是制度变迁理论的基石之一。按照新制度经济史学的定义,国家(政府)是一种在某个特定地区内对合法使用强制性手段具有垄断权的制度安排,其基本功能是提供法律和秩序,并保护产权以换取税收。国家制定的制度安排具有一定的垄断性,在许多方面不同于市场、企业等竞争性的制度安排,其特点就是它的强制性,即国家是在暴力方面具有比较优势的组织。

国家理论使国家提供服务存在两个相悖的目的:第一,界定形成产权结构的竞争与合作的基本规则,即在要素和产品市场上界定所有权结构,使统治者的租金得到最大化。第二,在第一个目的的框架中降低交易费用以使社会产出最大,使国家税收增加。[1]

---

[1] 参见〔美〕道格拉斯·C.诺斯、罗伯斯·托马斯著,厉以平、蔡磊译:《西方世界的兴起》,华夏出版社1999年版。

这两个目的造成了"国家的存在是经济增长的关键,然而国家又是人为经济衰退的关键",即"诺斯悖论",也称"国家悖论"[①]。因为国家提供服务的第一个目的是企图确立一套基本规则,以保证统治者的收入最大化,这就是"国家掠夺论"。但是国家并不关心交易费用的降低和有效率的制度创新,从而不能实现整个社会经济的发展,造成人为的经济衰退。国家提供服务的第二个目的是设立一套包含能使社会产出最大化而完全有效率的产权制度,促进全社会福利的增加和经济的增长,也就是"国家契约论"。正是这两者的冲突所产生的对抗行为,造成了国家的兴衰。因此,国家的存在既成为经济增长的关键,同时又成为人为经济衰退的根源。

(二)中央政府与近代金融制度

中国近代经历过自由市场型和垄断型两种金融制度模式。[②] 1927年以前,中国的金融制度属于自由市场型。这种制度具有6个特征:(1)政府所起的作用很小。晚清时期的中国金融是外国银行和钱庄"两强称雄"的格局,外国银行占有主导地位。对于这两种金融组织,清政府基本上处于一种无所作为的局外人地位。它不仅影响不了外国银行,反而因其向外国银行借款、通过外国银行对外赔款等而受外国银行控制。北洋政府时期,政府对银行也无实际强控制力,对中国银行和交通银行的控制主要是对两行借款以及通过两行发行过多纸币的控制,而并没有

---

① 〔美〕道格拉斯·C.诺斯著,陈郁、罗华平等译:《经济史中的结构与变迁》,上海三联书店、上海人民出版社1994年版,第21页。

② 详见杜恂诚:《中国近代两种金融制度的比较》,《中国社会科学》2000年第2期,第178—190页。

履行政府所代表的国家和社会职能。① 随着民营商业银行的大量兴起,中国、交通两家国家银行也逐渐向商业银行转化,政府在金融业方面所起的作用越来越小。(2)无中央银行制度。以现代金融学的观点来看,中央银行应该具备多重功能:统一货币发行,稳定货币,以公开市场操作、存款准备金率、再贴现率等货币政策工具对商业银行和金融市场进行调控,履行金融监管职能等。当然,从发展的观点看,不可能一夜之间出现一个尽善尽美的中央银行,其功能可以在发展过程中逐渐完善。但是,即使作为初级的中央银行,也必须具备某些最基本的功能,如统一货币发行、商业银行对其解交存款准备金和再贴现业务等。以这些最基本的功能来衡量,大清银行、中国银行和交通银行都无一具备。(3)国家银行的商业银行化。实际上在北洋政府前期,中国、交通两家国家银行除了具有发钞、代理国库、对财政垫借款等特殊职能外,也兼办相当一部分商业银行业务,但发钞过滥和对财政垫借款过多伤害了银行的根本利益。(4)金融市场是自发产生、自主发展的。在自由市场模式下,金融市场的发展是自发的、渐进的、自主的,"看不见的手"引导着市场的发育。当市场误入歧途时,只有通过振荡,才能重新回归合理。(5)实行银本位货币。滥发纸币只是局部的或阶段性的现象,中国使用的货币是以银为本位的,银行发出的纸币随时可以兑现,从而制约当局滥发纸币。(6)国内外市场连为一体。由于使用硬通货,以及在中外不平等关系下政府的软弱和不干预,因此国内外金融

---

① 参见杜恂诚:《北洋政府时期国家资本主义的中断》,《历史研究》1989 年第 2 期。

市场连为一体,金和银无阻碍地流入和流出,可以说是处于一种不平等关系下的金融自由化状态。

国民党统治时期,中国的金融制度属于政府垄断型。这种制度也具有6个特征:(1)政府起决定性作用。表现为政府的直接垄断,包括机构垄断、货币垄断和政策垄断。(2)产生了中央银行制度。1928年设立中央银行之后,在很长的一段时间内,实际上是实行中央银行、中国银行、交通银行并行的国家银行制,但国民政府也一直为确立中央银行的地位而努力。1942年6月15日,国民政府颁布《中中交农四行业务划分及考核办法》,将央行业务集中于中央银行一家,中国、交通、农业三家则被明确定义为国有专业银行。① (3)商业银行官办化。北洋政府时期由于政府控制力的减弱,出现过国家银行向商业银行转化的趋势,而南京政府对金融控制力的加强,则表现为商业银行官办化的趋势。南京政府成立后,通过两次强行增加官股和修改条例,重新控制了中国和交通两行,使其"绝对听命于中央,彻底合作"②。(4)对原先的自由市场加以限制、管制或取缔。南京政府专注于控制金融业,当然就不会再任由金融市场自由自在地自主发展,必然要插手干预,使其纳入金融统治的轨道。(5)滥发纸币成为全局性的必然现象。以纸币代替金属货币,以不兑现纸币代替兑现纸币,是货币制度的进步。在南京政府时期发生的多次停兑风潮,特别是法币改革以后"法币、金圆券风潮"都是政府滥发纸币的必然后果。(6)国内外市

---

① 参见《中中交农四行业务划分及考核办法》,1942年6月15日,转引自财政部《财政年鉴》编纂处编:《财政年鉴续编》第十一编,1945年版,第329—331页。

② 《蒋介石致孔祥熙电》,1935年3月23日,转引自中国银行总行、中国第二历史档案馆编:《中国银行行史资料汇编》上编,档案出版社1991年版,第385页。

场分裂。当法币不能自由兑现时，当黄金、白银、外汇市场处于严格的管制之中时，国内外金融市场就不再连成一体了。

金融制度的变迁轨迹以及政府对金融的控制与垄断均影响着证券市场的发展方向。通过上文对近代中央政府与股份制产权和金融市场的关系的分析中可以发现，1927年南京国民政府设立以来，中央政府在金融业的控制力不断地加强，作用也愈加明显。从政府与证券市场制度变迁之间的关系来看，也能清晰地反映出这一发展轨迹。由此可见，充分认识政府的作用对研究近代证券市场制度变迁，特别是强制性制度变迁模式有着极其重要的意义。

随着清政府和北洋政府国内公债的发行，中央政府开始初步介入证券市场。1914年北洋政府《证券交易所法》和附属规则的订立与实施以及1918年北京证券交易所的设立标志着近代中国证券市场制度的正式确立，同时也标志着政府对证券市场参与程度与控制能力的加深，中低层初级行动团体的主导空间逐渐丧失。但总的来说，在1927年北洋政府灭亡之前，中央政府大多只是被动地针对证券市场的具体问题予以干预。直到1927年南京国民政府成立，中央政府才正式认识到证券市场的作用，大力维护证券市场的发展，形成强有力的约束和管理体系，积极主动地全面介入证券市场，特别是控制和保护公债市场，成为证券市场发展的主导力量。

第二节　政府介入证券市场的目的与方式

要探讨政府与证券市场制度变迁之间的关系和在变迁过程中发挥的作用，就必须认清政府介入证券市场的真正目的。有关政府的分析应具备以下两点基本假设：(1)追求效应最大化。政府在一定的约束条件下,总是尽可能地满足效用的最大化。尽管随着约束条件和外部环境的变化,政府的偏好序列也会作出相应的调整,但是追求效应最大化是政府经济行为的最一般特征。(2)有限理性。政府在决策或问题求解过程中,所面临的是一个错综复杂的不确定的世界。由于信息和政府的认知能力都是一种稀缺的经济资源,政府获得它们需要付出一定的代价,因此政府总是在有限信息和有限计算能力的约束条件下,从各种备选方案中选择最佳方案,这类似于求条件极值问题。

政府官员作为独立利益个体,有着自身的利益趋向,有各自的成本约束和效用函数。同样作为政府运作的各个部门,也可能会有与政府整体不完全一致甚至背离的利益要求。公务员和部门利益的这种个体特性,可能会使政府整体的利益无法得到实现。政府行为主体还包括了中央政府和地方政府两个层次。在中国近代的政治框架中,地方政府有时具有相对独立的控制权,所以作为代理者的地方政府和作为委托者的中央政府存在着不完全相同的利益函数,地方政府的特殊利益可能会与中央政府代表的整体利益相冲突。从政府的角色、政府的层次和政府组成的复杂性可以看出,在讨论其内部个体时很可能会影响对整体的考虑。因此在本书中基本不涉及对政府内部运作的分析,只是将政府作为一个主体进行分析,其中政府是由官僚阶层来运作的政权机构,最高权力由一个最终统治者来执行。统治者在政治体系约束下,通过官僚集体来实现自己的收益优化。

一、两种身份与两种交替关系

在近代中国证券市场上,政府身兼"运动员"与"裁判员"两种身份,即参与者政府与监管者政府。前者表现为公债的发行者,后者是立法意义上的身份。政府的双重身份既是证券市场的基本特色,也是造成市场利益关系特别复杂的关键因素。政府不仅仅以提供保护和保证公正来换取收入,它也可以通过加入市场交易,作为市场的参与者来获得交易收入。在两种身份下,政府有着两种性质不同的行为,但却仅有一个主体、一个利益目标、一致的约束条件和一样的实现途径。

中央政府介入证券市场的方式可以从两个方面来探讨,一个是诱致性制度变迁和强制性制度变迁两种变迁模式是正向交替,[①]即强制性制度变迁是以诱致性制度变迁为基础的,两种模式的变迁目标是一致和延续的,其特点是强制性制度变迁的主要作用是弥补市场的不足和缺陷。另一个是诱致性制度变迁和强制性制度变迁两种变迁模式是逆向交替,即强制性制度变迁不以诱致性制度变迁为基础,两种模式的变迁目标是不一致的,其特点是强制性制度变迁主要是从执政者的利益出发以获得寻租收益。

二、"裁判员"身份纠正市场缺陷:正向交替

近代中国证券市场是在中低层初级行动团体的主导下产生的。初级行动团体有极强的利益驱动和创新活力,在证券市场的形成时期是制度变迁的主力军。政府的作用仅体现为批准了股权交易形式的存在,提供了正式的交易场所以及进行了初级的立法

---

① 参见杜恂诚:《金融制度变迁史的中外比较》,上海社会科学出版社2004年版,第188—246页。

与制度约束。然而,随着市场的发展,中低层初级行动团体的固有局限性不断地暴露出来,证券市场无法通过中低层初级行动团体的自发行为以继续稳步发展、提高其层次和地位、充分实现其巨大的潜力。诱致性制度变迁主导下的证券市场主要存在如下市场缺陷:

（一）各自性

初级行动团体往往是这样的一个矛盾构成体,它既是早期利益的发现者和制度的制定者,又是现实既得利益的维护者。从本质上说,初级行动团体约定规则,形成制度,目的在于维护其自身的利益。1914年《证券交易所法》颁布之前,各先行设立的证券交易机构、商会都各自订立过章程。例如,上海平准股票公司是中国第一家具备一些交易所性质的证券交易机构,其章程共十八条,涉及公司的设立、股份的认购、业务的交易流程与运行模式和违约责任。[①] 每成立一家证券交易公司就订立一则公司章程,这些章程虽然都大同小异,但却只能约束各自公司,属于自律性规范,对整个证券市场没有任何强制性的约束力。即便之后的《证券交易所法》颁布实施,由于其内容和约束力的局限性,也没有对整个证券市场形成全面、有效的控制与管理。

（二）盲目性

初级行动团体无法形成证券市场发展的长远规划。初级行动团体的行为以其局部利益为基础,而且在各中低层初级行动团体之间,利益也具有不一致性。随着证券市场的发展,中低层初级行动团体的利益冲突趋向表面化和尖锐化,在证券市场的各个层面

---

① 参见《申报》1882年9月27、28日。

和各个环节上都表现出来。股份制企业希望通过证券市场融资，交易所希望通过操纵市场获利，投资者希望在证券市场上获得回报，而政府则关心如何获得寻租利益。证券市场成为各方利益集团逐利的场所，在激烈的利益争夺和利益冲突中，中低层初级行动团体无法找到证券发展的正确方向，更不可能对长远规划形成一致意见。

（三）脆弱性

中低层初级行动团体在盲目地追求自身局部利益的过程中，初级行动团体主导下的证券市场表现出明显的脆弱性，市场信心和市场运行极不稳定。此时的政府因没有能力约束和调控全国市场主体的行为，不可避免地造成证券市场产生剧烈波动。从近代中国证券市场产生到1927年北洋政府灭亡，近代中国证券市场就先后发生过三次规模较大的证券市场投机风潮。这些风潮均来势凶猛，破坏力大，对整个证券市场产生了致命的打击，波及整个金融市场和经济发展。

在这样的背景下，政府介入证券市场，既是克服和解决市场发展中由初级行动团体带来的局限性、自利性和脆弱性等弊端的必由之路，也是证券市场展示其强大活力和巨大前景从而引致政府关注的必然结果。从制度变迁的两种模式之间的交互关系来看，在弥补市场不足的目的下，政府主导的强制性制度变迁行为是以诱致性制度变迁为基础的，两种制度变迁模式的目的是一致和延续的，属于正向交替。政府介入证券市场的行为过程，既是整顿市场程序、形成市场规则的过程，也是培育市场因素、扩大市场规模的过程，更是政府获利和寻租的过程。政府介入证券市场的结果，既推进了证券市场规模的不断扩大，也导致了政府管制与市场效率之间矛盾的日益加深。

三、"运动员"身份获取寻租利益：逆向交替

政府在证券市场上不仅扮演"裁判员"的角色,同样也是"运动员"。除在股票市场中获得额外收益外,公债市场既是政府提供的市场,又是政府所依赖的市场,更是政府的"提款机"。简单构建一个政府对公债市场制度的需求模型。

假定：政府存在两种筹措资金的方式：一种是向银行直接透支借款；另一种是发行公债筹措资金。

那么,政府对公债市场制度的需求函数为：$D_g = f(x, y)$

其中,x代表：向银行借款总额；y代表：发行公债总额。

政府对公债市场制度需求的条件为：$u(y) \geqslant u(x)$

所以,通过公式可以发现,政府对公债市场制度的需求主要取决于银行借款和公债募资之间的政府效应之比。如果银行借款的净收益大于通过公债市场融资的净收益,那么政府将优先考虑发展银行业；相反,如果政府银行借款的净收益小于公债募资的净收益,那么政府将优先考虑发展证券市场,特别是公债市场。当然,得出这样的结论是以假定政府的两种筹资方式之间存在绝对的替代关系,没有考虑它们之间的互补关系以及各种融资方式的功能和结构,简化了政府融资的假设条件,但可为分析提供一种思路。

当中央政府以"运动员"的身份参与证券市场的时候,自身的利益成为决定一切的根本,构成证券市场制度供给的本源。政府在衡量证券市场制度供给,并进行成本收益分析时,可以从证券市场中获得利益的多寡成为其唯一考虑的因素,也是政府介入证券

市场并进行制度供给的目的。此时,政府可能无视证券市场的效率与发展,仅以自身利益最大化为目标,在这种背景下进行的强制性制度供给与诱致性制度需求的目标可能不一致,甚至是反向的。政府强制推行这种制度,可能会对整个市场带来致命的打击,破坏诱致性制度变迁的进程,造成两种制度变迁模式的逆向交替。从公债市场的性质来看,政府通过发行公债可以缓解其财政压力,弥补日益扩大的财政赤字,为政府运行提供必要的保证,所以说财政压力是政府发行公债,参与并全面控制证券市场的根本原因。

南京国民党政府自1927年成立到1949年被中国共产党领导的人民革命战争所推翻,历时22年。依据当时政治格局的变化,大体上可以分为三个时期,即十年内战时期(1927—1937年)、八年抗战时期(1937—1945年)和全面崩溃时期(1945—1949年)。[①]

(一)十年内战时期的财政状况

国民党政府建立初期,就十分重视财政问题,从各个方面加强财政建设。例如,划分了国地收支范围,收回了关税自主权,裁撤厘金,开辟统税,整理债务,改进地方财政,实行币制改革,废两改元,建立法币制度,其后又改革了赋税制度,废除苛捐杂税,开征所得税等等。财政上较之北洋政府时期,确实有了较显著的进步。但是,这十年烽火连天、硝烟弥漫、内战不息、战事不断,特别是随着战争规模扩大和战争时间延长,军费开支不断增加,财政赤字日趋庞大,详见表4—1。

[①] 参见黄天华编:《中国财政史纲》,上海财经大学出版社1999年版,第408—458页。

表 4—1　1927—1936 年财政收支情况　（单位：百万元）

年度	财政收入[1]	财政支出	财政赤字	赤字/支出
1927 年	77.3	150.8	73.5	48.7%
1928 年	332.5	412.6	80.1	19.4%
1929 年	438.1	539.0	100.9	18.7%
1930 年	497.8	714.4	216.6	30.3%
1931 年	553.0	683.0	130.0	19.0%
1932 年	559.3	644.8	85.5	13.3%
1933 年	621.7	769.1	147.4	19.2%
1934 年	638.2	1 203.6	565.4	47.0%
1935 年	513.2	1 336.9	823.7	61.6%
1936 年	1 293.3	1 894.0	600.7	31.7%

注：[1]此处财政收入不包含债务收入。
资料来源：杨荫溥《民国财政史》，中国财政经济出版社 1985 年版，第 43 页。

从表 4—1 中可以看出，这一时期国民党政府的财政收入虽有一定的增长，但还是抵消不了支出的扩大，收支绝对数的差距越来越大。1927 年的财政赤字高达 48.7%，但因当时南京政府成立初始，政权尚未步入正轨，姑置不论。1928—1933 年虽经常出现亏短情况，但大体上徘徊于 10%—20% 之间。至于这一时期的最后三年，即 1934—1936 年，赤字情况就相当严重了，平均值接近 50%，其中最严重的 1935 年，赤字数竟然占实支的 60% 以上。从绝对数字上看，1935 年亏短 8 亿多元，等于 1927 年全部财政支出的 1.5 亿元的 5 倍半，超过了 1933 年或以前任何一年的全部财政支出数，国民政府财政赤字的严重情况可见一斑。巨大的赤字亏短，逼着政府去借债，其中以发行公债为主。借债越多，债务负担越重，财政赤字也愈大，为了弥补赤字，只得再借更多的债，南京政府的财政就此陷入了借债度日的恶性循环之中。

(二)八年抗战时期的财政状况

抗日战争期间,为了保证战争需要,国民政府在财政经济上作了一番努力。如扩大直接税征收体系、实行田赋征实、稳定粮价、控制物价、举办专卖事业、统筹战时财政、掌握物资、调节供需、加强金融外汇管理、统一货币发行等。但是在抗日战争中,一方面财力耗费急剧上升,一方面国统区缩小,财源萎缩,尽管国民政府采取了种种措施,仍然无法平衡财政收支。因此,日益扩大的财政赤字基本上依赖于货币和公债的发行,当然由于战争等原因,公债发行一直不力。抗战时期,国民政府年年均有巨额的财政赤字,而且赤字占岁出的比重一般都在60%以上,最高曾达86.9%,详见表4—2。

表4—2　1937—1945年财政收支情况　　(单位:百万元)

年度	预算支出	实际支出	财政收入	财政赤字	赤字/支出
1937年	1 001	2 091	815	1 276	61.0%
1938年	856	1 169	315	854	73.1%
1939年	1 706	2 797	740	2 057	73.5%
1940年	2 488	5 288	1 325	3 963	74.9%
1941年	4 610	10 003	1 310	8 693	86.9%
1942年	17 311	24 511	5 630	18 881	77.0%
1943年	36 236	58 816	20 403	38 413	65.3%
1944年	79 501	171 689	38 503	133 186	77.6%
1945年	263 844	2 348 058	1 241 389	1 106 696	47.1%

资料来源:张公权著,杨志信译《中国通货膨胀史》,文史资料出版社1986年版,第80页。

抗战时期国民政府所面临的财政压力更加严峻,国民政府在战前的财政经济体系就已被打乱,财政赤字庞大,经济基础薄弱,军需民用物资缺乏,物价上涨,而到了战时则面临着更大的困扰与挑战。1937—1945年,财政赤字平均在71%左右,也就是说,抗战时期年度财政收入平均还不到财政支出的1/3,有的年度甚至不及 1/6，财政支出的几乎 5/6 要靠另行设法弥补。收支的剧烈失衡，引发了严重的财政危机。

（三）全面崩溃时期的财政状况

抗战胜利后，国民党政府在美帝国主义的支持下悍然发动了全面内战。为了筹措军费，国民党政府虽增加税收，发行公债，实施统购统销，却仍然无法弥补财政的巨额亏空。赤字直线上升，给国民经济以致命的打击。失控的通胀、低下的效益、肆意的暴敛，形成了经济的恶性循环，最终导致财政的全盘崩溃，详见表4—3。

表4—3　1945—1948年财政收支情况　　（单位：百万元）

年度	财政支出 金额	增长倍数	财政收入 金额	增长倍数	财政赤字	赤字/支出
1945年	2 348 058		1 241 389		1 106 696	47.1%
1946年	7 574 790	3.2倍	2 876 988	2.3倍	4 697 802	62.0%
1947年	43 393 895	5.7倍	14 064 383	4.9倍	29 329 512	67.6%
1948年[1]	665 471 087		220 905 475		434 565 612	65.3%

注：[1]该年数字截止到1948年7月。

资料来源：张公权著，杨志信译《中国通货膨胀史》，文史资料出版社1986年版，第101页。

从表4—3中可以看出，南京政府成立以来，面临着巨大的财政困难。此时举借债款是解决财政赤字的唯一办法，但从外债市场看，政府却面临着诸多的困难。20世纪30年代全球经济大恐慌，引起整个资本主义社会的信用危机，国际资本输出大幅度下降。1928年美国国外有价证券发行总计13.25亿美元，1933年降到160万美元，同期英国国外贷款也从5 700万英镑降到800万英镑，[1]这两个主要资本主义国家无疑代表了整个西方资本主义

---

① 参见《国际联盟统计年鉴》，1933—1934年，维基百科。

世界的情况。此外，南京政府刚刚成立，西方各国政府对其均持观望态度，加上经济萧条，财政实力脆弱，各帝国主义政府对其还款能力普遍持怀疑态度，导致外债来源受到限制。与此同时，因为北京政府的对外借债多数拖欠未还，并且债务关系混乱，债信低落，债值贬跌，严重影响了国民政府的外债信誉，因此南京政府面临重新恢复国际债信的问题。南京政府为了取得帝国主义的支持，采取优先偿还外债欠款的办法，以取得国际社会的信任。尽管财政拮据，但南京政府仍然如期归还外债，到1937年已将1928年以前拖欠的外债大部分还清，共计偿还2.75亿美元。

同时，南京政府接受北洋政府大量举借外债的教训，主观上尽力减少外债的借入。"北京政府滥借外债，引起外人干涉内政，且债信低落，影响我国国际地位，国民政府有鉴于此，力求自力更生，避免举借外债"①，"南京政府自成立以来，对于外债，力主慎重，不肯轻易起借"②。因此，以发行国内公债为主成为南京政府解决财政赤字的倾向性方针。

第三节　正向交替：证券市场立法与监管

证券市场是信用经济高度发达的产物，因其本身即具投机性，所以蕴含着种种风险。证券市场的参与者在利益机制的驱动下，其行为与活动往往与证券市场的各种规则背道而驰，而证券市场

---

① 朱斯煌主编：《民国经济史》，银行学会1948年版，第201页，载沈云龙编：《近代中国史料丛刊》第三编，文海出版社1985年版。
② 中国联合准备银行调查室编：《中国内外债详编》，中国联合准备银行1940年版，第76页。

的存在与繁荣又离不开投资者的积极参与,造成投资与投机共存。适度的投机可以活跃市场,使证券市场融通资金的功能得以充分发挥。但是,如果投机过度,则会破坏市场秩序,阻碍其功能的实现,影响金融及产业经济的健康发展。因此,为维护证券市场的稳定与发展,也为了维护投资者的合法权益不受各种非法活动的损害,进而维护经济和社会秩序稳定,政府机构及行业组织的监管遂成为证券市场不可或缺的组成部分。证券市场立法与监管是指证券市场的管理机构依照法律、法规和规则,对在证券市场中进行证券发行、交易和其他相关活动的行为主体及其活动进行监督管理,是维护证券市场有序运行、防范市场风险、保护广大投资者利益的各种活动的总称。

然而,近代证券市场的运行,却缺乏系统、完善的法律和法规监管,国家政策和行政命令经常成为证券市场运行调控的主要手段。在近代证券市场运行初期,法律和法规还不健全,造成市场存在较大和较频繁的波动。南京国民政府成立以后,中央政府在加强政治统治的同时,也采取强有力的措施实行经济控制,开始向统制经济时期过渡。金融市场首当其冲,其中证券市场成为政府干预的主要领域,政府主要从立法和设置监管机构两方面入手,不断介入证券市场的运行,详见表4—4、表4—5。

表4—4　1927—1949年证券立法与监管情况

类型	颁布时间	立法名称	立法机关
基本法	1929年12月26日	《公司法》	国民政府
基本法	1935年1月1日	《刑法修订》	国民政府
基本法	1946年4月12日	《公司法修订》	国民政府
专门法	1927年11月22日	《交易所暂行办法》	财政部
专门法	1929年10月3日	《交易所法》	工商部

专门法	1930年3月1日	《交易所法实施细则》	工商部
专门法	1935年4月27日	《修正交易所法》	实业部
专门法	1942年8月26日	《取缔买卖华商股票暂行规则》	汪伪政府
税收方面	1928年3月19日	《交易所税条例》	财政部
税收方面	1928年11月2日	《修正交易所税条例》	财政部
税收方面	1935年5月6日	《交易所交易税条例》	实业部
税收方面	1935年7月12日	《交易所交易税稽征简章》	实业部
税收方面	1946年9月21日	《证券交易税条例》	实业部
税收方面	1948年3月23日	《交易所税条例》	实业部
监管方面	1929年1月26日	《验换交易所及经纪人执照章程》	财政部
监管方面	1929年12月1日	《设立股份有限公司招股暂行办法》	财政部
监管方面	1931年7月16日	《交易所监理员暂行规程》	财政部、实业部
监管方面	1931年11月12日	《上海交易所监理员办公处办事规则》	财政部、实业部
监管方面	1943年9月1日	《上海交易所监理委员会组织规则》	伪实业部、财政部
监管方面	1943年9月7日	《上海华商证券交易所经纪人登记规则》	伪实业部
监管方面	1943年9月15日	《修正交易所上市股票审查原则》	伪监理委员会
监管方面	1943年11月7日	《修正交易所监理员规则》	伪实业部、财政部
监管方面	1946年9月4日	《修正交易所监理员暂行规程》	经济部、财政部
监管方面	1946年11月15日	《取缔证券黑市交易布告》	财政部
公债管理	1928年7月	《关于发行公债及订借款项限制案》	财政部
公债管理	1929年4月22日	《公债法原则》	国民政府
公债管理	1932年2月	《国债基金管理委员会条例》	国民政府

资料来源:根据刘志英《近代上海华商证券市场研究》,学林出版社2004年版和王志华《中国近代证券法》,北京大学出版社2005年版相关资料整理得到。

表 4—5　近代证券市场监管机构的演变

中央政府名称	中央政府管理机构		中央政府派出机构	
	年份	机构名称	机构名称	职责
北洋政府	1914 年	农商部	观察员	向中央汇报
	1926 年	农商部	交易所监理官	
南京政府	1927 年	财政部	金融监理局	监督证券市场交易行为、管理交易所及税收管理
	1928 年	财政部泉币司	交易所监理官	
	1929 年	工商部、财政部		
	1931 年	实业部、财政部	监理员办公处	
	1935 年	实业部		
	1937 年	经济部		
汪伪政府	1943 年	实业部、财政部	交易所监理委员会	
南京政府	1946 年	财政部、经济部	监理员办公处	
	1948 年	工商部		

资料来源：根据刘志英《近代上海华商证券市场研究》，学林出版社 2004 年版和王志华《中国近代证券法》，北京大学出版社 2005 年版相关资料整理得到。

一、政府正式制度供给之一：证券市场立法

（一）基本法律制度的完善

南京国民政府建立后，便积极开始着手对北洋政府时期制定的法规进行重订和修正。1929 年 12 月 26 日，南京国民政府颁布《公司法》，共计六章二百三十三条，内容包括"通则"、"无限公司"、"两合公司"、"股份有限公司"、"股份两合公司"和"罚则"。该《公司法》以北洋政府《公司条例》为蓝本进行修正，其中"股份有限公司"一章最为详细，共分十节，充实了大量的内容，在股票的发行与上市交易方面的规定较之以往更加充实。与《公司条例》相比，进行了如下方面的修正：(1)认购股份者首次应缴股款从不得低于票面金额的 1/4 提高到 1/2。(2)明确规定在股款缴足后，公司发起

人必须在三个月内召集创立大会，否则不能视为公司成立。(3)规定每股面额不得少于 20 元，一次缴足者可降为 10 元。(4)如公司发行无记名股票，其股数不得超过股份总数的 1/3。① 1946 年南京国民政府又重新修订《公司法》，共三百六十一条，修正后内容更加丰富，各项规定亦渐趋合理和详细。

南京国民政府 1935 年颁布施行的《刑法》新增第十三章"伪造有价证券罪"，对伪造有价证券和破坏经济秩序等证券违法行为予以严惩，但《刑法》中规定的有价证券范围非常宽泛，票据及车船票等均属之。

(二)证券交易所专门立法及其修订

南京国民政府建立之初，废除了旧政府的全部立法，在新法未颁之前，证券交易所事实上处于无法可依的境地。于是 1927 年 11 月 22 日，南京国民政府财政部颁布了《交易所暂行办法》，共计九条，以此作为正式法规出台前的过渡性替代条例。其主要内容为：(1)北京政府颁布的《交易所法》、《交易所法施行细则》、《交易所法附属规则》、《交易所交易税条例》、《交易所监理官条例》及其他关于交易所之法令，在未经国民政府改订公布以前，一律暂停使用。(2)对交易所的管理由北洋政府农商部改为国民政府财政部接管。(3)农商部颁发的执照一律作废，各交易所及其经纪人，在本办法公布后一个月内，必须遵照规定，重新呈请国民政府财政部核准给予执照，方可继续营业。(4)各交易所欠缴之税款，由国民政府财政部监理官核实转令补缴。(5)凡不遵守本办法之交易所，

---

① 参见上海市档案馆编：《旧中国的股份制(1868 年—1949 年)》，中国档案出版社 1996 年版，第 290—295 页。

国民政府财政部应饬监理官停止其营业。①

1929年10月3日,国民政府颁布新修订的《交易所法》,随后工商部也于1930年3月1日修订《交易所法施行细则》,并与《交易所法》同日施行。具体来看,1929年《交易所法》共计八章五十八条,分为设立、组织、经纪人及会员、职员、买卖、监督、罚则和附则。该法较北洋政府《证券交易所法》共增加了二十三条,增加或更改的内容主要有:(1)规定同一物品在同一地区只能设立一所交易所,如果同一地区有两个或两个以上经营同类物品的交易所,应自该法施行起三年内合并。根据该条款之规定,上海证券物品交易所和上海华商证券交易所合并改组被提上了议事日程。经过两家交易所理事会的磋商,1933年6月1日起,证券物品交易所被正式收编到华商证券交易所,从而实现了上海华商证券市场的统一。②(2)规定交易所的组织形式既可采用股份公司制,也可采用会员制。北洋政府颁布的《交易所法》规定交易所必须采用股份公司组织形式,而新《交易所法》规定,"交易所视地方商业情形及买卖物品种类,得用股份有限公司组织或同业会员组织"。其修改的原因主要是,"考欧美先进各国,其交易所本有股份有限公司组织及会员组织二种。凡商业繁盛地方,已有资力雄厚,及信用巩固之

---

① 参见国民政府财政部档案,档案号三 2787,转引自财政部财政科学研究所、中国第二历史档案馆编:《国民政府财政金融税收档案史料(1927—1937)》,中国财政经济出版社1997年版,第 711、712 页。

② 具体合并改组办法为:1933 年 4 月 11 日,理事会签订合同,规定两所于6月1日正式合并。上海证券物品交易所的证券部于 5 月 31 日停止营业,同时对上海华商证券交易所进行改组,合并后由证券物品交易所出资 20 万元,加上华商证券交易所原有的 100 万元,总资本增加到 120 万元,共分 6 万股,每股票面价格为国币 20 元,经纪人名额由原来的 55 人,再增加 25 人,共计 80 人。详见《华商与物品两交易所定期合并》,《中央银行月报》第 2 卷第 6、7 号,1933 年 7 月。

买卖经纪人者,则其交易所大抵为会员组织;否则适用股份有限公司组织,使交易所得厚集资本,以保障经纪人之信用。衡之我国现状,自暂以股份有限公司组织为宜。然立法所以垂久远,而商业必期其进展。若以股份组织为限,未免划界自囿。且现有之上海金业交易所、华商证券交易所等,按其实际,系同业公会所蜕化,而为会员组织之权兴。"①(3)对交易所经营、经纪人资格以及监督管理做出了新的规定。明确规定"交易所不得为本所股票之买卖";规定"无论何人,不得在交易所以外以差金买卖为目的设立类似交易所之市场而进行买卖";规定"凡资产有限、信用缺乏、智识浅陋及经验薄弱之商家,不得成为交易所职员或经纪人";规定凡交易所有违背法令、妨害公益或扰乱公安时,政府有解散交易所、停止交易所或部分业务营业、令职员退职和停止经纪人或会员营业资格等权利。②1929年《交易所法》的很多修正主要都是根据实际操作过程中存在的具体问题而提出的解决办法,充分体现了立法的适用性。

1935年4月27日,为遏制证券市场长期存在的内幕交易和政府官员操纵市场的行为,南京国民政府实业部颁布《修正交易所法》,共八章六十一条。与1929年《交易所法》相比,新增3项条款:(1)第四十一条:"证券交易所经纪人或会员不得受公务员之委托为买空卖空之交易。"(2)第四十七条:"违背第十五条或第十六条之规定者,处五千元以下之罚款。"其中,第十五条:"经纪人或会员不得用支店或其它任何名义在其它有同样交易所之区域承揽同

---

① 文红宇主编:《中国期货交易法律知识全书》,法律出版社1994年版,第995页。
② 参见上海市档案馆编:《旧上海的证券交易所》,上海古籍出版社1992年版,第294—300页。

样之买卖"；第十六条："无论何人不得以代办介绍或传达交易所买卖之委托为营业，但经纪人或会员经实业部核准者不在此限"。(3)第四十八条："违背第三十一条之规定者，经纪人或会员及公务员各处以买卖价格二倍以上、十倍以下之罚款，其涉及刑事依刑法处断。"其中，第三十一条："股份有限公司组织交易所，应照章程所定令买卖双方各交本证据金，其金额不得少于买卖登记价格的百分之八。"修改3项条款：(1)第三十一条增加了对股份有限公司交易所买卖双方缴纳证据金金额的规定，"物品交易不得少于百分之十，但棉纱不得少于百分之五；证券交易不得少于百分之八；金业交易不得少于百分之五"。(2)第三十八条增加了新的规定，"前项买卖之成交单，应由交易所作成发由双方经纪人或会员签字成交"。(3)原第四十二条改为第四十三条："实业部应派交易所监理员检查交易所业务簿据、财产及其他物件以及经纪人或会员簿据，并注意市场价格变动原因。交易所职员、经纪人或会员对于前项检查有提供对象答复质问之义务。监察院应随时派员调查交易所一切状况及主管官署所派员执行职务情形。"[①] 从以上对比可见，1935年《修正交易所法》特别强调对证券市场违法行为进行监管，加大了对市场操纵和内幕交易等违法行为的打击力度，其修正的主要目的就是"取缔公务员为买空卖空之投机交易，使经纪人不得接受公务人员之委托"[②]。

（三）配套法律制度的完善

1928年11月2日，以北洋政府《交易所课税条例》为蓝本，南

[①] 上海市档案馆编：《旧上海的证券交易所》，上海古籍出版社1992年版，第331—337页。

[②] 《制止公务员投机》，《钱业月报》第15卷第5号，1935年5月。

京国民政府财政部颁布实施《修正交易所税条例》。规定交易所税采用累进税制,盈余1万元以内者免税、盈余满1万者课7.5%、满5万者课10%、满10万者课12.5%、满15万者课15%、满20万者课17.5%、满25万者课20%、满30万元者课25%。① 在上海交易所联合会的强烈要求下,最终税率有所减少。

北洋政府时期的证券交易税只针对交易所征税,并未对证券交易双方进行征税,但随着证券交易市场的活跃,南京政府认为有必要对交易双方进行征税以增加财政收入。据此《交易所交易税条例》于1935年5月6日颁布,具体规定有:(1)有价证券除现货交易不课税外,按买卖约定价格征收之,其价格在百元以下之数目应按百元计算。履行交易之期限在七日以内者,征万分之四,在七日以外者征万分之七。政府发行之公债、库券交易免税。(2)交易税由交易所于买卖成交时,按规定税率责成原经纪人向买卖行为当事人附带各征半数,交付于交易所汇同转解;如经纪人不为附征交付,或交付不足额时,交易所应负责代交。(3)交易所应将逐日成交数量及价格于次日填具清表,报告交易所监理员核明,并将应纳交易税税款径交国库。(4)交易所监理员得随时检查交易所或经纪人之账册,查核交易所填报之成交数量及价格隐匿或虚伪情事。(5)交易所怠于报告或违反规定之期限,或报告中有隐匿虚伪时,处以五百元以下之罚金;其因而漏税者除征收其应纳税额外,处以漏税十倍以上、三十倍以下之罚金。交易所如因经纪人之违反规定致受处分时,得转责于经纪人。(6)交易所交易物品之种

---

① 参见《国民政府核准备案之修正交易所税条例》,1928年11月2日,中国第二历史档案馆馆藏档案。

类,如有增加或变更,应依立法程序修订税率,征收交易税。(7)凡未设置交易所监理员地方之交易税,财政部得委托地方财政机关或银行代为征解。①

抗战结束后,国民政府又对《交易所交易税条例》进行修订,并于1946年9月21日颁布《证券交易税条例》。具体规定有:(1)各种有价证券万元以下按万元计算,现货交易按万分之五征收;交易期限在七日内者,按万分之十五征收;逾七日者,按万分之二十征收。(2)政府公债,除现货交易免税外,交易期限在七日以内者,按万分之五征收;逾七日者,按万分之十征收。(3)只对卖方征税,经纪人代扣,由交易所汇缴,经纪人不代扣或代扣不足时,交易所则负责代缴。(4)交易所应逐日将成交数量、价格及应纳税额报告主管征收机关,将税款呈缴国库。各地主管征税机关随时检查交易所或经纪人之成交数量及价格。②

1948年3月23日,国民政府重新颁布《交易所税条例》,恢复了自抗战以来停征的交易所税,规定交易所税应就交易所总收益额按百分之六计征,按月报交,交易所于每月初五日内将上月之交易实况及总收益报请当地主管征收机关核定税额,并于接到缴款通知书后三日内将税款呈缴当地国库。必要时主管征收机关可会同交易所监理员随时抽查交易所各项账册。交易所不依规定申报缴税,科以一千万元至三千万元之罚款,隐匿不报或虚伪报告者,除照补应纳税额外,并科以漏税额十倍以上三十倍以下之罚款。③

① 参见上海市档案馆编:《旧上海的证券交易所》,上海古籍出版社1992年版,第338页。
② 参见《证券交易税条例》,《证券市场》第1卷第1期,1946年11月15日。
③ 《上海华商证券交易所致上海市银行业同业公会函及呈财政部文》,上海市档案馆馆藏档案,档案号S173—1—321。

二、政府正式制度供给之二:证券市场监管体系

(一)监管机构之演变

1914年北洋政府颁布的《证券交易所法》规定,农商部除负责行使对交易所的登记、审核外,对证券交易市场有监督的权力。但是,北洋政府除了对证券交易所的设立进行过审批外,基本上未对整个证券交易市场的其他方面进行过管理。因此,从总体上说,政府对证券交易市场的管理是很松散的,只是到1921年"信交风潮"爆发之后,才开始逐步意识到加强对证券市场管理的重要性。

南京政府建立之初,撤销了原先设立的交易所监理官制度,将证券市场的监管权划归给了新成立的金融监理局。在该局拟订的《交易所暂行通则》中,明确规定了金融监理局的职责:(1)负责审核交易所之业务。所有业经设立之交易所及其经理人,应于一个月内,将原领执照呈请金融监理局验明加盖关防,方可继续营业,逾期作废。交易所需将其缴存各银行之营业保证金存据呈请金融监理局验明加盖关防,但该项保证金应否仍存原银行,金融监理局遇必要时,得呈明财政部以命令定之,其保证金内之证券部分,如有市价剧变情事,得酌令更换或加补。(2)征收交易所特税,凡交易所以前所欠税款,由金融监理同核明饬令补缴。(3)凡违反本通则规定之交易所,财政部得令金融监理局停止其营业或解散之。①

1928年8月31日,国民政府金融监理局奉财政部之令改为

---

① 国民政府财政部档案,档案号三 24787,转引自财政部财政科学研究所、中国第二历史档案馆编:《国民政府财政金融税收档案史料(1927—1937)》,中国财政经济出版社1997年版,第712—717页。

泉币司后,原管事务都移交给了泉币司办理。① 但同时,工商部也具有管理交易所立案及监督的权利,造成政出多门,权责不明。

1929年8月,国民政府财政部、工商部协商决定,证券交易所监管权全部移交工商部管理,但部分与金融相关事项还继续由财政部负责。之后,因工商部与农商部合并为实业部,证券市场管辖权自然划归新成立的实业部。

1931年4月,国民政府又决定重新恢复交易所监理官制度,在上海设立交易所监理员办公处,由财政部与实业部各派交易所监理员1人。规定监理员可随时检查交易所、经纪人的交易状况及有关薄据文件资料等,每月将详细情况汇报财政、实业两部。②

1937年10月,国民政府经济部成立之后,其证券监管权又被改属经济部,证券交易所的注册登记和监督检查事项统由经济部主管。《经济部组织法》(1941年年11月24日第4次修正)第十一条规定经济部商业司职掌"关于交易所之登记及监查事项"③。

1943年9月,汪伪政府仍然沿袭旧制,由伪财政部钱币司与实业部商业司共同建立交易所监理委员会,具体负责证券市场的监管工作。④

1944年9月,经汪伪政府行政院核准,证券交易所监管权由财政部、实业部共同管理划归财政部钱币司专管,并增设专科负责管理。⑤

---

① 《金融监理局改为泉币司之函知》,《钱业月报》第8卷第8号,1928年9月。
② 《上海交易所监理员办公处人员任免》,中国第二历史档案馆藏档案,档案号三1/2150。
③ 经济部编:《经济法规汇编》第五集,经济部刊物,1942年版。
④ 参见杨德惠:《上海的华股市场(下)》,《商业月报》第2卷第2号,1946年6月。
⑤ 参见《财政部钱币司可添设第四科办理保险公司及证券交易所监督,请追加经费及支付概算书》,中国第二历史档案馆藏档案,档案号2003—3563。

战后,当上海证券交易所正在筹备复业时,财政、经济两部决定恢复证券交易所监理员制度。1946年10月1日,财政部、经济部在上海设立交易所监理员办公处,委派王鳌堂、吴宗焘为上海证券交易所监理员①。

纵观中国近代证券市场监管机构的演变进程,主要呈现出如下两个特点:第一,证券监管机构频繁地更替与变动,严重影响监管效力的发挥。第二,证券监管常处于多头监管状态,机构重叠,管辖范围不清,严重制约监管效率的实现。

(二)监督管理制度

南京国民政府成立后,立即着手对旧政权时期的交易所与经纪人进行接收管理。1929年1月26日颁布了《验换交易所及经纪人执照章程》,章程规定:凡在本章程施行前已经设立有案之交易所,应于两个月内将原领执照连同该所章程、理事监察人名册、股东会筹呈请工商部查验换给新照。凡已经领有执照之交易所经纪人应于本章程施行后两个月内将原领执照交由交易所转呈工商部查验换给新照。工商部依规定发给新照后旧照即行注销。各交易所各经纪人不依本章程所规定之限期呈验换照即视同未经核准者。②

1929年12月1日,南京国民政府又颁布了《设立股份有限公司招股暂行办法》,共计八条。对股份有限公司招股进行了规定:(1)凡设立股份有限公司,应先备具营业计划书、发起人姓名、履历

---

① 参见《财政部、经济部等关于派任本所监理员的函件》,上海档案馆馆藏档案,档案号Q327—1—48。

② 参见《工商部制定之验换交易所及经纪人执照章程》,中国第二历史档案馆馆藏档案,档案号三1/2717。

及认股数目连同招股章程,由全体发起人具名,呈由主管官厅备案后,方得开始招股。(2)凡设立股份有限公司,在公司未正式成立以前,对外应用某某公司筹备处名义。(3)地方主管官厅核准招股时,对于招股期限应酌予限定。逾限招不足额,即作无效。但确有特别情形者,得声叙理由,呈请展期。(4)所收股款或认股保证金,在公司未正式成立前,发起人不得提用。(5)公司股本招募足额开创立会时,由地方主管官厅派员莅临监督,创立会议决录并应由监督人员签名证明。(6)凡设立公司经核准招股后,因故停止招募时,须于十日内结束,呈报主管官厅备案,并须得已收股款如数发还。所有筹备用费由发起人连带负责承担。(7)凡设立公司,各发起人须承受股本总额至少五分之一以上。每一发起人至少承受股本总额百分之三以上。(8)公司成立前,一切创立所需费用,均由发起人先行垫付,提经创立会议决归公司负担。①

1931年7月,国民政府为强化对证券交易所的监管,授权财政部设立交易所监理员,并颁布实施《交易所监理员暂行规程》,共十二条,其主要内容为:(1)凡设有交易所地方,要设置交易所监理员,由实业、财政两部委派,并直接对两部部长负责,依照相关法规,执行对交易所的监督事项。监理员可聘用办事员作为检察员,其名额须由实业、财政两部确定,检察员受监理员领导,其行为对监理员负责。监理员俸薪及办公经费,由实业、财政两部确定。(2)规定交易所监理员可随时检查交易所及经纪人关于营业一切簿据文件,必要时可令交易所及经纪人编制营业概况及各种表册。

---

① 参见工商部编:《工商法规汇编》,1930年版,转引自上海市档案馆编:《旧中国的股份制(1868年—1949年)》,中国档案出版社1996年版,第309、310页。

检察员如发觉交易所及经纪人有虚伪及违法等情事,应即据实报告监理员核办,其重要者应书面呈报。认为有纠正或取缔必要时,应随时向监理员建议,由监理员随时据实呈报实业、财政两部核办。(3)监理员、检察员均不得参加交易所买卖,所有职员对于本处一切事物,应严守秘密,不得泄漏,违者以渎职论。① 由上述内容可见,南京政府时期的交易所监理员制度主要负责了解交易所的情况,防止、杜绝违法行为,但其权力却十分有限,仅是中央政策的具体执行者,并没有决策权,遇事必须上报财政、实业两部,监理员自己根本没有任何处罚权。②

太平洋战事发生后,随着新兴股票公司的迅速发展,华商证券市场风起云涌,伪实业部进而出台了《取缔买卖华商股票暂行规则》,共十二条,于1942年8月26日正式颁布实施,其主要内容为:(1)股票商应办登记,并缴纳保证金,否则不得营业。凡在上海区内自资经营或代客买卖各种华商股票业商,自本规则公布之日起15日内,呈报上海特别市社会局申请注册,再由市社会局将核准之业商造具清册呈报上海特别市政府转咨实业部备查。其核准注册后的股票商,应依照资本额10%缴纳保证金于市社会局所指定之官立银行,方可营业。(2)凡上市股票,应经法定机关审定,不合格者,禁止流通。(3)股票业商买卖华股,应一律使用现款现货,不得为期货之买卖,不得有操纵市价或垄断居奇之行为。股票业商每届月终

---

① 参见《交易所监理员暂行规程》,1931年7月16日,转引自中国第二历史档案馆编:《中华民国史档案资料汇编》第五辑第一编(财政经济四)江苏古籍出版社1994年版,第727、728页。

② 参见刘志英:《近代上海华商证券市场研究》,学林出版社2004年版,第100页。

应将经营情况,依照股票种类分别列表呈报上海特别市社会局核查,再由社会局汇报市政府转咨实业部备查。(4)违反本规定者,处100元以上500元以下之罚金,其情节重大者,勒令停业。① 为了配合该条例的实施,伪上海特别市社会局还特别拟定《取缔上海股票业商买卖华商股票暂行规则施行细则》,共六条,主要内容包括:股票业商向市社会局申请注册时应缴注册费国币50元。凡未经社会局核准注册之股票业商不得经营华商股票业务,其兼营者亦同。股票业商除商立银行、银号、信托公司等兼营者外,均应依照规定缴纳保证金。前项保证金一律由中央储备银行、中国银行、交通银行或上海特别市复兴银行经收存储,并照章给予年息。②

随着上海华商证券交易所宣告复业,汪伪政府依据《交易所法》及《交易所法施行细则》等基本法规,逐步形成了一套针对证券交易所监管的规则体系。1943年9月汪伪政府实业部与财政部共同制定《上海交易所监理委员会组织规则》,共十七条,主要内容有:(1)上海交易所监管委员会的权力是承实业、财政两部之命,依法执行交易所一切监督检查事宜。(2)凡各种有价证券,非经监委会之核准,不得登场。(3)监委会得随时监察交易所及经纪人的一切营业,凡有违反法令之行为,据实呈报实业、财政两部核办。(4)监委会认为必要时得令交易所及经纪人编制营业概况及各种表册。(5)交易所职员或经纪人对于监委会之命令或查询,有不服从或故意延宕

---

① 参见杨德惠:《上海的华股市场(下)》,《商业月报》第22卷第2号,1946年6月,转引自刘志英:《近代上海华商证券市场研究》,学林出版社2004年版,第112页。

② 参见《取缔上海股票业买卖华商公司股票暂行规则及其修正卷》,中国第二历史档案馆馆藏档案,档案号2012—2167,转引自刘志英:《近代上海华商证券市场研究》,学林出版社2004年版,第112、113页。

者,监委会可依法严予处分,呈报实业、财政两部备案。(6)监委会每月编造工作报告,于次月10日以前呈报实业、财政两部查核。①

1943年9月7日,汪伪政府实业部颁布《上海华商证券交易所经纪人登记规则》,共九条,规定:具有资本实收总额在国币100万元以上之人民或公司商号,呈请登记时应填具申请书、登记事项表、资本证明文件及代表人商事履历书及其证明文件,并缴纳执照费国币1 000元,印花税4元。缴纳执照费国币1000元,印花税4元。经实业部审查合格者,分别发给执照。实业部置经纪人登记簿于核给执照时,将名称、组织、资本、地址、代表人经历及执照号数等项分别登记。经纪人领到执照开始业务前,应缴存保证金50万元,以现金与代用证券各半缴纳,由交易所收交实业部指定之银行保管,并由保管银行给予存证。②

1943年9月15日,就在交易所监理委员会执行管理职能不久,便颁布《修正交易所上市股票审查原则》,主要规定:(1)遵照《公司法》股份有限公司或股份两合公司各规定组织,并领得主管官署登记执照者。(2)公司实收资本在500万元以上者。(3)公司营业已满一年者。凡上市股票须先经过审查,被认为合乎上列条件的股票,方准上市。③ 从内容上看,该条例仅从公司注册登记、

---

① 参见《交易所监理官暂行规程暨监理委员会组织规则》,上海市档案馆馆藏档案,档案号R1—14—448,转引自刘志英:《近代上海华商证券市场研究》,学林出版社2004年版,第117、118页。
② 参见《行政院关于上海华商证券交易所经纪人登记规则卷》,中国第二历史档案馆馆藏档案,档案号2003—3715,转引自刘志英:《近代上海华商证券市场研究》,第297、308页。
③ 参见王雄华:《上海华股市场的过去及将来》,《中央银行月报》第1卷第1期,1946年1月,转引自刘志英:《沦陷时期上海华商股票市场管理研究》,《中国社会经济史研究》2003年第1期,第90页。

资本实力以及营业年限方面规定了上市公司股票发行的基本原则,对上市公司信息披露、经营业绩以及违约责任等方面没有做出具体的要求,内容十分简单,但与以往混乱无序的状况相比,还是有了很大的进步。

1943年11月7日,汪伪政府根据国民政府《交易所监理员暂行规程》,颁布了《修正交易所监理员规则》,共计十二条,规定了监理员的主要职责:(1)监理员得随时检查交易所及经纪人关于营业一切簿据文件。(2)监理员得随时监察交易所及经纪人关于营业一切行为。(3)监理员认为必要时,得令交易所及经纪人编制营业概况及各种表册。(4)监理人如发现交易所及经纪人关于营业之簿据文件及关于营业一切行为有虚伪及违法等情事,应即据实呈报实业财政两部核办。(5)监理员对于交易所一切事项认为有应行纠正或取缔之必要时,应随时呈请实业财政两部核办。(6)监理员每月须将交易所之营业情形市场概况及各种关系表册书类于次月十日以前呈报实业财政两部查核。(7)监理员须将每月工作情况编成报告于次月10日以前呈报实业财政两部查核。(8)监理员不得参加交易所买卖,违者以渎职论。①

抗日战争结束后,国民政府对《交易所监理员暂行规程》进行了修正,于1946年9月4日重新颁布《修正交易所监理员暂行规程》,该规定将交易所监理员的派遣与管辖权由战前的财政部与实业部改为战后的财政部与经济部,其余内容基本保持一致。

1947年3月21日,南京政府财政、经济两部鉴于当时上海证券市场股价狂涨,投机活动愈演愈烈的情况,制定了《防止证券投机操纵办法》,通知上海证券交易所遵照办理。该办法的内容包

---

① 参见蔡鸿源主编:《民国法规集成》第97册,黄山书社1999年版,第209页。

括:递延交割期限酌予缩短至5天或4天;股价升降限度由15%酌予缩小到12%或10%;巨额交易柜暂缓营业;增加经纪人买卖双方本证据金;防止经纪人作过度之买卖;严厉取缔场外对敲黑市交易等。① 应该说,这些办法具有较强的针对性,对遏制证券交易市场的股票投机活动是能够起到一定作用的。但上海证券交易所接到这一通知后,竟认为无实施必要,应暂缓施行,派理事长杜月笙、代总经理王志莘赴南京游说,结果南京政府财政、经济部收回成命,这一办法没有得到最终的实施。②

三、政府正式制度供给之三:公债市场的监管

(一)专设公债管理机构

1927年5月,国民政府在发行"江海关二五附税国库券"时,鉴于"历来公债基金保管办法之不妥",决定"使各团体推出代表,组织基金保管委员会,并由政府派员参加"③,二五券会就此成立,主要负责二五附税库券的还本付息事宜以及库券基金的保管。每到还本付息之时,二五券会即从债券基金中提出全部应付金额,派分本息,并及时公布基金收支详情,每三个月"查核账目及库存现银一次,以昭信用"④。有了二五券会的监管,二五附税库券和其他一些由二五券会保管的债券得到了切实的保障,这些债券颇受投资者的追捧。因此,国民政府将新发行的多数债券交付二五券

---

① 参见《财经两部防止证券投机操纵办法》,《申报》1947年3月24日。
② 参见《本所大事记》,《证券市场》第2卷第8、9期合刊,1947年9月15日。
③ 《库券基金保管委员会保管基金实况》,上海市档案馆馆藏档案,档案号Q173—1—29。
④ 《申报》1927年10月1日。

会监管,并充分认识到设立债券基金管理委员会的重要性。1928年6月下旬,国民政府在上海召开全国经济会议,提出并通过组织共同保管基金委员会案。① 同年7月初在南京召开的全国财政会议通过《发行公债及订借款项限制办法》,其第八条规定:"基金应设基金委员会保管,国债则由国民政府特派员会同财政部审计院联合各公团选出代表若干员组织之"②。

1932年3月,国民政府国债基金管理委员会正式成立,委员会由19人构成,包括政府代表、银行业公会、钱业公会、上海市商会、全国商会联合会、华侨以及投资者代表。主要内容有:(1)国债基金管理委员会于管理范围内,得独立行使其职权。(2)各种公债库券本息未清偿以前,国债基金管理委员会之管理权限不得变更。(3)基金存放机关,由国债基金管理委员会指定之。(4)国民政府命令财政部转饬总税务司遵照定案,将各种公债库券基金每月应如数拨交本会保管备付。(5)基金之收支,每月结算一次,呈报财政部并登报公布。③ 国债基金管理委员会成立之后,保管了大部分国民政府发行的公债库券担保基金,维持了政府债信的稳定,对之后国民政府公债发行创造了良好的环境。

(二)公债管理制度

为了保证政府债券的顺利发行,国民政府完全将公债的交易

---

① 参见《银行周报》第12卷第27号,1928年7月3日。
② 中国第二历史档案馆编:《中华民国史档案资料汇编》第五辑第一编(财政经济三),江苏古籍出版社1994年版,第4页。
③ 参见《财政部关于国债基金管理委员会条例已通过致国债基金管理委员会快邮代电》,1932年3月31日,转引自中国第二历史档案馆编:《中华民国史档案资料汇编》第五辑第一编(财政经济三),第110—117页。

置于政府的严密控制之下,不断采取强硬措施,进行整顿,在公债市场逐步形成了相对严密和规范的监管体系。在南京国民政府建立之初,便颁布了《关于发行公债及订借款项限制案》,共有十条,具体规定包括:(1)属于国家债务,应专由财政部经理发行订借,省市债务由省市政府发行订借。国民政府所辖各部有须举债,应指定基金,请由财政部办理,将款拨支。不得自行举办。省市政府范围,由省市财政局办理,其他各厅局不得自行举办。(2)举债用途专限建设有利事业,不得用于消耗途径。(3)属于国债,由财政部将详确用途指定确实基金,提呈国民政府议决办理。(4)属于省市公债,由省市政府将详确用途指定确实基金,分别函转财政部核明,认为正当,加具按语,提呈国民政府议决办理;如财政部认为不正当,得驳复之。(5)自1928年7月1日起,各省市债款如不经财政部核明呈奉国民政府核准举办者,财政部得通告取消之。(6)组织监督用途委员会。所有债款非有详细之计划及正当之理由,经委员会通过,不能动用。(7)基金应设基金委员会保管。① 该法案对公债的发行机关、举债用途以及基金保管办法等内容作出了详细的规定,规范了中央政府、各政府部门以及地方政府的公债发行行为,对公债市场混乱的发行状况进行必要管理。

在此基础上,国民政府立法院于1929年4月22日颁布实施《公债法原则》,共计十一条,就公债发行条件与程序、公债用途、募集金额以及基金保管等方面作出了更加详细的规定。具体来看,主要包括如下规定:(1)凡中央政府募集内外公债,应将该公债之

---

① 民国政府财政部档案,档案号三12769,转引自财政部财政科学研究所、中国第二历史档案馆编:《国民政府财政金融税收档案史料(1927—1937)》,中国财政经济出版社1997年版,第154、155页。

性质、用途、债额、利率与募集偿还方法以及其他条件编制条例,经财政部审查后,由行政院提交立法院议决通过,呈国府公布,始发生效力。(2)地方所募公债,省府非经中央政府核准,不得募集100万元以上之公债,县府非经上级政府核准,不得募集5万元以上之公债。(3)中央与地方政府募集公债,均以不得充经常政费为原则。以充下列四种用途为限:充生产事业上资产之投资,但以具有偿付债务能力,而不增加国库负担之生产事业为限;充国家重要设备之创办用费,但以对于国家人民有长久利益之事业为限;充非常紧急需要;充整理债务之用,但以能减轻负担为限,不得移作别用。(4)发行公债最高额以不致紊乱财政因而妨碍其他政务进行之常态,及能使公债本息均得按期偿还为准。(5)各项公债收支均须编入预算决算,由募集机关与检察院每年会同报告一次,并公布之,公债基金由公债基金委员会保管,债权人于必要时得推举代表申请参与稽核。①

不管是《限制案》还是《公债法原则》,其目的旨在控制公债发行的权利、规定公债发行的程序与条件、限制公债发行的金额、保障公债基金的确实,以此维护政府债信,促进政府公债的顺利发行,但实际上由于中央政府既是规则的制定者又是利益的获取者,所以上述规定大多时候都没有得到切实的落实和贯彻。

四、制度供给的意识形态基础:管理证券市场的思想

当时的一些有识之士已经对证券市场的管理有了比较全面和

---

① 参见民国政府财政部档案,档案号三14895,转引自财政部财政科学研究所、中国第二历史档案馆编:《国民政府财政金融税收档案史料(1927—1937)》,中国财政经济出版社1997年版,第156页。

深入的认识,其中以康有为、王恩良、伍启元、陈善政和杨荫溥等人的观点最具代表性。

针对证券市场的管理,康有为认为:

> 令各通商大市,开股票交易所,以渐推行于内。又晓令各公司、商店,以商业注册,制为股票以出售,各报推发之,则股票流通,商店可以抵押,银行可以为保证准备,纸币可为多出,而后资本可计日大增也。若虑投机不稳,则政府可随时禁限之。①

肯定了政府对证券市场监管的合法权利,在证券市场存在大量投机、证券市场无序发展情况下,可以利用国家权力对证券市场进行调控,已意识到利用国家权力调控证券市场的重要性。当然,这种建议在当时半殖民地半封建社会的环境下,在国家主权遭到严重侵害的情况下是不可能实现的,但是这一建议的核心"国家干预证券市场"却一直贯穿整个近代中国。

鉴于自己的亲身经历,王恩良认为,要使交易所为投资者和融资者提供一个良好的投融资环境,政府必须担负起证券市场监管的职责,并提出了类似于现代意义上的"有效干预原则"。他指出:

> 盖因交易所利益固多,而弊害亦不少。如办理得好,则社会受益,反是则社会非但不谋其利,抑且受其害。故交易所之为利为害,全视办理之得法与否以为衡。官厅之监督,即防其办理之不得法,而致社会受其害故也。故监督之意思,即承认交易所为重要机关,而求交易所之发达,完全发挥其本能,以

---

① 康有为:《康南海文集》第三卷,《理财救国论》,载沈云龙编:《近代中国史料丛刊》第一编,文海出版社1966年版。

减少种种障碍,刈除直接或间接所生之弊窦也。现在欧美各国对于交易所在法律上有监督权。唯监督之政策,有取干涉主义者(如德日诸国);有取放任主义者(如英美各国),但实际上未尝有极端干涉与极端放任者。一言以蔽之,应干涉处不能不干涉,不应干涉处即不得过分干涉,斯可矣。①

以上对证券市场进行监管的观点都比较宏观,伍启元从微观层面上认为,政府对证券市场的监管不仅仅在于交易所,而且还应注意上市企业自身的信用问题,因为对于一个信用不佳的上市企业,国家必须采取强有力的措施,使其确保自己的信用。因而他提出:

> 政府应成立一个中央股票债券交易所(各地有分所),凡在这个交易所买卖的股票及公司债,必须事先经政府的审核,以后发行这些股票及公司债的公司,其业务应受政府的监督,使投资能够得到保障,政府并得对这些股票或公司保本保息。②

他的这个主张从理论上看是可行的,但脱离社会现实,因为当时在证券交易所上市的企业大多是官办企业和官商合办企业,政府倘若对证券市场进行监管,政府既是监管者又是被监管者,这样政府也就不可能对证券市场进行真正有效的监管。

在探讨如何有效管理证券市场的观点中,陈善政的观点较为完善。他认为要管理好证券市场,让其在国民经济的发展中起到应有的作用,必须具备以下四点:

第一,国家政治上轨道,政府对证券资本市场有正确的政

---

① 王恩良等编:《交易所大全》,交易所所员暑期养成所1921年版,第16页,载《民国丛书》编辑委员会编:《民国丛书》第二编(41),上海书店1990年版。
② 伍启元:《中国工业建设之资本与人材问题》,商务印书馆1946年版,第20页。

策,予以必要的扶助、指导与监督;第二,地方秩序相当安定,适于工商企业及公益建设的发展;第三,国家经济健全,金融情势稳定,加以法治严明,使资金无投机及囤积以劫取暴利之可能。最后,更重要的是需要一个国家有独立自主的国际环境,国内无外国资本及外国事业之特殊势力存在,同时本国在国际上有平等友善的关系。如果这四大条件不具备,则证券资本市场就不易发挥其效能,甚至会发生相反的恶果。……勉强地设立起证券资本市场来则不免"未见其利,先见其弊",从橡皮风潮至信交风潮,一部中国证券资本市场史,竟是这样充满着耻辱与不幸的事实,何尝不由于此?[1]

他还认为政府除了对证券市场进行监管外,还应对证券市场在必要之时予以扶持和指导,即"政府对证券资本市场有正确的政策,予以必要的扶助、指导与监督"[2]。

杨荫溥认为对证券交易所进行有效的监管既不可采取干涉主义,更不可采取放任主义,在监管时要注意监管力度。他指出:

政府对于交易所所采之政策,不外干涉及放任二主义。欧美比法诸国及日本,均采干涉主义。我国亦然,对于交易所,立有专法,并置有监理之官。英美则反是,均采放任主义,于各交易所,听其完全独立,不加丝毫干涉,俾得发展自如,以应经济社会之需要。[3]

---

[1] 陈善政:《我国证券市场之发展史》,载上海市档案馆编:《旧上海的证券交易所》,上海古籍出版社1992年版,第390、391页。
[2] 同上书,第392页。
[3] 杨荫溥编:《中国交易所论》,商务印书馆1932年版,第18页,载《民国丛书》编辑委员会编:《民国丛书》第二编(41),上海书店1990年版。

在对比了干涉主义与放任主义的利弊之后,他认为在选取监管力度的时候"要当视社会之情状,而定其实施之程度。刚柔互用,宽猛相济,原不可执一而论也"。他还强调在"经济组织尚未十分完全,商业知识,及道德,尚未十分发达之国,则交易所事业,往往不循正规,弊害百出,故国家所采对待方针,亦遂不得不取干涉主义"。①

正是由于以上诸位先贤对证券市场的管理所作的一系列深入细致的探讨,才使得政府在对近代中国证券市场进行行政干预的同时,还制定了一系列的法规对其进行法制化监督和管理。从1914年《证券交易所法》的颁布开始,到1921年《证券交易所课税条例》、1926年《交易所监管官条例》、1929年《交易所法》、1935年《修正交易所法》以及一系列实施细则和附属规则的相继颁布,都是上述探讨的结果。

第四节　逆向交替:发行公债弥补财政

制度变迁模式的逆向交替是指强制性制度变迁与诱致性制度变迁在变迁过程中的目标存在不一致性。南京国民政府大量发行公债并不是以证券市场的健全发展为目标,而是完全出于私利,即通过发行公债以维持岌岌可危的财政体系。在政府利益的驱使下,公债市场成为国家掠夺的工具,政府无视市场发展的规律和运行的基本规则,任意干涉和破坏市场的运行与发展,给近代证券市

---

①　杨荫溥编:《中国交易所论》,商务印书馆1932年版,第18—21页,载《民国丛书》编辑委员会编:《民国丛书》第二编(41),上海书店1990年版。

场带来致命的打击。

一、一级市场与政府财政

按照上文对南京国民政府时期历史阶段的划分,将政府公债的发行也划分为三个阶段,即十年内战时期(1927—1937年)、八年抗战时期(1937—1945年)和全面崩溃时期(1945—1949年)。

（一）十年内战时期的政府公债发行

在这一时期,以蒋介石为首的国民党政府与国内金融资产阶级相互配合,接连不断地大量发行国内公债,既为政府发动内战筹集了大量资金,又使金融资本家及公债投机商获得了厚利,从而建立起以四大家族为首的垄断金融集团。1927—1936年国民党政府财政部共发行公债55笔,总额约为法币26亿元、英镑420万元、美金200万元,详见表4—6。

表4—6　1927—1937年南京政府发行的公债统计　（单位:万元）

名称	发行日期	发行额	实发额	利率	主要用途
江海关二五附税国库券	1927.05	3 000	3 000	月7厘	军需
续发江海关二五附税库券	1927.10	4 000	4 000	月8厘	军需政费
卷烟税国库券	1928.04	1 600	1 600	月8厘	弥补财政
军需公债	1928.05	1 000	1 000	年8厘	军需
善后短期公债	1928.06	4 000	3 800	年8厘	弥补财政
津海关二五附税库券	1928.07	900	900	月8厘	弥补财政
十七年金融短期公债	1928.10	3 000	3 000	周8厘	金融事业
十七年金融长期公债	1928.11	4 500	4 500	周2.5厘	金融事业
十八年赈灾公债	1929.01	1 000	1 000	年8厘	赈灾
十八年裁兵公债	1929.02	5 000	5 000	年8厘	军需
续发卷烟税国库券	1929.03	2 400	2 400	月8厘	弥补财政
海河工程短期公债	1929.04	400	400	月8厘	建设事业
十八年关税库券	1929.06	4 000	4 000	月7厘	金融事业

十八年编遣库券	1929.09	7 000	7 000	月7厘	军需
粤汉铁路公债	1930.01	2 000	2 000	年2厘	调剂金融
十九年电气长期公债	1930.01	150	150	年6厘	建设事业
十九年电气短期公债	1930.01	250	250	年8厘	建设事业
十九年关税公债	1930.01	2 000	2 000	年8厘	调剂金融
十九年交通部电政公债	1930.04	1 000	1 000	年8厘	建设事业
十九年卷烟税库券	1930.04	2 400	2 400	月8厘	弥补财政
十九年关税短期库券	1930.08	8 000	8 000	月8厘	调剂金融
十九年善后短期库券	1930.11	5 000	5 000	月8厘	弥补财政
北宁铁路机车短期公债	1930.11	500	500	月8厘	建设事业
二十年卷烟税库券	1931.01	6 000	6 000	月7厘	弥补财政
二十年关税短期库券	1931.04	8 000	8 000	月8厘	调剂金融
二十年江浙丝业公债	1931.04	800	600	年8厘	建设事业
二十年统税短期库券	1931.06	8 000	8 000	月8厘	弥补财政
二十年盐税短期库券	1931.08	8 000	8 000	月8厘	弥补财政
二十年赈灾公债	1931.09	8 000	3 000	年8厘	赈灾
二十年金融短期公债	1931.10	8 000	8 000	年8厘	调剂金融
二十二年爱国库券	1933.03	2 000	2 000	月5厘	军需
二十二年续发电气公债	1933.07	600	600	年6厘	建设事业
二十二年关税库券	1933.10	10 000	10 000	月5厘	弥补财政
二十二年华北救济公债	1933.11	400	400	年6厘	赈灾
二十三年关税库券	1934.01	10 000	5 000	月5厘	调剂金融
二十三年意庚款凭证	1934.01	4 400	4 400	月8厘	弥补财政
第一期铁路建设公债	1934.05	1 200	1 200	年6厘	建设事业
二十三年玉萍铁路公债	1934.06	200	200	年6厘	建设事业
二十三年英金庚款公债	1934.06	英镑150	英镑150	年6厘	建设事业
二十三年关税公债	1934.06	10 000	10 000	年6厘	弥补财政
二十四年俄退庚款凭证	1935.01	12 000	12 000	月6厘	弥补财政
二十四年统税凭证	1935.02	12 000	12 000	月6厘	弥补财政
二十四年金融公债	1935.04	10 000	10 000	年6厘	调剂金融
二十四年四川善后公债	1935.07	7 000	7 000	年6厘	军需、金融
整理四川金融库券	1935.08	3 000	3 000	月5厘	军需、金融
二十四年电政公债	1935.10	1 000	1 000	年6厘	建设事业

二十四年水灾工赈公债	1935.11	2 000	2 000	年6厘	赈灾
二十四年短期库券凭证	1935.12	10 000	10 000	月6厘	弥补财政
二十五年统一公债	1936.02	146 000	146 000	年6厘	调剂金融
第二期铁路建设公债	1936.02	2 700	2 700	年6厘	建设事业
二十五年复兴公债	1936.03	34 000	34 000	年6厘	调剂金融
第三期铁路建设公债	1936.03	12 000	8 000	年6厘	建设事业
二十五年四川善后公债	1936.04	1 500	1 500	年6厘	军需
整理广东金融公债	1936.10	12 000	12 000	年4厘	调剂金融
二十六年港河美金公债	1937.04	美金200	美金200	年6厘	建设事业

资料来源：贾士毅《民国续财政史》第四编，商务印书馆1932年版，第299—307页；陈炳章《五十年来中国之公债》，载中国通商银行编：《五十年来之中国经济》，京华书局1967年版，第142页；千家驹编《旧中国公债史资料（1894—1949年）》，中华书局1984年版，第370—375页；王宗培《中国之内国公债》，上海长城书局1933年版，第8、9页；〔美〕杨格著，陈泽宪、陈霞飞译：《1927至1937年中国财政经济情况》，中国社会科学出版社1981年版，第507—512页；贾德怀编《民国财政简史》，商务印书馆1946年版，第322—332页；中国第二历史档案馆编：《中华民国史档案资料汇编》第五辑第一编，"财政经济三"，江苏古籍出版社1995年版，第446—452页。转引自潘国琪《国民政府1829—1949年的国内公债研究》，经济科学出版社2003年版，第76—83页。

十年中南京国民政府对公债的依赖是一贯的。在公债的用途上，以军政费为最大宗，在1927—1931年，公债中有82.39%用于军政费，在1933—1937年，这一数字是54.16%，两个阶段平均有65.54%的公债被用于军事目的。同时，债务支付占政府支出的30%以上，军政费加债务费占政府总支出的77%以上，有的年份高达85%以上[①]。毋庸置疑，公债中也有一部分款项用于建设性目的，据统计在1932年以前，以经济建设为目的而发行的公债占

---

① 参见张公权著，杨志信译：《中国通货膨胀史》，文史资料出版社1986年版，第73页。

全部公债发行额的17.21%,在1933—1937年,这一比例上升到45.82%。这一阶段,用于经济建设的款项之所以有较大幅度的上升,一方面是孔祥熙任财政部长后,采取了圆滑的手段,将南京政府主要的财政收入如关、盐、统等税款用来支持蒋介石作为军费开支,而对其他应该支出的费用则采取举债的办法;另一方面,在1935年"华北事变"以后,日本帝国主义企图吞并中国的野心越来越暴露无遗,国势危机,南京政府不得不做一些抗战的准备,加紧国防建设,以做长期之应付。此时期公债用于交通建设共有7种,帮助粤汉铁路、玉萍铁路、浙赣铁路顺利完成,正在兴修或伸长路线也有湘、黔、川、桂等干线,京赣线宣城贵溪段及平绥、正大、陇海、胶济等线路的延长。[①] 同时,为了做好抗日战争的物资准备工作,南京政府投资煤炭、电力、钢铁等能源工业及基本工业的步伐也较以前有所加快,有相当一部分工业都是在1936年前后建成或动工兴建的。[②] 可见,南京国民政府所举借的大量公债,还是有一些投入到了生产建设中,并不是所有的债款都用于非生产性开支。

(二)八年抗战时期的政府公债发行

抗战时期,国民政府沿河、沿海的关税和盐税都丧失了,财政万分困难,为应对庞大的军费开支,国民党政府大量发行公债,这段时期也成为中国历史上发行公债数量最大、发行方式最乱的时期。截至1945年,南京国民政府共发行公债25笔,发行法币公债160余亿元、关金1亿元、英镑2 000万镑、美金2亿余元,还有

[①] 参见国民政府财政部公债司编:《十年来之公债》,中央信托局印制处1943年版,第8页。

[②] 参见石柏林:《凄风苦雨中的民国经济》,河南人民出版社1993年版,第139页。

8 000万石左右的粮食公债,详见表4—7。

表4—7 1937—1945年南京政府发行的公债统计

名称	发行日期	发行额	实发额	利率	主要用途
救国公债	1937.09	5亿	22 250万	年4厘	军需
二十六年整理广西金融	1937.12	1 700万	1 700万	年4厘	调剂金融
二十六年短期国库券	1937.08	5亿		月6厘	弥补财政
二十七年国防公债	1938.05	5亿	3 311万	年6厘	军需
二十七年金公债	1938.05	关金1亿 英镑1 000万 美金5 000万	关金110元 英镑13万 美金462万	年5厘	军需
二十七年赈济公债	1938.07	3 000万元	50元	年4厘	赈灾
二十八年建设公债	1939.04	6亿		年6厘	建设事业
二十八年军需公债	1939.06	6亿	500万	年6厘	军需
二十八年短期国库证	1939	4亿			弥补财政
二十九年军需公债	1940.03	12亿	12 934万	年6厘	军需
二十九年建设金公债	1940.05 1940.11	英镑1 000万 美金5 000万	英镑72万 美1 283万	年5厘	建设事业
三十年建设公债	1941.03	12亿		年6厘	建设事业
三十年军需公债	1941.02	12亿		年6厘	军需
三十年滇缅铁路金公债	1941.07	美金1 000万		年5厘	建设事业
三十年粮食库券	1941.09	谷713万石 麦207万石	谷676万石 麦60万包	年5厘	军需
三十年航空救国券[1]	1941	美金500万	美金404万	无息	军需
第一期土地债券	1942.03	1亿	1亿	年6厘	金融事业
三十一年粮食库券	1942.09	谷1 138万石 麦240万石	谷1 046万 麦120万包	年5厘	军需

三十一年同盟胜利美金	1942.05	美金1亿	美金1亿	年4厘	弥补财政
三十一年同盟胜利公债	1942.07	10亿	6亿	年6厘	弥补财政
三十二年同盟胜利公债	1943.06	30亿	12.6亿	年6厘	弥补财政
三十二年整理省债公债	1943.07	17 500万	12 230万		调剂金融
三十二年粮食库券	1943.09	谷2 313万石 麦2 313万石	谷1 379万 麦251万石	年5厘	军需
三十三年同盟胜利公债	1944.07	50亿	9.3亿	年6厘	弥补财政
三十三年四川征粮收据	1944	1 200万石	1 072万石	年5厘	军需

注:[1]转引资料未统计,本书补漏。航空救国券是国民政府行政院核准,财政部发行,由"中国航空建设协会"主办,规定战争胜利结束后,由财政部在国库收入项下,分5年抽签偿还,不给利息。

资料来源:中国通商银行编《五十年来之中国经济》,京华书局1967年版,第142页;千家驹编《旧中国公债史资料(1894—1949年)》,中华书局1984年版,第375—377页;中国第二历史档案馆编:《中华民国史档案资料汇编》第五辑第二编,"财政经济二",江苏古籍出版社1997年版,第378—382页;王磊《抗战时期国民政府内债研究》,《中国经济史研究》1993年第4期,第79页。转引自潘国琪《国民政府1829—1949年的国内公债研究》,经济科学出版社2003年版,第169—171页。

这一时期的国内公债,在弥补财政方面已逐渐丧失其在战前十年所拥有的举足轻重的地位。战前公债与财政赤字的比重一般都在80%—90%以上,[1]而在抗战爆发后,公债收入与财政赤字之比逐年下降,最低一年仅为3.7%,已是今非昔比。而且,表4—7

---

[1] 参见王磊:《抗战时期国民政府内债研究》,《中国经济史研究》1993年第4期,第82页。

中所列的公债的发行额,只表示发行开始时各债票面数额,对发行时是否照票面十足收款,发行后是否全部推销完毕,以及债款何时解到国库等一系列问题均未予考虑。如果再考虑公债的实际销售情况,那么这段时期政府发行公债获得的收入与财政赤字之比可谓杯水车薪。1937—1944年,公债实际销售额没有超过财政支出的20%,平均值仅为7.7%,在1939年和1944年分别只占财政赤字的0.2%、0.7%,详见图4—1。

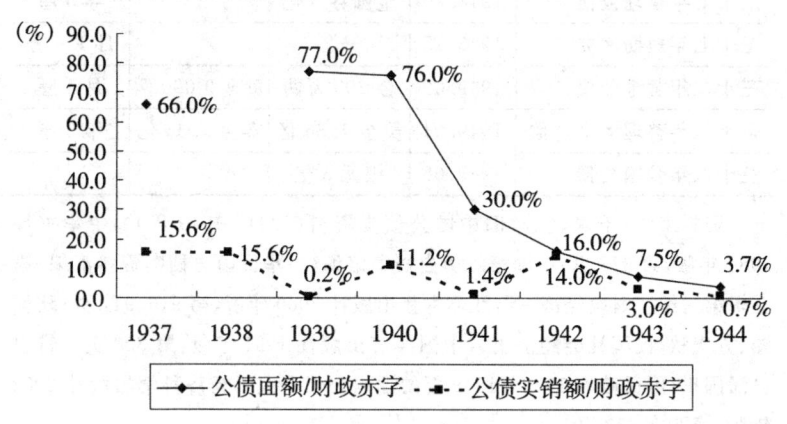

图4—1 1937—1944年公债发行与财政赤字情况

资料来源:潘国琪《国民政府1829—1949年的国内公债研究》,经济科学出版社2003年版,第199页。

(三)全面崩溃时期的政府公债发行

抗战结束后,国民党发动了大规模的内战,巨额的军费开支除了依靠向美国借款外,继续滥发公债。截至1949年8月,南京国民政府共发行公债10笔,约涉及法币3亿元、美金9.36亿元、黄金200万两、粮食1 000万石、金圆券5.2亿元以及银元3亿元,详见表4—8。

表4—8 1945—1949年南京政府发行的公债统计

名称	发行日期	发行额	实发额	利率
第二期土地债券	1946.09	法币3亿	法币3亿	年6厘
续发同盟胜利美金公债	1946.10	美金4亿	美金8 000万	年4厘
绥靖区土地债券	1947.03	1 000万石	1 000万石	年4厘
三十六年短期库券	1947.04	美金3亿	美金4 249万	年2分
三十六年美金公债	1947.04	美金1亿	美金5 300万	年6厘
三十七年整理公债	1948.10	金圆券5亿		年5厘
三十七年短期库券	1948.12			月1.5分
三十八年黄金公债	1949.02	金200万两	黄金9 090两	月4厘
三十八年整理美金公债	1949.04	美金1.36亿	美金1.36亿	年3厘
三十八年爱国公债	1949.08	银元3亿		

资料来源：千家驹编《旧中国公债史资料（1894—1949年）》，中华书局1984年版，第378页；中国第二历史档案馆编《中华民国史档案资料汇编》第五辑第三编，"财政经济一"，江苏古籍出版社2000年版，第916、917页；陆仰渊、方庆秋《民国社会经济史》，中国经济出版社1991年版，第800页。转引自潘国琪《国民政府1829—1949年的国内公债研究》，经济科学出版社2003年版，第229、230页。

同战前、战时的募债效果相比，战后是国民政府公债政策运用得最差的一段时期，这一点也可以从债款收入占支出的比重得到佐证。1936年债款收入占支出的比重为34.2%，1945年仅为0.4%，而1946年更是降至0.1%，1947年虽然略有上升，也只有3%。[①] 战后，由于通货膨胀的加剧，发行公债不如印钞票，公债政策已不是国民政府解决财政困难的主要手段，但政府还是变着花样，发行了几次以美金、金圆券、稻谷甚至黄金为计价的公债。

[①] 参见杨培新：《旧中国的通货膨胀》，人民出版社1985年版，第138页。

二、逆向交替：无限政府下的公债发行方式

公债的发行与交易本属于市场运行机制，公债发行虽然可出于财政赤字的原因，但投资者认购公债的前提必须是有利可图的，只有存在双赢的模式，公债市场才能形成一级、二级市场之间的有机结合。国民政府时期有部分公债是因民众购买而得以顺利发行的。例如，1933年2月发行的民国二十二年爱国库券，以华北烟酒税收入为担保，共发行2 000万元，年息六厘。发行之初正值热河抗战形势紧张，爱国公债的发行得到了民众的理解和支持，很快就被沪、津等地的民众认购一空。但是类似情况发生的次数少得可怜，1938年政府公债发行量为14.5亿元，而由民众认购的仅为0.184亿元。[①] 因为公众认购不积极，政府只得以高利率、高折扣和优厚的手续费等诱饵鼓励银行、钱庄等金融机构积极参与承销、认购公债，并以此造就了近代中国银行业的大发展。但是，作为无限政府[②]典型代表的南京国民政府常常无视市场的存在，肆意践踏私人产权，将纠正市场缺陷作为措辞和借口，实施以其自身利益为主导的措施。两种制度变迁模式的逆向交替，表现为强制性变迁的目标不是诱致性变迁目标的延续，无限政府通过不以诱致性变迁为基础的强制性变迁，并不是为了有利于经济或市场的发展，而首先考虑的是为了政府自身利益的最大化，并不接受市场的反

---

① 参见张公权著，杨志信译：《中国通货膨胀史》，文史资料出版社1986年版，第21页。

② 无限政府的概念是相对于有限政府而言的，是指政府自认为是完全的和万能的，它不是为了纠正市场的缺陷，而是从执政者的理念出发；不是解决市场提出的问题，而是解决政府自己的问题。详见杜恂诚：《金融制度变迁史的中外比较》，上海社会科学出版社2004年版，第214—246页。

馈与修正,即当市场有反对声音的时候,打击对手是其解决问题的唯一手段。

（一）大棒政策下的强制发行

南京国民政府刚刚成立,便于1927年5月1日由财政部发行江海关二五关税国库券(以下简称二五附税库券)3 000万元,以"充国民政府临时军需之用",月息七厘,本息自1927年6月开始在30个月内还清。二五附税库券虽然还本期限较短,但对于金融业来说,这显然是一项不可靠的投资。因为政权成立不久,政局还不稳固,如果蒋介石政权垮台,公债就一文不值。在这种形势下,南京国民政府开始采用强制手段推销债券,无视市场反馈,强迫社会各界认购公债。5月3日,蒋介石电令上海中行经理宋汉章承购二五附税库券1 000万元,限于两天内解交南京。宋汉章于5月13日复函蒋介石,找了很多措辞和理由,表示不愿续垫。① 这使蒋介石颇为恼火,称"此等商人毫无信义可言,何必客气",态度强硬地再次要求上海中行在23日前补足1 000万元之数。② 最后,陈光甫致电蒋介石以辞去财委会主任一职相要挟,蒋介石担心因此会动摇金融业支持南京国民政府的基本立场,才就此罢手。③ 勒逼上海中行无望后,5月中旬,蒋介石又亲赴上海,强令上海资本家购买政府公债。例如,上海银行公会会员银行,除先前给政府的垫款余额以二五附税库券作偿归还外,又被指派认购了160万元的二五附税库券。④ 不仅要求金融财团认购,蒋介石还强迫大

---

① 参见上海市档案馆编:《一九二七年的上海商业联合会》,上海人民出版社1983年版,第95、96页。
② 同上书,第105、106页。
③ 参见《蒋介石致陈光甫电》,1927年6月6日,《档案与历史》1987年第1期。
④ 参见中国人民银行上海分行编:《上海钱庄史料》,上海人民出版社1978年版,第206、207页。

量私人企业认购公债。例如,闸北水电公司被指定认购25万元、华商保险公司50万元、内地自来水公司25万元、南市电器公司30万元、南洋兄弟烟草公司50万元、广东两联会30万元、先施公司25万元、商务印书馆20万元、永安公司25万元、新新公司25万元、华成烟草公司10万元、丝茧公司10万元等。①

除了强行派购外,政府还使用了政治威胁、逮捕、绑架等恐怖手段强制推销公债。例如,因棉纱面粉大王荣宗敬对所派库券态度迟疑,蒋介石授意御用文人发表题为《江浙财界与三民主义》一文,编造上海"某一理事说,孙传芳又要来了,留些钱备孙来用吧",从而"拒绝借款"的事实。文章杀气腾腾地宣布要工商界"除掉害群之马,努力承销二五附税库券"②,接着蒋介石下令"查荣宗敬甘心依附孙传芳,着即查封产业,并通令各军侦缉"。最终通过别人出面调解,并且荣宗敬答应承购库券25万元,通缉令才被取消。③此种事例,举不胜举,在中国"有钱的中国人可能在他们的家里被逮捕或者在马路上神秘地失踪……大富翁竟当作'共产党员'遭到逮捕","据估计蒋用这种手段约共筹集到50万美元,上海在近代任何政权下都不曾经历过这样的恐怖统治"④。

宋子文出任南京国民政府财政部长之初,也曾采用强制手段发行公债。南京国民政府发行的第二笔内国公债续发江海关二五附税库券时,财政部竟然强令工厂主、商人、银行界均须承购相当

---

① 参见《申报》1927年5月18日。
② 吴景平:《江苏兼上海财政委员会论述》,《近代史研究》2000年第1期。
③ North China Daily News, May 20, 1927.
④ 〔美〕小科布尔著,杨希孟、武莲珍译:《上海资本家与国民政府(1927—1937)》,中国社会科学出版社1988年版,第18页。

于全体员工1个月工资总数,或是相当于该企业1个月租金数额的国库券,职员和工人也要捐献相当于1个月的工资来购买库券,①可谓发行方式之荒唐。

(二)钱庄公债投资态度的冷漠与最终没落

20世纪初期至1927年止,上海钱业总体上得到了较快的发展,但是从1927年开始这一上升发展趋势出现了拐点,表现出衰落迹象,到1933年衰落趋势愈加明显。也就是说与以往相比,南京国民政府时期上海钱庄步入了全面的衰退期。上海钱庄衰落的原因,当时有学者认为:

> 考近年我国钱业衰落之原因,盖非一端,分析言之,凡有下列各项:即(一)组织简单,管理松弛,经理职权太重,易滋流弊。(二)钱庄业服务职员,虽有丰富之商业经验,但乏深刻之学识,不易应付时代潮流之变化。(三)已闭钱庄不依法从速清理,信用丧失,损害存款人利益过多,遂致影响于一般。(四)股东滥竽充数,有过去虽系富户,而今日资产已尽,致风潮紧急时无法垫款。(五)银行势力膨胀,利息优厚,致使钱庄存款大量流出。②

面对新式银行业的发展壮大,旧中国封建制度下的钱庄出现衰落也是十分正常的,但是钱庄作为当时最重要的金融机构之一,出现如此快速的衰落,背后肯定有其深层次的原因。仅从公债投资行为来看,由于钱庄的落后性、运作机制以及资力的限制,与银行业的积极认购相比,钱业始终处于下风。据统计,1927年全国

---

① *North China Daily News*, March 9, 1928.
② 参见沈雷春主编:《中国金融年鉴》,1939年版,载沈云龙编:《近代中国史料丛刊续编》,文海出版社1979年版,第147页。

银行业共认购公债总额约9000万元,1931年增加到2亿余元,1935年更是增加到约6亿余元。[①] 同比钱业,从1927年到1935年,钱业共认购南京国民政府债券不过265万元,[②]不及银行业一年认购总额的领头。

可见,钱庄对认购政府公债的态度明显不够积极,而此时公债又扮演着维系中央政府正常运转的重要角色,在这样的背景下,南京国民政府越来越发觉银行才是其可以信赖和依靠的伙伴,各项政策法规也逐步向银行倾斜。主要表现在:第一,在重要性方面。在1928年召开的全国经济会议和财政会议中,银行业代表共计117名,而钱业代表仅3名。第二,在政策方面。在1931年2月新颁布的《银行法》中,明确规定钱庄也属《银行法》适用范围,必须按照《银行法》的规定设立与运营,充分表明政府有意弱化钱业的独立性。第三,在业务方面。国民政府于1933年颁布实施的《废两改元》方案,彻底取消了钱业赖以生存的银两银元互兑收益。而1935年颁布实施的《法币改革》,又废除了钱庄买卖现银和发行纸币的权利,从根本上剥夺了钱业生存的利润空间。

正是因为钱业对认购、承销政府公债不积极,在政府、银行和钱庄的三元博弈中处于不利位置,钱业才逐步被国民政府所放弃和边缘化。从过去的"百业领袖"沦落为金融市场中的配角,失去了其在政府金融政策中的地位。正是这一转变从根本上改变了钱业的生存环境,彻底削弱了钱业的核心竞争力,加速了钱业整体的

[①] 参见沈雷春主编:《中国金融年鉴》,1939年版,载沈云龙编:《近代中国史料丛刊续编》,文海出版社1979年版,第157页。

[②] 参见中国人民银行上海分行编:《上海钱庄史料》,上海人民出版社1978年版,第207—209页。

衰退。①

（三）银行公债投资态度的转变与被迫改组

纯粹行政命令式的公债发行方式是完全无视市场规律的，根本无法常续下去。为保证公债的顺利发行，国民政府开始采取高利息、大折扣的方式发行公债，吸引银行积极认购，才使得后期的公债发行变得相对顺利。但是，当公债发行碰到不畅时，国家至高无上的权力又会显现，甚至不惜颠覆整个金融业发展的方向，采取国家垄断的方式进行高压控制。

在高回报的利益驱使下，银行业整体忽视其主营业务，而大量投资公债市场。针对这一现象，当时就有人指出："银行的放资，以公债为主要标的，是哪一国都没有的，这样的放资政策，决计不能使资金投到正途上去"②。由于债券市场常受政局、战事和外部的影响，公债价格起伏不定，波动很大，给银行带来了巨大的风险。以上海商业储蓄银行为例，1919—1926年，该行买卖债券获得的收益波动很大。1924年该行投资有价证券获利232 056元，占该年净利总额的近20%，而下一年就出现了截然相反的局面，1925年该行投资债券即亏损28 123元，详见表4—9。

从银行业的整体情况看，国民政府时期银行设立甚多，同时倒闭率也很高，其中大多都是由于投资公债所拖累，详见表4—10。

北洋政府时期，全国共新设银行186家，平均每年新设12家以上，同时15年间也有135家银行倒闭，平均每年倒闭9家，平均

---

① 参见朱荫贵：《抗战前钱庄业的衰落与南京国民政府》，《中国经济史研究》2003年第1期，第58—70页。
② 《银行周报》总第750号，第5页。

表4—9 1919—1926年上海商业储蓄银行买卖证券投资损益 （单位：元）

年份	买卖证券损益	占该年净利比例
1919年	4 041	1.10%
1920年	47 228	6.77%
1921年	10 061	1.10%
1922年	7 310	0.91%
1923年	112 269	11.36%
1924年	232 056	19.96%
1925年	−28 123	−2.36%
1926年	−32 524	−2.24%

资料来源：上海商业储备银行总分行处历年损益记录和上海商业储备银行第22、23期营业报告编制。转引自中国人民银行上海市分行金融研究所编：《上海商业储蓄银行史料》，上海人民出版社1990年版，第280—281页。

表4—10 1912—1936年全国华资银行的开设与停业情况[1] （单位：家）

时间	新设银行	平均每年新设	停业数	倒闭率
1912—1919	66	8.3	44	66.7%
1920—1927	120	15.0	91	75.8%
1928—1936	134	14.9	31	23.1%

注：[1]该数据与上文及其他资料略有不同，但为保持统计口径的一致性，故对原始资料未予改动。

资料来源：张郁兰编《中国银行业发展史》，上海人民出版社1957年版，第51—56页。

倒闭率72.6%，简单地说就是每年100家新设银行中有近73家倒闭。可想而知，当时中国银行业发展的现状甚是畸形，华资银行并不是以资本主义工商业的发展为基础，而是具有很大的投机性，因而缺乏稳定性。

银行业面对形势的变化和残酷的现实，逐步开始考虑自己的长远前途，对政府发行的公债开始有了抵触情绪，"政府更替频繁，国家破碎，军阀混战，纸币失信等一系列事实促使中国的银行界开

始考虑自己的长远前途"①。1923年,全国银行公会第四届联合会议发出公告:

> 查政府积欠内外债本息为数甚巨,清付无期,若长此因循贻害何可胜言……当此内外债未经整理实行以前,各在会银行不得单独或联合承募及购买或抵押政府发行之新公债,以及其他类似公债之证券等项,以期督促政府早日从事财政根本上之整理。倘有违反此约者,各在会银行即一致与该银行断绝往来,以示坚决。②

以上公告虽态度坚决,但由于当时投资公债还存在巨大的利益诱惑,所以难以完全实行,最终成为一纸空文,但是这种对银行业经营方向的觉醒还是给银行业以警示。

1931年初,时任上海商业储蓄银行董事长的陈光甫通函全行,"不可投机,不可接近官场,不可造成呆滞放款"。具体原因阐述到:

> (一)不可稍事冒险投机。经营银行之最大忌事,厥为冒险投机。盖冒险投机乃赌博之一种,无论何业若稍事投机而行险侥幸,未有能获得良好之结果者,此揆之中外古今历史昭昭可考,因无须枚举。况银行一业乃受社会人士之信托,挹此注彼,以辅助社会生产事业之正当发达,若行孤注一掷,而置社会人士之宝贵资金于危险地域,则不但危及自身,亦且害及社会,不但违背银行原则,亦且无以对天下

---

① 中国人民银行上海市分行金融研究所编:《金城银行史料》,上海人民出版社1983年版,前言第14页。

② 参见《全国银行公会第四届联合会议公告(第一号)》,《银行周报》第7卷第24号。

也。(二)不可接近官场人物。山西票号为我国旧式银行之起源,当其盈也,实握全国金融之枢纽,而其败也,则竟一蹶而不可收拾。考其最大原因,即在交结官场,而放款于不负责任之官吏,一时虽持其势而盛气凌人,曾几何时革命军兴,皆成倒账。平日基础全毁于空中楼阁之官场,而非筑于永久坚固之社会,终至随政治舞台而灭亡。往事不远,可以殷鉴。此外,自民国成立以来,年有政变,而新式银行之转入于政变漩涡者,一起一伏,又不知凡凡,而亦无需明举也,则吾人尤有不闻谈虎而色变者乎。①

同样,中国银行对此也有着清醒的认识:

盖公债代表一种制造之信用,其所得资金,若不用于生产之途,陡增消费之膨胀,物价之腾贵,地价代表一种制造之人气,使多数中间人抬高价值,促进交易,竟取无生产之利润,造成虚伪之繁荣,均非增加真实之资产,故一旦市面变动,其反动愈大,而影响于信用之收缩更烈。②

唯有政府切实大减军费,屏除不急之支出;减少公债发行,增加生产建设资金;金融界应减轻利率,低减成本,谋实力之蓄积,为不时之准备;同时政府应年省一二千万元,立一减债基金,整理内外债,以树对外信用,而引外资之输入;一面立一中央与地方调和之发行制度,以期币制之确立,通货信用与

---

① 该函共为六点,其余四点为"不可经营地产公司、不可多放同样工厂、不可做出呆滞押款、不可妄事贪图厚利"。原文见上海商业储备银行档案,1931年密字通讯第1号,转引自中国人民银行上海市分行金融研究所编:《上海商业储蓄银行史料》,上海人民出版社1990年版,第329—332页。

② 中国银行总行、中国第二历史档案馆编:《中国银行行史资料汇编》上编,档案出版社1991年版,第2055页。

数量之增加。①

中国银行认为仅依靠发行公债维持财政收支并不是长久之策，希望政府能够安定政治，鼓励创建实业，以此促进经济发展、缓解财政压力。中国银行还呼吁其他同业转移经营方针，不局限于金融和商业中心，而将资金多投向内地不发达地区，并提出"努力吸收外汇，提倡国货工业，改进农业生产，改进铁道交通，便利农产运输"②的经营方针，反映了其立足长远的业务发展模式。

可见，1931年"九·一八"事变以后，中国银行对认购政府公债的态度发生了明显的变化。这一现象也明晰地反映在统计数字上，1931年该行共持有有价证券144 803 147元，1932年下降为135 470 951元，下降6.44％，1933年下降为81 847 045元，比上年下降39.58％之巨，详见图4—2。

与此同时，多变的外部环境也促使银行业逐步减少对政府公债的投资。第一，当时在国际市场上，美国高价购入白银，致使市面上的白银大量外流，造成白银存底急剧减少，银根收缩，金融业陷入了萧条的境况。第二，经过1932年公债整理以后，公债的利息率被逐渐减低，年利息一般只有六厘。第三，过去那种很大的发行折扣基本上被取消了。第四，整理公债之后，证券二级市场上的公债价格一直低迷。第五，1935年金融形势动荡，大量银行因投资公债而纷纷倒闭，给银行业以警示。针对以上原因以及存在的弊端，很多有志于长远发展的银行逐步认识到公债投资过度的严

---

① 中国银行总行、中国第二历史档案馆编：《中国银行行史资料汇编》上编，档案出版社1991年版，第2130页。

② 姚崧龄编：《张公权先生年谱初稿》上册，传记文学出版社1982年版，第122页。

重后果,纷纷转变经营方向,增加工商企业领域的放款,减少政府公债的投资。

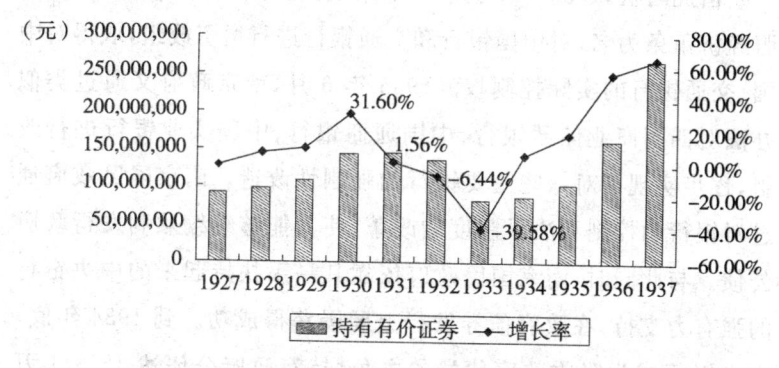

图4—2 1927—1937年中国银行持有的有价证券总额及增长率[1]

注:[1]1928—1930年中国银行年报无债券保证准备金记录,按照最近五年债券保证准备金占总准备金的平均比例38%匡算得到。其他说明:当中国银行历年年报前后不一致时,采用较新数据为确;空白处为无法得到该统计科目。

资料来源:《中国银行各年年度报告》,转引自中国银行总行、中国第二历史档案馆编《中国银行行史资料汇编》,档案出版社1991年版,第1826—2407页。

面对银行业对投资政府公债态度的转变,南京国民政府随即着手实施对银行业的整治,以挽回银行对政府财政的支持。1935年3月20日,蒋介石密电孔祥熙称:

> 国家社会皆濒破产,致此之由,其症结乃在金融币制与发行不能统一,其中关键全在中交两行固执其历来吸吮国脂民膏之反时代之传统政策,而置国家与社会于不顾;若不断然矫正,则革命绝望,而民命亦为中交二行所断送,此事实较军阀割据破坏革命为甚也。今日国家险象,无论为政府与社会计,只有使二行绝对听命于中央,彻底合作,乃为国家民族唯一之

生路。①

借此时机,1935年3月26日,南京政府以救济金融恐慌、克服经济萧条为名,对中国银行和交通银行进行增资改组,取得对中国、交通银行的实际控制权。1935年6月,南京政府又通过类似办法对四明商业储蓄银行、中国通商银行、中国实业银行进行改组,逐步实现了对一些主要银行的强制性改造。南京国民政府通过对银行的控制和法币制度的改革,使其能够继续顺利发行政府公债。与此同时,南京国民政府依靠其一手扶持起来的中央银行的强有力支持,在政府债券发行上屡屡获得成功。到1934年底,中央银行成为吸收政府债券的主角,持有政府公债达15 541万元。中央银行的规模也在不断扩大,其总资产从1933年的36 300万元增加到47 820万元,仅次于中国银行。②

第五节　夹缝中曲折发展的股票市场

现代意义上,一个成熟的、发达的证券市场应该以产业证券即公司股票和企业债券的发行和交易为主体,公债市场仅是整个证券市场的补充,与股票市场形成有机的统一。而近代中国证券市场虽起于股票市场,但由于股票市场自身发展中存在的种种弊端以及受政府公债政策的影响,使公债成为市场发行和交易的主体,股票变为配角,整个证券市场仅具有"财政服务的单一功能"③,特

---

① 国民政府财政部档案,档案号三2/27,中国第二历史档案馆藏。
② 参见中国第二历史档案馆编:《中华民国史档案资料汇编》第五辑第二编(财政经济),江苏古籍出版社1994年版,第588页。
③ 朱荫贵:《试论近代中国证券市场的特点》,《经济研究》2008年第3期,第155页。

别是从1921年"信交风潮"爆发以后,这一特点愈趋明显。

一、萎靡不振的股票市场

与红火的公债市场形成鲜明对照的是萎靡不振的华商股票市场。1927—1936年,华商产业证券市场显得十分冷清,股票交易主要集中在外商的众业公所。从发行市场上看,这一时期,近代产业证券还是有一定的发展。据统计从1929年2月至1933年底,上海注册登记的494家股份公司实缴资本就有2.02亿元,到1936年全国工矿业的资本总额达到13.76亿元。20世纪30年代以前,公司债券凤毛麟角,到30年代后,公司债券的发行逐渐增多。例如,仅1934年,闸北水电、六河沟煤矿、启新洋灰、永利化学等7家著名企业就发行了1750万元的公司债券。[①] 然而,从交易市场上看,受"信交风潮"的影响,股票信用扫地,同时,政府为缓解财政压力,不断提高认购公债的优惠条件,致使民众将资金更多地投入公债买卖。政府公债自1921年后一直成为近代中国证券交易市场的主宰者,产业证券难以入足。加之效益卓著的企业公司股票、债券多掌握在少数大企业家、官僚和富商以及承办发行的金融机构手中,很少上市,所以,华商企业股票在证券市场上少有问津者。例如,在上海华商证券交易的买卖中"98%是公债,股票交易稀少","股票仅仅是应应卯,拍拍空板而已"[②]。正如陈光甫所说,"除了少数外商股票以外,至少已发行一万以上的股票,只有少

---

① 参见马寅初:《上海证券交易所开拍产业证券行市之可能呼》,《东方杂志》第33卷,第1号。
② 郑仁木:《民国时期证券业的历史考察》,《史学月刊》1998年第3期,第101页。

数可辅助资金的流通,其余大多数丧失了有价证券的资格,平时一概没有行市,一遇恐慌,简直同古董书画一样,不能自由作价流通"[①]。故这一时期产业证券仅有发行市场而无交易市场,公司债券因总体规模较小而表现尤甚。

二、股票市场的复苏与畸形发展

抗战爆发后,华商股票交易比较沉寂,上海华商证券交易所也于 1937 年 8 月 11 日奉令停业。[②] 当上海作为"孤岛",其政治、经济形势得到暂时的稳固后,上海工商业也迅速得以恢复与发展。随着华商股份制企业的纷纷创立,使从事华股交易成为可能,也变得有利可图。再加之外商股票兴盛的示范效应,1940 年后,上海的华商股票交易日渐兴盛起来。

此时的华商股票交易仅仅是场外交易,较为突出的是 1940 年 12 月上海信托业同人联欢会在上海成立了"中国股票推进委员会",地址设在北京路中一信托公司大楼。参会共计 10 家:中一、上海、久安、中国、和祥、通易、华丰、环球 8 家信托公司及新华、永大 2 家银行。推进会以"推进中国股票流通,便利投资,提倡实业"为宗旨,为会员介绍买卖股票、调查公司质量、登记报告买卖价格及数量,并办理其他有关事宜,为会员买卖股票提供便利。经委员会介绍买卖的全部为华股,其中以正式注册的股份公司为限,时经该会准予买卖的股票计 85 种,该会还制定了《组织章程》、《交易办法》和《代客买卖方法》等规章制度。但是太平洋战争爆发后,中国

[①] 张郁兰编:《中国银行业发展史》,上海人民出版社 1957 年版,第 77、78 页。
[②] 参见任建树主编:《现代上海大事记》,上海辞书出版社 1996 年版,第 673 页。

股票推进委员会被迫宣告解散。推进会的存在虽然违反了当时的《交易所法》，但一定程度上促进了中国股票交易的活跃和股市的发展。

太平洋战争爆发后，日军占领租界，上海经济形势发生了新的变化。汪伪当局执行了所谓的"战时经济统制政策"，众业公所被迫停业，公债、外股、金银、外汇及棉花等物品交易被禁止，只有华股允许交易。新兴的华商股票公司，如雨后春笋般发展起来，大部分游资亦追逐华股。华商股票发行与交易日趋活跃，据调查1942年春，经营华股的公司，仅有永昌、福兴、福康、中国股票公司等十余家，然而到年底股票公司已发展到146家之多。① 这140余家股票公司的组织形式，既有股份有限公司，也有合伙制或独资公司。资本总额最高为伪币100万元，最低为5万元，其中以10万元、15万及20万元居多。业务方面以代客买卖为主，同业间交易居次。股票公司的发展风起云涌，而股票筹码仅数十种，这形成供不应求的局面，于是大量新股应环境之需，接踵上市流通起来。从1942年8月以后，新股上市，每星期必有，盛况空前，据统计该年仅通过永昌股票公司发行上市的新股就有53家，分别是纺织业18家、药业3家、印刷造纸业6家、饮食品业4家、化妆品1家、化学业1家、地产业2家、交通业6家和其他12家。② 这时的华股交易市场十分混乱，盛行投机炒作之风。面对这种情况，1942年8月26日，汪伪政府实业部颁布《买卖华商股票暂行规则》，规定各股票商应办理登记并缴纳保证金，上市流通的股票应经法定机关

---

① 参见俞增康：《上海证券交易所复业问题》，《银行通讯》新4期，1946年3月。
② 参见陈善政：《八年来的上海股票市场续》，《银行通讯》新4期，1946年3月。

审核,股票交易情况应呈报备案。该条例的出台,遏制了证券市场中的违法行为,在一定程度上维系了岌岌可危的华股市场。

随着政局的稳定,汪伪政府决定恢复停业已久的华商证券交易所。在原华商证券交易所董事长张慰如和总经理沈长庚的努力下,1943年9月29日,伪华商证券交易所正式宣告复业,并于11月8日开门营业,专营华商股票,①首轮上市股票共计108种,后陆续增至199种。② 交易所复业之初交易颇为活跃,其中永安纱厂、新亚药厂和新益地产等股票最为热门,涨幅很大。然而,进入1944年以后,股市行情大变,股价直线下降,大多数已跌至票面额。为了刺激股价上涨,1945年1月4日,华商证券交易所加拍股票"便期交易",即不是隔日交割而是每周交割一次,即变相的期货交易。虽只限于永安纱厂等14种股票,但有了"便交"之后,股市顿时活跃起来,因为交割期限在一星期之后,就可以进行套利活动,为投机者提供了方便。另一方面,伪币贬值厉害,为了保值起见,游资大量进入股市,导致4月6日有95种股票涨停,15日更是全部涨停板,且有照涨停板行情另加价成交的。这种涨风持续了近三个月,直至8月10日日本宣布无条件投降后,股票市场突然由一片涨停变为一片跌停,这正是人们在战争结束之际,无法预料未来局势和政策的变化,处于迷惘状态下的心理反应。

纵观汪伪统治时期开业的交易所,营业期虽不到两年,但投机气氛严重,并以汪伪的经济政策需要为基础,不过就交易所业务本身而论,把交易对象从公债转变为华商企业股票,揭开了近代证券

---

① 参见倩君:《证交复业后洋股不开拍》,《华股研究周报》第6卷第2期,1943年10月18日。

② 参见投资周刊社编:《证券交易所》,中国文化服务社1947年版,第36、37页。

市场新的一页。

三、近代证券市场的历史终结

抗战结束以后,上海的伪上海华商证券交易所与天津的伪华北有价证券交易所均被取缔,两地的证券交易转入黑市。重新设立证券交易所,以此控制金融活动、抑制通胀、刺激经济振兴被提上议事日程。

1946年5月,国民党政府行政院发布训令,"为提倡企业投资,促进经济,恢复证券市场之正常交易",批准设立上海证券交易所,并组织筹备委员会。1946年9月3日召开发起人会议,宣告上海证券交易所设立,将原先的上海华商证交所和外商设立的众业公所统一起来,形成了中国统一的证券交易市场。证券交易所开业后,由于开始只做现货交易,行情不好,交易寥落,股价走低,因此屡遭指责。

1947年2月17日,国民党政府颁布《经济紧急措施方案》、《取缔黄金买卖办法》以及《禁止外国币券流通办法》。由于这些措施禁止金钞买卖,使金融市场投资领域变得极其萎缩,大量社会闲散资金因"走投无路",只得流入流动性较强的证券市场,股票交易突然活跃起来。据统计,截至1947年底,上海从事证券业者多达20余万人,证券市场上吸引的游资大约为法币1 500亿元,上市股数总计约395亿股,如按年终收市价格匡算,总市值超过70 700亿元。当然,这种繁荣是一种泡沫,是由市场上的过度投机所造成的,它既不能促进社会经济的发展,也不能长久地保持下去。

进入1948年后,随着国民党军队不断溃败,政局处于动荡飘摇之中,经济形势急剧恶化,通货恶性膨胀,证券市场遭受一系列的沉重打击。1948年4月,南京国民政府宣布取消"便期交易",证券市场遭受致命打击,股票价格一落千丈。同年8月19日,因国民政府实施《金圆券币制改革方案》,上海证券交易所被迫勒令停业。

1949年1月26日,国民政府行政院批准上海证券交易所复业,并颁布《上海证券交易所复业办法》,共十一条。根据该办法,复业后的证交所只准经营政府债券、国营事业股票、民营事业股票三类,除政府债券可酌做一天期货外,其余均以现货交易为限。①但由于国民党军队的节节败退,上海证券交易所复业2月余,到5月再次停业,随后不久就遣散了交易所的全部员工。1949年6月10日,上海得到全面解放,证券交易所大楼即被查封,旧中国的证券交易就此结束。

本章小结

诺斯的制度变迁理论以产权理论和国家理论为理论基石,而产权理论与国家理论均与政府行为密切相关。在整个制度变迁的过程中,作为主要行动团体的政府不仅确立制度体系,而且还通过自身的行为影响着制度变迁的方向与成败。在近代中国证券市场制度变迁过程中,作为次级行动团体的政府逐步认识到证券市场的作用,以"裁判员"、"运动员"的双重身份介入证券市场。中央政府以裁判员的身份干预近代证券市场,弥补市场自由发展中存在

---

① 参见上海市档案馆编:《旧上海的证券交易所》,上海古籍出版社1992年版,第260页。

的不足与制度缺失,通过证券立法与监管控制证券市场的发展方向,维护证券市场长期稳定的发展以及其既得利益的实现。从整体上看,政府对证券市场实施有效的监督和管理是符合证券市场健康发展的目标的,制度变迁的模式属于正向交替。近代中央政府发展证券市场的原因并不是为了建立发达的金融市场,而是出于私利,政府希望通过发行公债弥补财政赤字,以"运动员"的身份参与证券市场运行。政府大量发行国内公债,无视实体经济的发展水平,无视市场的承受能力,无视债券募资的基本规则,更无视市场的反馈与抵制,用强制的行政手段保证公债发行,使近代中国证券市场俨然成为一个彻头彻尾的公债市场、一个服务于政府的财政市场。在政府的强制干预下,近代证券市场的演变方向与健康发展的目标显然是相悖的,制度变迁的模式形成逆向交替。

第五章 近代中国证券市场的外在效率及参与者行为

衡量证券市场优劣程度的首要标准就是市场效率的高低,证券市场功能的发挥,决定了证券市场的效率。从证券市场的功能可知,证券市场包括社会融资、资源配置和资本定价三种功能,前两种功能的实现情况构成了证券市场的外在效率。证券市场的外在效率即证券市场筹集和分配资金的效率,也就是证券市场对经济发展的作用,证券市场的外在效率主要表现为市场融资的方便程度和市场合理配置资源的能力。市场融资的方便程度具体表现为市场对融资需求的满足能力和市场的融资成本。市场对融资需求的满足能力是证券市场效率的重要表现,在一个高效率的证券市场上,只要筹资者所出的价格合理,筹资需求就能够很容易得到满足。市场的融资成本也是影响证券市场外在效率的重要因素,在一个高效率的证券市场上,不但筹资者可以及时实现自己的筹资愿望和筹资需求,而且为这种愿望和需求实现所付出的代价较低,不需要花费太多的时间、精力和金钱。同时,市场合理配置资源的能力也突出地反映了证券市场外在效率的高低,配置资源是证券市场的基本经济功能。

证券市场的融资功能和资源配置功能可反映在证券市场和参与者之间的两种关系上,即融资者与市场的关系和投资者与市的关系。在证券市场中,融资者主要是指发行股票的股份公司和发行公债的政府,在有效的证券市场中,股份公司(政府)可以通过证券市场以较低的成本获取资金,完成证券市场的融资功能。而投资者是指证券市场的资金提供者,在有效的证券市场中,投资者可以通过证券市场获取投资利益,因获得利益的不平衡性而完成证券市场的资源配置功能。上文已经着重分析过作为公债发行主体的政府的行为以及普通意义上的投资者的证券投资行为,所以本章将重点分析作为融资者的产业公司和作为主要证券投资者的钱庄[①]、银行的证券投资行为,以探讨近代中国证券市场的外在效率。

第一节 产业与近代证券市场的脱节:融资者角度

一般来说,证券市场作为资本市场的重要组成部分与一国产业发展必定存在着密切的关系。首先,产业发展是证券市场发展的基础,只有产业发展了,股份公司多了,证券市场发展才有确实可靠的基础。其次,证券市场的存在,为股份公司提供融通资金的场所,使公司招募资金更为便利,从而又促进了股份公司的发展。二者相辅相成、关系密切。

一、近代股份制企业的发展与股票发行市场

前文已经阐述了股份制制度的引入与近代中国股份制企业的

[①] 关于钱庄证券投资行为的研究,详见尹振涛:《从历史数据看上海钱业的发展与证券投资行为》,《西北师大学报》2009年第2期,第42—51页。

萌芽。总体来看,晚清时期新式股份制企业已经取得了初步的发展。进入民国以后,股份制公司更是得到了前所未有的发展,详见表5—1。

表5—1　1895—1927年国内股份制企业历年开户数及资本总额统计　　　　　　　　（单位:元）

开设或注册年份	股份有限公司		股份无限公司		股份两合公司	
	开户数	资本总额	开户数	资本总额	开户数	资本总额
1895年	1家	2 000 000				
1896年	2家	500 000				
1897年	1家	2 000 000				
1898年	1家	1 000 000				
1899年						
1900年						
1901年	2家	1 012 500	1家	5 000		
1902年	1家	500 000	1家	5 000	2家	60 000
1903年	1家	50 000				
1904年	2家	3 299 250	1家	10 000		
1905年	3家	112 000	2家	610 000	2家	132 000
1906年	10家	2 452 798		357 000		
1907年	7家	2 004 525	2家	1 100 000		
1908年	10家	5 849 862			1家	50 000
1909年	7家	4 105 200				
1910年	8家	1 582 480	1家	29 985	6家	331 395
1911年	21家	7 802 689			2家	21 000
1912年	35家	11 565 030			6家	1 066 000
1913年	45家	9 977 868	2家	10 000	10家	440 635
1914年	74家	29 493 157	14家	788 800	6家	1 183 141
1915年	82家	45 635 336	18家	953 645	7家	81 671
1916年	54家	44 756 508	12家	5 252 950	6家	367 000
1917年	60家	13 115 514	17家	1 896 165	4家	312 400
1918年	66家	31 392 013	19家	937 487	11家	1 061 000
1919年	100家	67 480 196	26家	2 322 073	7家	857 200

1920 年	98 家	77 374 283	33 家	1 421 978	3 家	133 000
1921 年	132 家	87 155 363	18 家	8 396 570	7 家	250 000
1922 年	91 家	36 596 526	11 家	3 325 000	2 家	56 000
1923 年	39 家	13 280 873	9 家	648 000	1 家	36 000
1924 年	83 家	16 787 000	6 家	174 000	4 家	103 690
1925 年	78 家	12 793 475	9 家	680 000	3 家	
1926 年	122 家	16 831 250	19 家	1 065 850	5 家	30 000
1927 年	26 家	14 050 000	11 家	4 337 500	1 家	50 000

资料来源:根据《农商公报》、《政府公报》和其他档案编制,虽不够完整,但却能看出基本趋势。转引自上海市档案馆编《旧中国的股份制(1868年—1949年)》,中国档案出版社1996年版,第246、247页。

1895—1911年的17年间股份制企业设立数约为100户,1912—1927的16年间股份制企业设立数约为1 492户,约为前期的15倍。1895—1911年股份制企业的资本总额为3 698.3万元,1912—1927年股份制资本总额为56 652.2万元,约为前期的15.3倍。可见,股份制企业在北洋政府时期有了长足的发展。从股份公司的组织形式上看,在1895—1911年设立的股份制企业100户中,股份有限公司77家,占总体的77%。在1912—1927年设立的股份制企业1 492家中,股份有限公司1 185家,约占总体的80%。尽管这一比率相差不大,但从表5—1中可以看出,1895—1911年各年设立的股份有限责任公司数量分布不均,而1912—1927年各年新设企业数分布相对均匀,因而可以认为这一时期股份有限责任公司是一种主要的公司形态。1912—1927年每家股份有限公司的平均资本额约为445 810元,股份无限公司的平均资本约为143 795元,而股份两合公司的平均资本额为72 623元,股份有限公司的平均资本额约为股份无限公司的3.1倍,约为股份两合公司的6.14倍。另外,据1913年农商部统计,全国共注册工厂565家,其中股份无限制工厂21家,股份有限制工厂261家,两项共282家,占全部注册工厂的49.9%,几乎占了一半,充分说明民初股份制经济较前有了极大的发展。

20世纪30年代是民族资本主义难得的黄金发展时期,在当时发展最快的纺织、面粉、卷烟、火柴四大传统轻工业中,不仅出现了数百家股份制企业,而且有的企业资本迅速扩大,发展成为拥有数家企业的集团公司。由于这些公司经营状况良好,利润丰厚,特别是给股东发放了优厚的股息和红利,使其所发行的股票为人所追捧,反过来又促进了这些公司股票的顺利发行。到1935年全国共注册公司约为2 682家,注册资本总额约102 352万元,平均资本额38.16万元左右。1929年2月至1935年6月间,共注册公司约1 966家,其中股份有限公司1 384家,股份两合公司17家,两者合计1 401家,约占注册公司总数的71.26%,占注册公司资本总额的94.94%,详见表5—2。可见,到20世纪30年代,股份有限公司已成为近代新式公司中最普遍的组织形式。

1947年,经国民政府经济部核准设立登记的中外各种股份有限公司共2 555家,其中无限公司179家、两合公司18家、有限公司604家、股份有限公司1 752家、股份两合公司2家。其营业种类以经营国内外贸易为最多,约为540余家,次者为金融业,约380家,再次为运输业,290余家。①

近代股份制企业的快速发展必然推动了以证券市场为平台的股票交易市场以及附属行业的发展,反过来说,投资者在进行证券

---

① 参见国家工商行政管理史料小组编:《中华民国时期的工商行政管理》,工商出版社1987年版,第66—68页。

投资的时候,也为近代新式企业提供了必要的资金支持。但是,虽然新式股份制企业如雨后春笋般在旧中国相继设立,并通过一级市场招股吸收资本,但是在二级市场上,却存在很多问题。公司股票虽然出现很早,数量和规模都在不断地增加和扩大,股票交易也先后有过三次较为显著的发展高潮,但是从总体上看,在近代大部分时期,股票市场的公众化、规模化程度还是极弱的,这不仅在很大程度上阻碍了股票市场的进一步发展,同时也滞缓了中国近代大公司和公司集团的形成与发展。"商务印书馆、兴业银行等,虽系股份公司,而其股票尚未分散于多数人之手。其余著名公司、银行之股份,多分配于其亲戚朋友,并不流布于各处普通不相识之人,在市上及交易所中,均无从购买,与合伙之组织虽不相同,而其股票之流行实无稍异,仍为少数人所创办。"[1]著名企业都尚且如此,

表5—2 1935年以前公司注册统计情况[1]　　　　（单位:元）

类别	注册公司数		注册公司资本额		平均资本额
	家数	百分比	资本总额	百分比	
1928年以前	716家		463 127 500		646 826
1929年2月—1935年6月	1 966家	100.00%	560 394 615	100.00%	285 043
(1)无限公司	509家	25.89%	25 539 780	4.56%	50 176
(2)两合公司	56家	2.85%	3 924 200	0.70%	70 075
(3)股份有限公司	1 384家	70.40%	528 869 035	94.37%	382 131
(4)股份两合公司	17家	0.86%	2 061 300	0.37%	121 253
合计	2 682家		1 023 522 115		381 626

注:[1]原表中部分数据计算错误,本表进行了更正。
资料来源:陈真编《中国近代工业史资料》第四辑,三联书店1961年版,第59页。

---

① 马寅初:《中国之经济组织》,杭州第三中山大学演讲稿,1927年11月5日,载《马寅初演讲集》第四集,商务印书馆1928年版,第24、25页。

那些中小公司所发行的股票就更可想而知了。即使在20世纪40年代初,华商股票交易日渐趋盛之时,大部分公司的股票仍旧缺乏应有的流动性。据统计,在当时196家公司股票中,能让公众了解到一般情况的公司有119家,而真正能在市面上流通、交易,并形成较为固定行市的仅有74家。①

二、近代产业债券融资形式与公司债市场

股份制企业除了通过招股集资以外,还可以在证券市场上发行公司债以达到融资和增资的目的。但是纵观近代中国的证券市场,企业发行的公司债数额相比公债和股票都小得多。据已有资料显示,中国最早的公司债是启新洋灰公司发行的兴业债票,大致发行时间是1912年左右,1914—1915年累计发行156万元,年利八厘,从1921年起,每年还本1/15,到1933年本息全部还清。②此后陆续有通泰盐垦五公司等二十几家股份有限公司发行债券,详见表5—3、表5—4。

表5—3　1912—1937年中国近代历年公司债发行情况　（单位：万元）

发行时间	发行总额
1912—1921年	456.2
1922—1931年	750
1934年	600
1935年	900
1936年	941.5
1937年	1 500

资料来源：王志华《中国近代证券法》,北京大学出版社2005年版,第24页。

---

① 参见王海波：《中国股票概述》,《日用经济》第2卷第10期；李韵清：《中国之股票交易》,《日用经济》第2卷第10期,转引自张忠民：《近代上海产业证券的演进》,《社会科学》2000年第5期,第54页。
② 参见王宗培：《公司债票在中国》,《申报周刊》第2卷第12期,1937年。

表 5—4　1937 年以前历年公司债发行情况[1]　（单位：元）

债券名称	发行时间	利率	期限	实发额
交通事业（合计：7 500 000）				
江南铁路	1935 年	年 6 厘	12 年	3 000 000
民生实业	1935 年	年 1 分	8 年	1 000 000
三北鸿安	1929 年	年 8 厘	7 年	3 500 000
公用事业（合计：7 215 000）				
闸北水电	1934 年	年 8 厘	8 年	4 500 000
闸北水电	1936 年	年 8 厘	6 年半	1 215 000
北平电车	1926 年	年 8 厘	12 年	1 500 000
矿业（合计：4 700 000）				
六河沟短	1934 年	月 1 分	5 年半	1 500 000
六河沟长	1935 年	年 8 厘	11 年	2 500 000
大通煤矿	1936 年	年 1 分	6 年	700 000
工业（合计：20 200 000）				
永利化学	1937 年	年 7 厘	10 年	10 000 000
启新洋灰	1935 年	年 7 厘	20 年	1 900 000
江南水泥	1937 年	年 8 厘	15 年	1 800 000
永安纺织	1936 年	年 7 厘	10 年	5 000 000
美亚织绸	1935 年	年 8 厘	6 年	500 000
纬成织绸	1929 年	年 1 分	5 年	1 000 000
其他（合计：5 322 746）				
通泰盐垦	1921 年	年 1 分	5 年	300 000
广银无利	1936 年		5 年	3 820 410
通信无利	1937 年			1 202 336
合计				44 937 746

注：[1] 原表中部分数据计算错误，本表进行了更正。

资料来源：沈春雷主编《中国金融年鉴》，文海出版社 1949 年版，转引自白丽健《近代中国公司债发行的效果分析》，《南开经济研究》2000 年第 1 期，第 77 页。

从表5—3中可以看出，20世纪30年代之前，企业债券的发行尚属凤毛麟角，"交易所里拍板的有价证券，除掉政府发行的各种公债及库券外，向来没有商业债券，像公司债券及公司债券票等类的东西"①。30年代后期至40年代前期，企业债券发行虽然逐渐增多，但也只是局限在极少数比较著名的企业之中。同时，由于企业债券发行多半采用银行等金融机构包销的办法，债券实际上皆在银行手上，市上并无买卖，在某种意义上几乎等同于金融机构对企业的长期贷款，这无疑阻碍了企业债券的进一步发展。据统计，截至1940年全国发行企业债券的公司大致上仅有19家，债券总发行额5 000余万元，其中上海约有8家，发行债券总额1 800余万元。②与股票的上市交易相比，公司债券的流通和上市交易显得更为艰难。抗战之前，为解决工商界资金缺乏、周转呆滞的困难，上海经济界除了公司股票外，还曾酝酿推介公司债券上市交易，但是由于发行公司债的公司本来就不多，而且每家公司所发行的公司债大多仅为数百万元，实际上很难具备上市交易的条件。因此，公司债券实际上始终没有形成过真正的交易行市。

公司债券是中国近代资本市场中的新型金融工具，是中国近代企业融资方式的进步，为企业开辟了一条新的融资渠道，同时也丰富了中国近代证券市场的交易品种。但是从整体来看，中国近代公司债由于发行数额太小，对近代工商企业整体来说是微不足道的，根本无法成为企业主要的融资方式。同时，由于发行数量有

---

① 《中国信托业之现在与将来》，《银行周报》第16卷第38号，1932年10月4日。
② 参见沈雷春主编：《中国战时经济志》，文海出版社1985年版，第57—60页。

限,不能形成连续的交易市场,债券的流动性也大打折扣,造成公司债的二级交易市场不活跃。

三、近代产业与证券市场严重脱节

根据以上的分析可知,近代工商企业很难通过发行股票和公司债融资,旧中国证券市场的发展与产业发展之间严重脱节。一般而言,企业在经营过程中不可能仅以自有资本作为全部运营资金,大多都要借助外部资金。从西方发达国家的情况看,企业借入资金的来源,主要是通过商业信用、银行放款、商业票据、公司债券等方式筹集。但是,由于国情特殊、金融资本市场尚未完善等缘故,中国"公司企业之资本构造,与欧美先进国家显有不同",其中,"尤以收受存款一项为唯一之特色",形成旧中国特有的企业直接吸收存款制度[①]。中国近代"普通之公司商号皆自行吸收存款,以为资金之调节","其历史悠久基础厚实者,存款在运用资金中所占之地位亦更见重要"[②]。近代企业不通过银行贷款或其他融资渠道借入资金,而是面向社会大众直接吸收存款,甚至像银行一样开办储蓄部,发放存折吸收社会零散资金以供企业作为营运资金。例如,轮船招商局在创办和经营过程中,除借用大量官款外,还吸收和运用大量公私存款,晚清通过各种方式吸收的私人存款占轮船招商局营运资本的40%以上。[③] 到20世纪20—30年代,近代

[①] 企业直接吸收存款制度,详见朱荫贵:《试论近代中国证券市场的特点》,《经济研究》2008年第3期,第157—159页;朱荫贵:《中国近代股份制企业的特点——以资金运行为中心的考察》,《中国社会科学》2006年第5期,第185、186页。

[②] 陈真编:《中国近代工业史资料》第四辑,三联书店1961年版,第59、60页。

[③] 参见张国辉:《洋务运动与中国近代企业》,中国社会科学出版社1984年版,第171页。

企业吸收社会存款的现象不仅仍然存在,而且有进一步发展的趋势。例如,1928—1929年,上海的一般公司"颇有设立存款部,公开登报招揽存款者"①。"沪市各商号如书局、药房、百货公司等等,竟以兼办储蓄为招揽营业之揭橥,宣传广告触目皆是"②,以至于"其运用几普及于各种企业及工商组织。以其重要性言,有时且驾凌行庄借款而上之"③。从1932—1939年,上海、浙江、江苏、安徽、山西、河北、河南、山东、湖北及香港等省区的10个行业100家企业的资本构成情况来看,借款及存款对于中国近代企业来说相当重要,不管是资力雄厚的大公司还是资力薄弱的小公司,存款都占有重要地位。特别是对于小公司来说,存款一般要占其自有资本的1/3到1/2,其作用是不言而喻的,详见表5—5。

表5—5 1932—1939年100家企业的资金来源

资本等级	企业数（家）	自有资本		借款及存款		总额（元）
		金额(元)	百分比	金额(元)	百分比	
300万元以上	24	184 302 146	59.76%	124 129 983	40.24%	308 432 129
100—300万元	31	56 977 706	62.33%	34 440 045	37.67%	91 417 751
50—100万元	22	15 114 091	50.07%	15 071 933	49.93%	30 186 024
50万元以下	23	5 812 824	54.38%	4 876 572	45.62%	10 689 396
合计	100	262 206 767	59.49%	178 518 533	40.51%	440 725 300

资料来源:王宗培《中国公司企业资本之构造》,《金融知识》第1卷第3期,1942年5月。

从表5—5中可以看出,在近代企业的运营资金来源中,借款

---

① 陈真编:《中国近代工业史资料》第四辑,三联书店1961年版,第59页。
② 国民政府财政部档案,档案号三25,转引自财政部财政科学研究所、中国第二历史档案馆编:《国民政府财政金融税收档案史料(1927—1937)》,中国财政经济出版社1997年版,第668、669页。
③ 陈真编:《中国近代工业史资料》第四辑,第61页。

及存款是其中最主要的方式。企业商号能够直接从社会上吸收存款,且吸收存款的企业比例数如此之高,吸收的存款数量又如此之大,从而证明近代产业的证券融资比例一定不高。同时,企业可以直接从社会吸收储蓄,必然压缩了通过证券市场筹集资金的比例,这是制约近代中国证券市场发展的重要因素。

就企业本身而言,近代产业公司之所以不愿通过证券市场融资,是由于公司封闭性的传统经营理念。近代大多数企业,即使是公开发行股票的股份有限公司一般都极不愿意向社会公开企业的经营状况、财务状况,"中国公司素来严守秘密,不肯以内幕示人,故人亦不之信"①。例如,1935年上海华商证券交易所曾向150多家公司发出公函,征求公司股票上市交易的意见,结果只有20多家公司愿意股票上市,当交易所欲派遣会计师调查时,各公司宁愿股票不上市交易也不愿意接受调查。由此可见,公司的封闭性经营理念很大程度上阻碍了股票交易市场的公众化、社会化。

正因为如此,旧中国的证券市场不仅不是经济生活的"晴雨表",而且还常常与产业的兴衰呈反方向变动。例如,1921—1938年是中国资本主义快速发展的时期,1936年与1920年相比,中国农业总产值增长了38.2%,工业总产值增长了79.1%,交通运输业的总产值增长了132.5%,详见表5—6。除农业外,其他产业增长显著,特别是在工业总产值中,化工制造业增长了220.6%。在

---

① 马寅初:《上海证券交易所有开拍产业证券行市之可能乎》,《东方杂志》第33卷,第1号。

近代资本主义产业快速发展时期,中国证券市场却是在为政府的财政服务。经济学家章乃器在分析时指出:

> 中国只有一个自己的"财政市场"——公债市场,而没有自己的资本市场。中国人自办的证券市场里面,没有股票和公司债的市面。所谓"资本的发行"——股票和公司债的发行——根本不能经过市场的运作。有之,只有在过去信交风潮中投机的畸形的运用。目下活跃在中国人自己的证券市场里面的,只有"财政的发行"——公债和库券。①

近代中国证券市场是一个"公债市场"和"财政市场",不是一个为股份制企业服务的"股票证券市场",在工矿企业的资金筹集和资源配置方面根本无所作为,像是毫无关系的局外客。②

表5—6　1920年、1936年工农交通总产值估计　(单位:万元)

时间	农业	工业	化工制造业	交通运输业
1920年	1 049 494	543 396	88 287	60 937
1936年	1 450 506	973 347	283 073	141 659
增长率	38.2%	79.1%	220.6%	132.5%

资料来源:许涤新、吴承明主编《中国资本主义发展史》第三卷,人民出版社1993年版,第739页。

又如,第一次世界大战后,中国国内绝大多数企业停工减产进入萧条期,同期的中国证券市场却因公债投机而进入发展高潮期。抗日战争期间,由于敌寇入侵使经济受到巨大破坏,大批企业倒闭破产,而同期在敌占区内的股票交易却又进入高潮。再如,1946

---

① 章乃器:《经济统治与银行》,《银行周报》第18卷第44号,1934年11月13日。

② 参见朱荫贵:《试论近代中国证券市场的特点》,《经济研究》2008年第3期,第156页。

年中国爆发经济危机,仅上海一地就有1600余家工厂倒闭,工业产量仅为抗战前的1/4,产业发展进入低谷,但这时的上海证券交易所的股票交易却创下了日平均成交额高达734亿元的历史最高记录。① 这些现象都充分说明了旧中国的证券市场与产业及其发展没有多少关联。

第二节 钱庄对近代证券市场的参与：投资者角度

钱庄是旧中国早期的一种信用机构,主要分布在经济发达的上海、南京、杭州、宁波、福州等地。在北京、天津、沈阳、济南、广州等地的则称为银号,性质与钱庄相同。早期的钱庄,大多为独资或合伙组织。规模较大的钱庄,除办理存款、贷款业务外,还可发庄票、银钱票,凭票兑换货币。而小钱庄,则仅仅从事兑换业务,俗称"钱店"。

一、近代上海钱庄的发展

鸦片战争以后,随着上海开埠,中外交往日渐频繁,商品经济发展迅速,并由于太平天国运动,江浙一带的地主、富商纷纷迁往上海,促使上海钱庄得到快速的发展。

从数量上看,上海钱庄在1858年、1873年和1876年分别为

---

① 参见王广谦编:《中国证券市场》,中国财政经济出版社1991年版,第74、75页。

120、123 和 105 家,达到了前所未有的高峰,详见图 5—1。

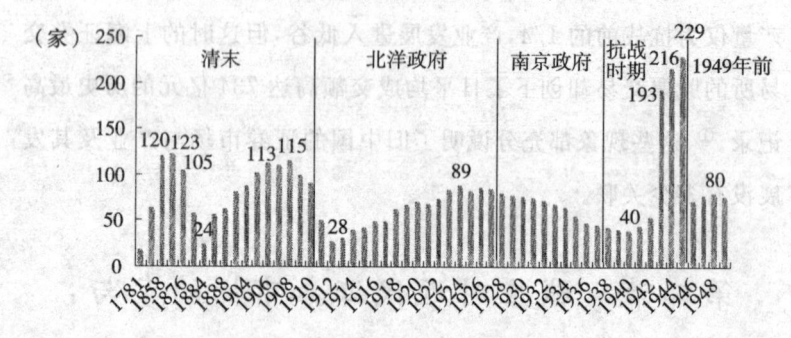

图 5—1　近代上海钱庄数量统计[1]

注:[1] 各资料中的部分数据存在不一致的现象,最终以数值最小的为准。
资料来源:郭建《上海钱庄的发展》,载上海通社编《上海研究资料续集》,上海书店 1984 年版,第 691、692 页;中国人民银行上海分行编《上海钱庄史料》,上海人民出版社 1978 年版;〔法〕白吉尔著、张富强、许世芬译:《(1911—1937)中国资产阶级的黄金时代》,上海人民出版社 1994 年版,第 42 页;杜恂诚《民族资本主义与旧中国政府(1840—1937)》,上海社会科学院出版社 1991 年版,第 169—189 页;谢菊会《民元来上海之钱庄业》,载朱斯煌主编《民国经济史》,银行学会 1948 年版,第 53 页,载沈云龙编《近代中国史料丛刊》第三编,文海出版社 1985 年版。

受 1883 年投机风潮的影响,上海钱庄大批倒闭歇业,到 1884 年上海钱庄仅存 24 家。之后上海钱庄的业务很快得到了恢复,经过几年努力,钱庄可谓重振雄风,到 1906 年时已经重新恢复到 113 家,1908 年更是增加到 115 家,为上海开埠以来到抗日战争爆发前钱庄数量的最高。而后受到 1910 年"橡胶股票风潮"的影响,上海钱业又一次遭受沉重打击,从 1910 年的 91 家下降到 1912 年的 28 家。北洋政府时期上海钱庄进入了稳定的发展期,钱庄数量逐步上涨,至 1924 年达到了 89 家。南京国民政府执政以来,上海钱业明显走向了了衰落,钱庄数量持续减少,到 1940 年仅存 40

家。太平洋战争爆发以后,上海全面沦陷,从1943年开始,一些与汉奸和日本侵略者关系密切的投机者竞相开设钱庄,大发国难之财,造成了上海钱业的畸形发展。到1943年上海钱庄达193家,并一发不可收拾,1944年达216家,1945年达到历史最高的229家,比抗战前1937年的46家增加了近5倍。抗日战争胜利之后,上海钱庄数量才恢复到常态。

根据上海钱庄的赢利水平也可得到相同的结论。由于货币单位不统一以及通货膨胀等原因,钱庄的平均资本额与平均利润额的增长情况无法完全反映钱庄的实际发展水平,但它们之间的比值——平均资本利润率可消除量纲不一致的问题,在一定程度上可以反映钱庄的赢利能力,详见图5—2。

在清晚期的1903年,上海钱庄平均资本利润率为33.42%,到北洋政府时期钱庄的赢利水平得到了进一步的提高,钱业可以说是这个时期赢利能力最强的行业之一。例如,1917年上海钱庄的平均资本利润率为43.65%,其兴旺景象被描述为"获利之多为各业之冠,统计全市各庄,共有余利约计规元银150万两"[①]。再如,即便是"信交风潮"刚过去一年,1922年上海钱庄的赢利还是相当可观的,为26.43%。1926年上海钱庄的平均资本利润率为25.05%,虽然比最高时候1915年的48.76%下降了近一半,但还远远高于同时期的一般产业,甚至高于华资银行业的14.7%。[②]与北洋政府时期相比,南京政府时期钱庄的赢利水平明显大不如

[①]《银行周报》第2卷第7号,1918年2月26日。
[②] 参见杜恂诚:《中国金融通史》第三卷:《北洋政府时期》,中国金融出版社1996年版,第136—144页。

前,且下降趋势明显,从 1933 年的 11.19%,逐步下降到 1936 年的 4.74%。抗战时期,金融市场极端混乱,投机风气助长,钱庄的平均资本利润率却恢复到 23.58%。

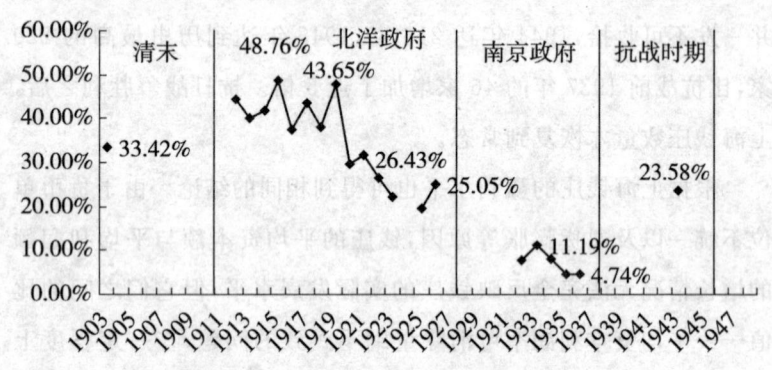

图 5—2　近代上海钱庄平均资本利润率[1][2]

注:[1]计算公式:平均资本利润率=平均利润/平均资本。平均资本利润率的计算方法,也许不一定准确,因为钱庄多是合伙制公司,股东具有无限责任,股东的垫款无法得到体现,并且由于各年份统计的钱庄范围不统一,平均资本利润率存在一定的偏差,但是该数据仍能大致地反映钱庄的赢利能力。[2]各资料中的部分数据存在不一致的现象,最终以平均值为准。

资料来源:杜恂诚主编《上海金融的制度、功能与变迁(1897—1997)》,上海人民出版社 2002 年版,第 58 页;中国人民银行上海分行编《上海钱庄史料》,上海人民出版社 1978 年版,第 97、191—202、262—270、319—332、386—388 页;郑亦芳《上海钱庄(1843—1937)——中国传统金融业的蜕变》,台湾"中央研究院"三民主义研究所 1981 年版,第 150 页;杜恂诚《中国金融通史》第三卷:《北洋政府时期》,中国金融出版社 1996 年版,第 239—242 页。

总之,根据上海钱庄的数量以及赢利能力,从鸦片战争到清政府灭亡,钱庄虽得到快速的发展但起伏波动很大,表现出极不稳定的发展态势。北洋政府时期,上海钱业得到长足稳定的发展,钱庄数量和赢利能力都得到很大的提高。南京国民政府时期,钱业出现了明显的衰落迹象。在上海全面沦陷的汪伪政府时期,上海钱业处于畸形膨胀阶段,而抗日战争一结束,上海钱庄的发展虽恢复了常态,却远失去了往日的辉煌。

二、钱庄的证券投资行为

(一)清政府时期

1894年(光绪二十年)清政府第一次发行现代意义上的公债——"息借商款",其章程中明确指出发行的主要对象是"官绅商民",[①]所以钱庄、票号仅认购了约10%,[②]但开创了钱庄从事公债投资的先河。1898年(光绪二十四年)清政府因《马关条约》规定的最后一期赔款即将到期,深恐再举外债不免为列强所挟持,决定发行"昭信股票"。有关钱庄对该公债的认购情况的详尽记载无从得到,但因为此公债的发行对象还是以"官绅商民"为主,并且有资料显示在京城的48家票号共认购该公债48万两,[③]如果按照千家驹的估计,"昭信股票"共发行1000余万两,[④]那么票号仅认购了不到4.8%。当时的金融市场中票号的经济实力远强于钱庄,钱庄认购的数额难以与票号相提并论。

从19世纪80年代开始,伴随着钱庄的快速发展,钱庄逐步

[①] 千家驹编:《旧中国公债史资料》,中华书局1984年版,第3页。
[②] 参见潘国琪:《近代中国国内公债研究(1840—1926)》,经济科学出版社2007年版,第117页。
[③] 参见《认领股票》,《申报》1898年4月13日。
[④] "昭信股票"的实际发行额没有任何统计数字,众说纷纭,莫衷一是。千家驹认为有1000万两,详见千家驹编:《旧中国公债史资料》,中华书局1984年版,第336页;孙毓棠估计不足500万两,详见孙毓棠:《抗戈集》,中华书局1981年版,第169页;周伯棣认为不到2000万两,详见周伯棣:《中国财政史》,上海人民出版社1981年版,第521页。

涉足证券市场。钱庄充分利用了银行系统的信用创造能力[①],成为证券市场中投资资金的重要提供者。参与证券投资的个人或机构除自有资金以外,还大量借入钱庄的资金从事证券投资行为。其中还有甚者用有价证券作押,从钱庄抵押贷款,贷到的资金可能再次投入证券市场。例如,1883年金融风潮之前,钱庄大量收押股票,股票押存按照"值十押八,值十之外押足十分"[②]的原则,收押者暗中融通,"假借所收骤涨而外间有人觅买,便以涨之票与之,而自己获利","张来赎则又取李之票以充还之"。钱庄放款的对象,除了各式的商人,还有专做股票投机的生意者,"徒以买卖股份之人,本无巨资,由借贷而得之,购得之后,股价而涨,则售去以还借款"。可见钱庄的大部分资金都下注在股票上,其兴衰与否维系于股市之上。钱庄的这种以有价证券为抵押品的贷款为证券投资提供了便利,对证券投机起到了推波助澜的作用。钱庄将大量短期贷款贷放给投机商人投资于证券市场的同时,有时自己也积极收购和炒作有价证券。例如,1910年"橡胶股票风潮"爆发之前,许多钱庄将自己手中的资金投入了股票市场,还将从外商银行处拆借的大量资金投入股市。正元钱庄庄主陈逸卿、兆康钱庄股东戴嘉宝、谦余钱庄庄主陆达生等人广泛地利用自己与中外金融机构的关系,积极调动各自钱庄或往来钱庄,用钱庄的庄票向外国在华银行拆借资金,大量购

---

① 信用创造是指在整个银行系统内利用超额准备金进行贷款或投资的过程中,活期存款的扩大所引起的货币供应量的增加,又称"货币制造"。钱庄收到一笔现金,除留足一定的准备金(法定准备金、超额准备金)外,其余部分进行贷款,但支付方式是相应增加借款人或证券卖主在该行户头中的活期存款,因而制造了一笔派生存款。

② 《论股票房屋两案宜立定章以清积牍》,《申报》1885年2月2日。

进资本市场上的橡胶股票,①仅正元钱庄一家,就买进橡胶股票达三四百万两。再如,根据顺康钱庄账册记载,截至1910年底,该庄共放出橡胶股票押款30.8万两,钱庄本身也购买蓝格志股票21.5万两,共损失19.3万两,因此该庄在1911年春节未能开市,后由程觐岳另行拿出2万两增加资本,才于同年8月复业。②钱庄将自己的命运受制于证券市场,当市场发生波动的时候,钱庄首当其冲地受到影响,1883年和1910年的股票投机风潮发生时,钱庄都成为最大的牺牲者。如图5—1所示,两次风潮爆发以后,上海钱庄的数量锐减,倒闭、停业者居多,给钱庄的发展带来了致命的打击。

(二)北洋政府时期

北洋政府时期,由于军费开支和财政收支逆差的增大,北洋政府大量发行公债。在此期间由于国家银行——中国银行和交通银行的相继设立,以及部分华资商办私人银行的发展壮大,银行业成为认购公债和投资公债的主要力量,钱庄起到的作用并不大。但是,北洋政府时期公债价格波动剧烈,给公债投机炒作带来了条件,因钱庄投机性较强,在特定的时期,即公债活跃时,不免有大量钱庄或庄主从事公债投机和炒作行为。

北洋政府时期著名的公司债券——通泰盐垦五公司债券于1921年7月公开发行,此次债券采取由上海钱业公会组织银团认

---

① 参见闵杰:《上海橡胶风潮及其对江浙地区民族经济的冲击》,《中国经济史研究》1989年第1期。
② 参见中国人民政治协商会议上海委员会文史资料工作委员会编:《旧上海的金融界》,《上海文史资料选辑》第六十辑,上海人民出版社1988年版,第255页。

购一半、向社会公开销售一半的发行方式。一期发行 300 万,其中钱业公会共认购了 30 万元,占发行总额的 1/10。① 可以说钱庄从最开始就加入到公司债投资的行列之中,但是由于该公司债券的发行并不成功,再加之中国近代公司债市场的萎靡,投资公司债在钱庄证券投资中占的比重很小。

受 1883 年和 1910 年股票投机风潮的影响,钱庄对股票投资望而却步,不敢再次涉足。针对 1921 年前后上海市面上出现的交易所滥设之现象,上海钱业公会表示坚决抵制。从 1921 年 10 月起,上海钱业公会规定"凡同业各庄,无论经理伙友,皆不准入交易所作投机生涯,并互相查察,以杜后患。如有查出私做情事,经公众开会筹议处分"②。所以,当 1921 年"信交风潮"爆发之时,钱业并未受到致命的打击,这一点也可以从图 5—1 中看出,此时钱庄的数量并未出现减少,而是处于快速发展中。

(三)南京政府时期

南京国民政府时期,中国证券市场以公债为主体。与北洋政府时期的公债市场相比,公债发行数量更大,其中钱庄成为政府公债主要的承募、认购者之一。钱庄参与公债投资主要通过认购承销公债和库券押款方式,③从 1927 年至 1935 年,钱庄共参与认购南京国民政府公债 4 项、库券押款 16 项,详见表 5—7。

---

① 参见《民国十年第七期常会议事录》,1921 年 6 月 7 日,上海钱业公会档案。
② 中国人民银行上海分行编:《上海钱庄史料》,上海人民出版社 1978 年版,第 121 页。
③ 参见吴景平:《关于近代上海金融史研究的一点思考》,《档案与史学》2000 年第 3 期,第 42 页。

表 5—7　1927—1935 年钱业参与公债投资情况

时间	债券品种	金额(元)	备注
认购公债			
1927 年 5 月 16 日	认购二五附税库券	1 650 000	大同行每家认购 10 000 元,元字同行每家认购 5 000 元[1]
1927 年 10 月 26 日	认购续发二五附税库券	500 000	85 家钱庄每家认购 3 408 元,元字 20 家每家 851.25 元,公会认购 34 050 元(除息实缴 340 500 元)
1929 年 5 月 1 日	认购续发卷烟库券	500 000	
1929 年 11 月 2 日	认购上海市政公债		每家 2 000 元,南市同业除外(实交总数不详)
库券押款			
1928 年 3 月 23 日	二五附税库券押款[2]	1 000 000	票面 2 000 000 元,对折作抵,由公会出面,81 家钱庄每家 12 000 元,公会认购 28 000 元
1928 年 5 月 5 日	卷烟库券押款	300 000	卷烟库券 450 000 元作押
1928 年 5 月 5 日	直鲁赈灾押款	200 000	卷烟库券 400 000 元作押
1929 年 3 月 3 日	裁兵公债押款	1 000 000	票面 1 500 000 元作押,并以各项税收为第二担保,78 家钱庄每家 12 800 元,公会认购 1 600 元
1929 年 5 月 1 日	续发卷烟库券押款	500 000	

日期	名称	金额	备注
1929年6月26日	关税库券押款	1 000 000	票面2 000 000元对折作押,78家钱庄每家12 800元,北市司月承裕钱庄加1 600元
1929年9月20日	编遣库券押款	2 000 000	票面4 000 000元对折作押,钱庄第一次交500 000元,第二次交250 000元,第三次交250 000元,于11月28日全部交清
1929年9月26日	善后公债押款	500 000	票面1 000 000元对折作押,每家6 000元
1930年9月23日	十九年关税短期库券押款	1 500 000	票面3 000 000元对折作押,每家12 000元,元字每家5 000元,余数由公会垫借,此项借款除还编遣旧借470 000元外,实际付出1 030 000元
1930年11月20日	十九年善后短期库券押款	2 000 000	每家以收回十九年关税库券押款本息抵解外,不足之数由公会承借一部分,再由福源钱庄补足
1931年2月2日	二十年卷烟税库券押款	2 000 000	票面4 000 000元对折作押,以善后库券押款押品出售后,归还之款抵解

1931年4月16日	二十年关税短期库券押款	2 000 000	票面4 000 000元对折作押,以二十年卷烟税库券押款押品出售后,归还之款抵解
1931年6月6日	二十年统税库券押款	2 000 000	票面4 000 000元对折作押,以二十年关税库券押款押品出售后,归还之款抵解
1931年8月2日	二十年盐税库券押款	2 000 000	票面4 000 000元对折作押,以二十年统税库券押款出售押品票面3 000 000元清偿借款后续借
1931年11月28日	二十年金融短期公债押款	125 000	票面250 000元对折作押,财政部起先提出借款1 000 000元一再商洽减至此数
1933年10月11日	二十二年新关税库券押款	2 500 000	票面5 000 000元对折作押,由各家钱庄报认,公会汇总,向财政部受押

注:[1]大同行指加入钱业公会的各庄号,亦统称入会同业;元字同行指未加入公会但与公会关系较密切的钱庄。[2]此处二五附税库券应是加募续发二五附税库券,即指1928年1月财政部决定改变条件增加发行数额的续发二五附税库券,详见《修改二五库券条例之财部意见》,《申报》1928年1月11日。

资料来源:中国人民银行上海分行编《上海钱庄史料》,上海人民出版社1978年版,第207—209页。

从1927年4月至1935年底,上海钱业认购国民政府发行的债券和承借的款项累计达2 962.5万元,其中由钱业以认购方式购买的政府债券仅 265 万元,只占总数的 8.95％左右,其余均为以押款的方式先期借垫给政府。① 在认购国民政府公债和库券押款问题上,钱业在力所能及的范围内接受政府当局的要求,以"能少则少、能抵则抵"的原则,尽可能地减少债券的认购和抵押量。② 直接认购公债与库券押款相比,钱业更喜欢采用库券押款的形式进行债券投资,主要因为库券押款有固定利率为保证,在一定程度上可减少公债市场波动带来的直接损失。

总之,钱庄之所以敢于承购债券或接受以债券作押品的押借,说明当时的证券市场已具备相当的规模,其运作渐趋规范,便于持券人的脱售变现。但从总体上看,钱业的债券投资欲望并不强烈,投资行为多为被动。

三、钱庄证券投资行为的个案分析:福康钱庄和福源钱庄

由于钱庄一向不注重文书档案以及账册的保存,因此有关资产负债的资料极为缺乏。钱庄经理人每年年初向股东报告业务和上年结算盈亏的红账,在钱庄档案中也少有保存。钱庄经理人在编制红账或资产负债表时,又常常故意压缩账面,低估资产。因此,钱庄的年终结算账表是不能完全反映钱庄经营的真实情况的。即使如此,由于钱庄资料极端缺乏,这些片断的、不完整的资料对于分析研究当时的业务情形还是具有一定的参考价值。

按照金融机构资产负债表的内容,要反映证券投资在其全部

---

① 参见中国人民银行上海分行编:《上海钱庄史料》,上海人民出版社 1978 年版,第 207—209 页。
② 参见吴景平:《中国近代内债史研究对象刍议——以国民政府 1927 年至 1937 年为例》,《中国社会科学》2001 年第 5 期,第 175—187 页。

业务活动中的重要性,应该用证券投资总额与资产总额的比值表达,其中资产总额应该由库存现金、准备金、各项债权构成。但是由于已知历史数据仅能得到注册资本和存放贷统计,故本书使用证券投资额与放贷总额的比值反映证券投资在钱庄业务中的重要性。钱庄以放贷业务为主业,以其他投资业务为辅业,在总资产规模下选取更有利可图的业务,所以证券投资总额与放贷总额的比值在一定程度上可以反映钱庄的证券投资行为。同时,在考察钱庄证券投资业务各年增幅情况时,只能参考各年比值变化的情况。主要因为:(1)在考察期内,货币单位不统一,共有银两、银元、伪法币、伪中储券和伪金圆券等多币种。(2)近代中国币值不稳定,通货膨胀率和物价指数变化甚巨,在没有剔除通货膨胀率的情况下,资本规模无法得到正确描述。下面以福康钱庄和福源钱庄为例,略作论述,以窥视当时钱业证券投资行为之一斑。

(一)福康钱庄

福康钱庄自1894年成立到1952年金融业公私合营,前后共营业59年,其中可搜集到的有关证券投资方面的资料有1905—1907、1925—1939、1943—1948共三段,详见表5—8。

表5—8 福康钱庄证券投资情况统计[1]

时间	币种	公债投资	股票投资	证券投资总额	放款总额
1905	银两	1 315			870 312
1906	银两	1 003	1 240	2 243	931 495
1907	银两	697	2 173	2 870	1 040 867
1925	银两	296 322	58 565	354 887	2 608 029
1926	银两	225 860	48 073	273 933	4 297 559
1927	银两	164 763	47 996	212 759	2 697 341
1928	银两	24 961	55 743	80 704	4 008 146

年份	币种				
1929	银两	16 466	41 849	58 315	4 480 597
1930	银两	179 127	8 609	187 736	5 132 372
1931[2]	银两	48 132	8 890	57 022	4 017 973
1932	银两	196 009	22 884	218 893	2 751 667
1933	银元	67 292	14 978	82 270	4 266 775
1934	银元	42 304	22 505	64 809	6 019 068
1935	伪法币	119 823	22 505	142 328	4 343 647
1936	伪法币	140 562	377 835[3]	518 397	3 572 212
1937	伪法币	161 010	112 927	273 937	1 779 488
1938	伪法币	202 496	76 063	278 559	2 513 658
1939	伪法币	148 326	29 527	177 853	4 819 225
1943	伪中储券	55 485	840 456	895 941	13 014 617
1944	伪中储券	27 485			61 094 586
1945	伪法币		5 795 000		127 850 627
1946	伪法币	15 000	7 525 000	7 540 000	889 793 847
1947	伪法币	480 215 000	13 960 000	494 175 0008	606 873 398
1948	伪金圆券	131	30 759	30 890	2 833 806

注：[1] 福康钱庄证券投资，在 1937 年以前分为公债和股票记账，自 1938 年起，公债和股票合并为证券记账。本书按原始记载将 1938 年后的证券还是分为公债和股票。[2] 因"一·二八"淞沪战争，1931 年红账延至 1932 年 5 月 31 日才结账。[3] 内含美国股票 29 万元。

资料来源：中国人民银行上海分行编《上海钱庄史料》，上海人民出版社 1978 年版，第 780—794 页。

福康钱庄在 1905 年红账上已有关于公债投资的记载，但是数额很少，后来因为要向中国银行、交通银行领用钞票，才陆续购进公债作为保证准备。1925—1939 年，福康钱庄公债投资业务与之前相比有很大的增加，但波动性也很大，详见图 5—3。

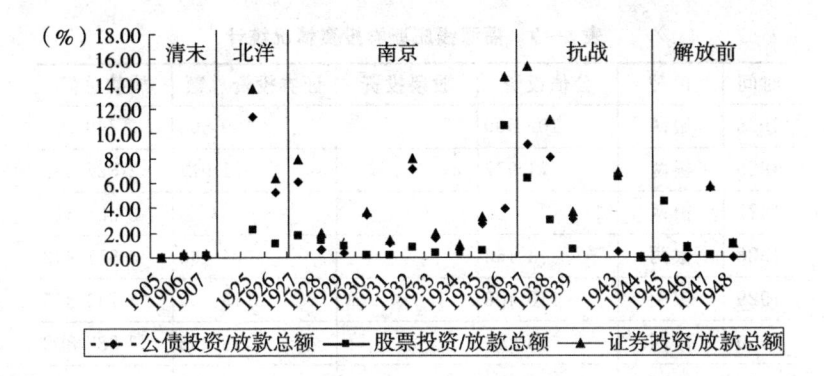

第五章 近代中国证券市场的外在效率及参与者行为　223

图 5—3　福康钱庄证券投资与放款业务比较

资料来源：根据表 5—8 数据计算得到。

同时与股票投资相比，公债投资构成证券投资的主体，这一情况正好验证国民政府时期证券市场的公债性。从已有的数据来看，1925、1932、1937 和 1938 年，福康钱庄公债投资较多。1943—1948 年，福康钱庄公债投资较少，股票投资在这一时期有所增加，其中大部分为购买上市公司股票，也有少部分为对企业的参股投资，这一情况也正好验证抗日战争后中国近代证券市场回归股票的现象。

（二）福源钱庄

福源钱庄创设于 1919 年，但 1924 年以前的账册资料无法取得。在其连续营业的 34 年中，近代部分仅有 22 年资料可得，详见表 5—9。

1925—1931 年，福源钱庄公债投资与普通放贷业务相比，大约仅占 2% 左右。这一数字从 20 世纪 30 年代开始增多，特别是在 1935 达到抗战前最高的伪法币 27 万元，但抗日战争爆发后钱庄的公债投资大幅减少，详见图 5—4。1947 年国民党政府发行美金短期库券，福源钱庄认购票面美金 5 万元，造成公债投资总额从

表 5—9 福源钱庄证券投资情况统计

时间	币种	公债投资	股票投资	证券投资总额	放款总额
1925	银两	109 500		109 500	2 749 091
1926	银两	71 977		71 977	2 827 389
1927	银两				3 335 513
1928	银两	4 462		4 462	3 351 992
1929	银两	118 406		118 406	3 740 335
1930	银两	53 296		53 296	3 887 802
1931[1]	银两	89 750		89 750	4 057 238
1933	银元				7 377 124
1935	伪法币	273 201		273 201	5 172 979
1936	伪法币	216 687	406 972	623 659	6 177 881
1937	伪法币	268 767	99 140	367 907	4 846 911
1938	伪法币	309 421	121 770	431 191	4 886 325
1939	伪法币	116 713	140 331	257 044	7 100 217
1940	伪法币	94 835	47 312	142 147	8 365 806
1941	伪法币	59 784	12 072	71 856	10 918 627
1942	伪中储券	22 527	32 595	55 122	8 746 715
1943	伪中储券	265 980	1 835 201	2 101 181	15 343 482
1944	伪中储券	18 710	3 850 946	3 869 656	58 436 783
1945	伪法币				114 590 291
1946	伪法币	169 876	1 550 000	1 719 876	571 023 323
1947	伪法币	500 189 725	21 891 554	522 081 279	18 740 311 083
1948	伪金圆券	59 001	55 105	114 106	3 915 370

注：[1]实际结账日期为 1932 年 5 月 31 日。

资料来源：中国人民银行上海分行编《上海钱庄史料》，上海人民出版社 1978 年版，第 800—809 页。

1946 年的伪法币 16 万元骤增至 5 亿元。在股票投资方面，

1925—1935年,因无股票投资数据故无法考察,从1936年起才有股票投资科目,但金额一直很少。数据显示,1943年福源钱庄股票投资比例最高,但实际上并不是源于股票投资行为,而是因为该年钱庄进行股份制改造,对股票资产进行了股价升值,造成数字上的增多。从总体上看,在考察期内,福源钱庄的证券投资还是以公债投资为主,股票投资比重很小。

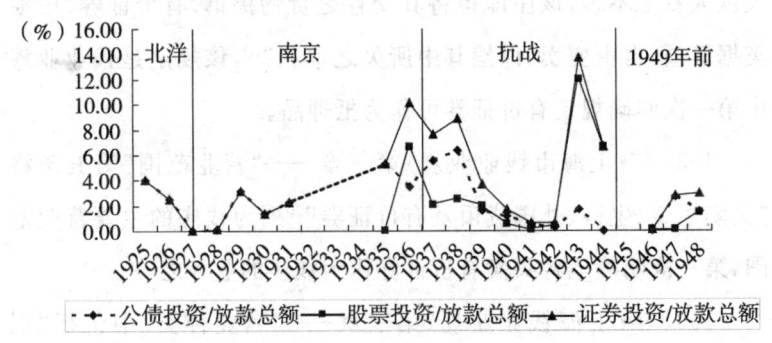

图 5—4 福源钱庄证券投资与放款业务比较

资料来源:根据表 5—9 数据计算得到。

四、钱庄证券投资行为的约束机制

(一)钱业行规

钱业处理业务,虽有传统习惯,但长期以来没有成文可据。直至 1900 年才将重要业务手续订立条规,这是上海钱业的第一项业规。中国近代钱业法规或业规大大小小共有八次新订或者修订,主要包括:1900 年《重整条规》、1906 年《南北市钱业重整条规》、1917 年《钱业经营章程》、1920 年《上海钱业经营规则》、1923 年《上海钱业营业规则》、1933 年《上海市钱业业规》、1944 年《上海市钱庄业业规》和 1947 年《上海市钱业业规》。纵观这些制度和规定,大多仅涉及钱庄的一般性业务,例如存贷款、贴票和汇兑业务等,对混业经营以及证券投资业务少有提及。

1923年《上海钱业营业规则》第十条——"各种放款办法(戊)"中指出:"凡以货物提单、有价证券、田地契据等项,交与庄家而支用款项者,即作为抵押贷款论。受抵庄家得随时要求清偿,如欠款人置之不理,该庄即得将其交存之货物提单、有价证券、田地契据等项,自由变卖,以偿其中所欠之本利"[①],该规定是钱业业规中第一次明确规定有价证券可作为抵押品。

1933年《上海市钱业业规》第三章——"营业范围"第五条将"买卖生金、生银、外国货币及有价证券"[②]列为钱庄的主要营业范围,第一次明确地将买卖有价证券作为钱庄的业务之一。

1947年《上海钱业业规》第三章——"营业种类"中包括"汇票、本票及国库券、公债息票之贴现"和"有价证券之承募及买卖"[③],第一次明确将债券贴现及有价证券承募写入钱业的经营范围。

总体来说,钱业业规对钱庄投资证券市场不仅没有什么实质性的约束,甚至积极鼓励证券投资行为,如将买卖有价证券列入其主营业务范围,允许将有价证券作为抵押品,使得钱庄与证券市场

---

① 《银行周报》第7卷第8期,1923年3月6日,转引自中国人民银行上海分行编:《上海钱庄史料》,上海人民出版社1978年版,第693—703页。
② 《银行周报》第27卷第11、12期合刊,专论第4—6页,1943年3月31日,转引自中国人民银行上海分行编:《上海钱庄史料》,第703—711页。
③ 《钱业月报》第18卷第6号,专载第99—108页,1947年12月,转引自中国人民银行上海分行编:《上海钱庄史料》,第720—727页。

之间的关系变得更加紧密。在证券市场兴旺、资产价格膨胀的时候,投资者通过各种形式的贷款,将资金投入证券市场,更有甚者使用有价证券作为抵押品,进行贷款,用贷到的资金再炒作证券,通过这样的循环,将钱庄引入了投机风潮的漩涡之中。另外,近代金融法规并没有规定钱庄对于存款必须维持多少比例之准备金,故其可放之额度颇宽。当投机泡沫破灭,资产价格极度贬值的时候,不仅贷款人无力偿还钱庄债权,而且钱庄所掌握的证券性质的质押品也是一文不值,所以在中国近代历次证券市场投机风潮中,大多都是钱业最早暴露风险,是倒闭停业最多的金融机构,其受金融风潮的影响很大。

(二)银行法

1931年3月28日,由国民政府立法院商法委员会顾问马寅初主持订立的《银行法》正式颁布实施。该法规第一条规定:凡营"收受存款及放款、票据贴现、汇兑、押汇"等业务之一者为银行或视同银行。[①] 依次范围,则钱庄甚至信托公司、银公司等金融机构均属银行范畴,受《银行法》管理。新《银行法》第九条规定:银行除经营"买卖生金银及有价证券、代募公债及公司债、仓库业、保存贵重物品、代理收付款项"附属业务外,不得兼营它业。[②] 这样一来,钱庄买卖有价证券以及认购和买卖公债、企业债的行为都受到了法律的保护,为日后钱庄从事这些业务提供了法律上的支持和保障。当然,1931年《银行法》因将钱庄完全等同于现代银行,使其

---

① 参见中国第二历史档案馆等编:《中华民国金融法规档案资料选编》上册,中国档案出版社1990年版,第573页。
② 同上书,第574页。

完全附庸于银行法之中，多项条款不适于当时钱庄发展的要求，①受到钱业的激烈反对，并强烈要求政府为钱业另行订立专门的《钱庄法》。② 由于新《银行法》的某些规定未能符合当时金融业及工商业经营的实际情况，国民政府最终还是被迫暂停实施。但为保证政府公债能够顺利发行，中央政府对钱庄所从事的证券投资活动始终保持鼓励的态度，从法律上维护了钱庄从事证券投资业务的合法权益，在一定程度上刺激了钱庄的证券投资行为。

第三节　银行对近代证券市场的利用：投资者角度

银行是通过存款、贷款、汇兑、储蓄等业务，承担信用中介的金融机构。在中国，之所以有"银行"之称，则与我国经济发展的历史相关。在我国历史上，白银曾经是主要的货币材料之一，贵金属"银"往往代表的就是货币，而"行"则是对大商业机构的称谓。把办理与银钱有关的大机构称为银行，最早可见于太平天国洪仁玕

---

① 按《银行法》规定，银行的注册资本至少不得低于 5 万元，组织形式必须采用公司制，不得采用合伙制。照此条款不仅取消了钱庄股东负无限责任的行业特色，更会有大量钱庄因资本额无法达到而被淘汰。又如按其规定，钱庄的营业规则一如银行，这无疑宣布钱庄必须采用抵押放款形式，而不能以信用放款为主，也等于取消了钱庄以信用立业的行业特色。再如规定银行每年年终要提交营业报告书给财政部，财政部有权对银行的营业情况和财产情况进行检查，更是触犯了钱庄一向对外界保守有关盈亏和分红秘密的行业禁忌。详见中国人民银行上海市分行编：《上海钱庄史料》，上海人民出版社 1978 年版，第 212—216 页；李一翔：《近代中国银行与钱庄关系研究》，学林出版社 2005 年版，第 155—171 页。

② 《上海钱业公会致国民政府及各院之呈文》，1931 年 3 月 16 日，上海钱业公会档案。

所著的《资政新篇》,并提出了"兴银行"的建议,主张银行有发行纸币的权力,纸币"便于携带","大利于商贾士民"[①]。

一、近代华资银行与证券市场的发展同步性

1840年鸦片战争以后,英、法、德、日、俄等帝国主义列强相继入侵中国,用他们掠夺的资本陆续在中国开办银行。中国最早设立的银行是1845年英国在香港设立的丽如银行,同年在广州设立了分行。1865年汇丰银行在上海设立,1872年成立德意志银行,1875年成立德丰银行,1889年成立上海德华银行,1890年设立大东惠通银行,1891成立中华汇理银行,1893年成立日本横滨正金银行等。除已倒闭者外,到甲午战争止,在华外资银行共计9家,其中英国5家,德国1家,法国1家,日本1家和俄国1家,[②]总分支机构及代理处共计58家,[③]形成了在华外国资本主义的金融网络。外国银行在中国的发展,操纵了中国的经济,垄断了中国国际汇兑业务与国内金融市场,并通过大量的贷款,逐渐控制清政府的财政,获利颇丰。

在华外资银行的惊人利润也激起了国人兴办自己银行的愿望。1897年中国自办的第一家银行——中国通商银行冲破顽固派和外国侵华势力的种种阻挠而诞生,从此开创了华资银行之先河。随后,华资银行进入了一个初步发展的时期,1905年设立官

---

① 罗尔纲编注:《太平天国文选》,上海人民出版社1956年版,第117—136页。
② 即英国的有利银行、麦加利银行、汇丰银行、惠通银行、中华汇理银行,德国的德华银行,法国的东方汇理银行,日本的横滨正金银行和俄国的华俄道胜银行。
③ 参见《中国近代金融史》编写组编:《中国近代金融史》,中国金融出版社1985年版,第64页。

办户部银行,1907年设立交通银行,各省市也相继设立官银钱号,其中尤其值得指出的是私营银行也开始在各地出现。有资料显示,华资银行数量从1897年的1家发展到1911年的15家[①],特别是实收资本额从1897年的340万元增长至1911年的2 000余万元,增长了近6倍之多,详见表5—10。可以说,辛亥革命以前中国华资银行经历了从无到有、逐步发展壮大的阶段,为中国银行业的发展奠定了基础。

表5—10 辛亥革命前全国华资银行实收资本额 （单位:元）

年份	银行数	实收资本	年增长率
1897年	1家	3 425 000	
1905年	3家	4 794 000	
1906年	5家	7 099 000	48.08%
1907年	6家	7 363 000	3.72%
1908年	11家	16 160 000	119.48%
1909年	13家	7 314 000	−54.74%
1910年	14家	19 250 000	163.19%
1911年	15家	20 304 000	5.48%

资料来源:《1897—1920年中国银行业资本究竟有多少》,《学术月刊》1981年第5期,第41页。

辛亥革命以后,尤其是第一次世界大战爆发以后,中国银行业步入了快速发展期。北洋政府时期,华资银行数量从1911年的15家发展到1927年的157家,增长了10倍多,特别是1919—

---

① 除此之外,朱斯煌认为有17家,详见朱斯煌主编:《民国经济史》,银行学会1948年版,第31页;唐传泗等认为有20家,详见唐传泗、黄汉民:《试论1927年以前的中国银行业》,见中国近代经济史丛书编委会编:《中国近代经济史研究资料》第四集,上海社会科学院出版社1985年版,第63页;杜恂诚认为有30家,详见杜恂诚:《民族资本主义与旧中国政府(1840—1937)》,上海社会科学院出版社1991年版,第501—523页。

1923年,全国共新设银行143家,平均每年约新设29家,详见表5—11。

表5—11 北洋政府时期全国华资银行历年新设、停业和实存数　　（单位:家）

年份	期初实存数	本期新设数	停业数	期末实存数
1912年	16	23	2	37
1913年	37	11	6	42
1914年	42	8	3	47
1915年	47	10	4	53
1916年	53	10	4	59
1917年	59	11	5	65
1918年	65	16		
1919年		22	22	103
1920年		22		
1921年	103	33		
1922年		36		
1923年		30	69	156
1924年		13		
1925年		10		
1926年	156	7	7	156
1927年	156	2	1	157
合计		264	123	
平均		17.6	8.2	

注:本表统计范围不包括总行设在香港、海外的华侨资本银行及各省之银号。1918—1920年和1921—1925年的停业数资料不全,故无法分年统计。

资料来源:唐传泗、黄汉民《试论1927年以前的中国银行业》,载中国近代经济史丛书编委会编《中国近代经济史研究资料》第四集,上海社会科学院出版社1985年版,第63页;朱斯煌主编《民国经济史》,银行学会1948年版,第29、30页,载沈云龙编《近代中国史料丛刊》第三编,文海出版社1985年版。

通过这段时期的快速发展,基本上奠定了中国银行业的发展格局,那些曾在中国历史上有较大影响力的银行大都在此时产生。例如,北方的盐业银行(1915年)、金城银行(1917年)、大陆银行(1919年)和中南银行(1921年)先后设立,构成了"北四行",并于20世纪20年代初联合组成了"四行联营事务所";南方的上海商业储蓄银行(1915年)、浙江兴业银行(1907年成立,1915年改组)和浙江实业银行(1915年更名)构成了"南三行"。这些银行形成了中国近代银行业的主干,成为中国私营银行的典范,造就了中国银行业发展的极大成就。

表 5—12　北洋政府时期全国华资银行历年实收资本数　（单位:元）

年份	银行数	实收资本	年平均增长率
1912 年	37 家	27 136 000	
1913 年	42 家	28 906 000	6.52%
1914 年	47 家	38 418 000	32.91%
1915 年	53 家	45 215 000	17.69%
1916 年	59 家	51 978 000	14.96%
1917 年	65 家	55 571 000	6.91%
1920 年	103 家	88 084 000	19.50%
1925 年	158 家	169 140 000	18.40%

注:各银行实收资本数,绝大部分是以各银行历年年末的实收资本为准,少数银行因其中某些年份缺少资料记载,根据已有数据匡算,匡算方法为:以前后两年实收资本数的年平均增长率推算间隔期各年的实收资本数,以临近年份的实收资本数代替或以额定资本数代替。

资料来源:唐传泗、黄汉民《试论1927年以前的中国银行业》,载中国近代经济史丛书编委会编《中国近代经济史研究资料》第四集,上海社会科学院出版社1985年版,第64页。

从表5—12中可以看出,北洋政府时期银行业实收资本总量成增长态势,年平均增长率为16.70%。到1927年前后,中国华资银行终于取代了外资银行而位居近代金融业之首,在中国银行业35.5亿元总资力①中,华资银行占到了40.8%,比外资银行的36.7%超出4个百分点,比钱庄的22.5%超出了18个百分点。②

但是,可以肯定的是,这几年华资银行的设立之所以盛极一时,并不是因为中国产业发展的需要。因为一战结束后近代中国产业发展渐呈衰势,已不具备促进银行兴盛的因素,唯一能够解释的原因就是政府大量发行公债。1918—1923年是北洋政府公债发行最多、最滥的时期,银行增设数与政府公债发行额几乎达到了同步增长。从表5—11中也可以发现,北洋政府时期银行业虽发展较快,各年新设银行数量很多,银行总数不断提高,但是倒闭率也颇高,总体呈现出不稳定的发展态势。这段时期共新设银行264家,平均每年约新设17家,而同期也倒闭歇业123家,平均每年倒闭约为8家,如此来看,差不多每年仅有一半新设银行得以存活。银行业的旋开旋闭,与北洋政府债信的不稳定和跌落的状况恰巧相吻合。

南京国民政府成立以后,中国银行业延续北京政府时期蓬勃发展之势,1927—1937年的10年间共新设银行137家,实存105家,③年平均新设银行近14家。与北洋政府时期相比,年平均新设银行数量减少了3家,但是倒闭率却低于北洋政府时期的50%,降为22.63%,银行的存活率大大提高了,详见图5—5。

---

① 银行资力包括实收资本、公积金、盈利滚存、存款和发行兑换券之和。
② 参见唐传泗、黄汉民:《试论1927年以前的中国银行业》,载中国近代经济史丛书编委会编:《中国近代经济史研究资料》第四集,上海社会科学院出版社1985年版,第63、64页。
③ 参见沈雷春主编:《中国金融年鉴》,载沈云龙编:《近代中国史料丛刊续辑》,文海出版社1979年版,第107页。

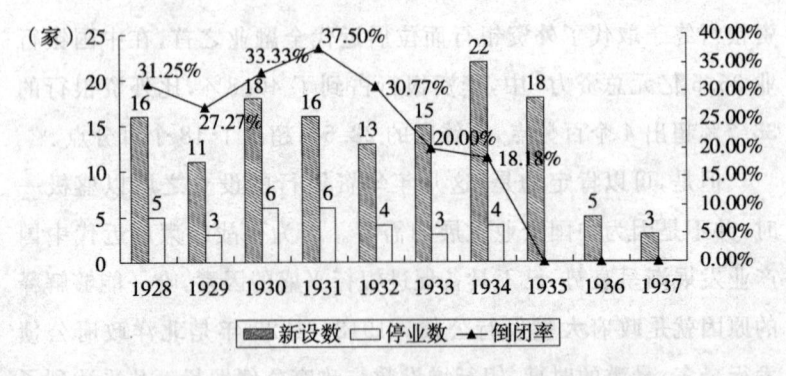

图 5—5 1928—1937 年全国银行新设数、停业数及倒闭率

资料来源:中国银行总管理处经济研究室编《民国二十六年全国银行年鉴》,1937 年版,第 19 页。

从银行业发展规模来看,南京政府时期银行业也得到进一步的提高。1927—1936 年,全国重要银行实收资本额从 1.17 亿元上升到 2.66 亿元,上涨约 2.27 倍,特别是存款额从 9.8 亿元上涨到 1936 年的 38.8 亿元,增加了近 4 倍,银行规模获得了极大的扩张,详见表 5—13。

1931 年的特大水灾、世界银价的巨幅上升、日本对满洲里的侵略以及淞沪战争的爆发,使得中国经济走向衰落和低谷,并最终导致了 1934—1935 年的经济大萧条。但考察这一时期银行业的发展,却发现银行并没有受到任何影响,且有更加繁荣之势,甚至银行业的获利能力更是得到了进一步的提高。从表 5—14 中可以看出,1928—1934 年,全国重要银行纯益从 1 277 万元增加到 3 124 万元,是原来的近 2.5 倍。"我们考察这种盈余的来源,其中有不少银行,除了公债的经营之外,便觉无法可以解释。"[①]相反地,

---

[①] 叶作舟:《中国金融之危机及其当前问题》,《东方杂志》第 31 卷第 6 号,1934 年 3 月。

表 5—13　1927—1936 年全国重要银行实收
资本额和存款额统计　　　　（单位：元）

年份	实收资本	存款额	实收资本指数	存款额指数
1927 年	117 049 543	976 122 496	100.00	100.00
1928 年	144 160 093	1 123 470 646	123.16	115.10
1929 年	149 025 268	1 320 151 727	127.32	135.24
1930 年	150 197 868	1 620 261 033	128.32	165.99
1931 年	155 784 785	1 860 656 525	133.10	190.62
1932 年	156 777 676	1 974 097 476	133.95	202.24
1933 年	173 885 326	2 418 589 782	148.56	247.77
1934 年	254 439 976	2 751 362 925	209.69	281.86
1935 年	258 114 050	3 318 213 980	220.52	339.94
1936 年	265 666 010	3 876 954 223	220.97	397.18

注：1.1927—1934 年数据以银元为单位，1935、1936 年数据以法币为单位。2.以 1927 年为基期。

资料来源：中国银行总管理处经济研究室编：《中国重要银行最近十年营业概况研究》，1933 年版，第 311、315 页；中国银行总管理处经济研究室编：《民国二十三年度全国重要银行营业概况研究》，1935 年版，第 14、18 页。中国银行总管理处经济研究室编：《民国二十五年全国银行年鉴》，1936 年版，第 135 页；中国银行总管理处经济研究室编：《民国二十六年全国银行年鉴》，1937 年版，第 S66—71、S84—89、S133 页。

那些与产业有广泛往来或在地产业有大量投资的银行，受经济萧条的冲击却是很严重的。[①]

抗日战争爆发之初，日本侵华战争给中国带来了巨大的灾难，银行业也随之陷入困境。然而，战事的进行却给中国近代工业带来了空前的发展机会。从内地来看，"由于外来经济势力暂时撤

[①] 参见吴承禧：《民国二十四年度的中国银行界》，《东方杂志》第 33 卷第 7 号，1936 年 4 月。

退,战时物资的缺乏与需要的相对增加,以及通货膨胀政策下的战时景气,使工商业又在经济落后的广大区域获得发展"[1]。从当时的金融中心上海来看,由于战时"孤岛"地位愈趋典型,证券市场出现畸形繁荣,尤其是华商股票市场。股票市场的突然兴盛,促使银行业得到了快速的复苏,甚至繁荣程度堪比以往,一时之间全国范围内新银行的设立如雨后春笋般,尤以中小型银行居多。至1945抗战胜利前夕,全国银行总数达416家,分支行2 566家,大大超过了战前数目。[2]

表5—14 1928—1934年全国重要银行纯益情况 （单位:元）

年份	纯益	指数
1928年	12 769 627	100
1929年	18 967 392	149
1930年	19 082 497	150
1931年	20 841 625	154
1932年	26 286 614	208
1933年	26 811 907	211
1934年	31 248 221	246

资料来源:沈祖杭《吾国银行与政府内债》,《银行周报》第20卷第7期,1936年2月23日,第4页。

二、华资银行的证券投资行为

旧中国新式华资银行与证券交易这种新式金融运行形式以及证券交易所这种新式金融机构相得益彰。近代华资银行设立之初

---

[1] 孙毓棠编:《中国近代工业史资料》第一辑,科学出版社1957年版,第772页。
[2] 参见沈雷春主编:《中国金融年鉴》,载沈云龙编:《近代中国史料丛刊续辑》,文海出版社1979年版,第5页。

就与证券交易所紧密联系在一起,"一、银行供给交易所交易上必要之资金;二、银行利率之高低直接影响于交易所之交易;三、银行帮助交易所完成其转延买卖"①。近代华资银行多以有价证券投资为主要的生财之道,从一个侧面反映了银行业发展的畸形状态。

(一)清政府时期

晚清华资银行的证券投资业务量并不大,总体规模较小,原因有二:(1)清政府时期证券市场还不健全,直到1918年才设立第一家自己的证券交易所——北京证券交易所,再加之近代中国华资银行也才刚起步,还不具备现代意义上的银行业务体系,所以近代银行业不可能大量开展证券投资业务。(2)1921年以前,近代上海共发生过三次规模较大的证券市场投机风潮,从掌握的资料来看,对当时的华资银行影响很小,说明银行的证券投资业务占银行主营业务的比重不大。学者在探究清政府公债发行不力的原因时也指出,资本主义公债发行的物质基础,一方面要有资本主义经济的发展,另一方面要有资本主义化的金融机构与金融市场,而这两者当时的中国都不是具备的。② 可见,以新式金融机构为代表的近代中国华资银行在政府公债发行方面还没有起到实际性的作用,证券投资还未成为其主要的业务领域。

(二)北洋政府时期

从北洋政府大量发行公债开始,华资银行逐步涉足证券市场,并成为近代中国证券市场中最主要的投资者之一。到1918年止,近代上海主要的几家银行都大量持有有价证券,有价证券持有量

---

① 徐沧水:《银行与交易之关系》,《银行周报》第4卷第8号,1920年3月16日。
② 参见千家驹编:《旧中国公债史资料(1894—1949年)》,中华书局1984年版,代序第6、7页。

占银行放款总额的比重平均在 9.59% 以上,其中新华储蓄银行为最高的 38.33%,详见表 5—15。

表 5—15 1918 年部分银行持有的有价证券情况 (单位:银元)

银行名	放款总额	持有有价证券总额	持有有价证券总额/放款总额
中国银行	143 432 059	10 487 658	7.31%
交通银行	78 084 289	10 893 551	13.95%
浙江兴业银行	7 756 885	860 608	11.09%
金城银行	6 513 704	233 779	3.59%
新华储蓄银行	2 731 826	1 047 014	38.33%
广东银行	4 220 751	37 344	0.88%
浙江实业银行	3 350 687	342 483	10.22%
中孚银行	3 163 476	150 530	4.76%
江苏银行	2 200 256	213 486	9.70%
上海商业储蓄银行	1 670 966	69 521	4.16%
中华银行	1 036 955	43 854	4.23%
合计(平均)	(合计)254 161 854	(合计)24 379 828	(平均)9.59%

资料来源:徐沧水《我国各银行资力之分析及其利益之比较》,《银行周报》第 110 号,1919 年 8 月 12 日。

再从非中央银行性质的商业银行代表——上海商业储蓄银行的历史数据看,从 1915 年该行设立之初开始至 1926 年止,除 1923、1925 年外,各年有价证券持有量均逐步增多,且增幅较大,常有 1 倍或 2 倍之增,甚有 4 倍之多。1915—1926 年,上海商业储蓄银行有价证券投资与主营放款业务之比呈上升趋势。1915 年有价证券持有额仅占放款总额的 0.59%,之后虽有起伏,但总体上不断攀升,1924 年达到 29.76%,1925 年虽下降到 16.4%,但到 1926 年又恢复且升至最高的 33.77%,详见表 5—16。

表 5—16　1915—1926 年上海商业储蓄银行持有的
有价证券情况　　　　　　　（单位：元）

年份	放款总额	持有有价证券总额	有价证券持有额增幅	有价证券持有额/放款总额
1915 年	510 513	3 029		0.59%
1916 年	1 164 809	15 192	401.55%	1.30%
1917 年	1 297 717	40 918	169.34%	3.15%
1918 年	2 633 758	69 521	69.90%	2.64%
1919 年	4 116 145	273 444	293.33%	6.64%
1920 年	6 406 251	561 518	105.35%	8.77%
1921 年	7 383 562	1 147 815	104.41%	15.55%
1922 年	8 296 991	1 401 392	22.09%	16.89%
1923 年	10 265 682	992 207	−29.20%	9.67%
1924 年	9 946 941	2 960 678	198.39%	29.76%
1925 年	17 355 006	2 845 558	−3.89%	16.40%
1926 年	19 194 822	6 481 223	127.77%	33.77%

资料来源：根据上海商业储备银行总分行处历年资产负债记录和上海商业储备银行第 23 期营业报告编制。转引自中国人民银行上海市分行金融研究所编：《上海商业储蓄银行史料》，上海人民出版社 1990 年版，第 257—259 页。

虽然仅是个案的表现，但是上海商业储蓄银行的经营理念一直较为稳健，可见同时期其他华资银行的情况至少大体相当或趋势更为明显。总体来看，北洋政府时期华资银行持有的有价证券总额呈逐年增长之势，且增长速度极快。

（三）南京政府时期

南京国民政府时期，银行证券投资业务增长的趋势还在不断加强，全国重要银行持有有价证券总额持续增长。

从增长率的角度来看，1928、1929 年全国重要银行持有有价证券总额增长率为 20% 左右，到 1930 年达到了 55.43%。虽自 1931 年开始增长率有所放缓，1931 年为 2.47%，1932 年为 0.98%，但 1933 年又上升到 37%，之后由于 1934 年公债行市开始跌落，银行相继降低了对有价证券投资的热情,1935年的增长率忽降为-13.77%。随着南京国民政府金融垄断政策的实施,从1935年开始,银行大量认购政府公债,持有有价证券的数额又开始激增,详见图5—6。

从银行业务的角度看,有价证券投资业务占主营放款业务的比重也在逐步提高,南京国民政府时期与北洋政府时期相比,所占比重更大。北洋政府时期全国重要银行有价证券投资额占放贷总额比重一般在10%以下,而1934—1936年,全国银行持有有价证券总额与放款总额的平均比例分别为17.9%、18.58%和14.45%,详见表5—17。

图5—6　1927—1936年全国主要银行持有的有价证券额及增长率[1]

注:[1]全国重要银行包括:中国银行、交通银行、上海商业储蓄银行、浙江兴业银行、浙江实业银行、金城银行、大陆银行、中南银行、盐业银行、四明银行、乐莱银行、中孚银行、中国通商银行、永亨银行、新华信托银行、中华商业银行、国华银行等当时国内最大的银行。

资料来源:中国银行总管理处经济研究室编《中国重要银行最近十年营业概况研究》,1933年版,第317页;中国银行总管理处经济研究室编:《民国二十五年全国银行年鉴》,1936年版,第79—84页;中国银行总管理处经济研究室编:《民国二十六年全国银行年鉴》,1937年版,第102—106页。

表 5—17　1934—1936 年全国银行持有的有价证券
总额与放款总额统计　　　　　　（单位：元）

年份	持有证券总额	放款总额	证券投资额增长率	证券投资额/放款总额
1934 年	469 751 665	2 623 932 279		17.90%
1935 年	593 882 595	3 195 598 763	26.42%	18.58%
1936 年	501 007 136	3 466 120 307	−15.64%	14.45%

资料来源：沈雷春主编《中国金融年鉴》，载沈云龙编《近代中国史料丛刊续编》，文海出版社 1979 年版，第 117 页。

　　银行所持有的有价证券，主要包括因银行从事有价证券投资而持有的股票、公司债和公债，以及作为发行纸币或领用钞券准备金的有价证券。其中，不管是证券投资业务还是作为准备金，银行持有的有价证券主要还是以公债为主。按照当时的估计，银行拥有的有价证券中 80% 为政府债券，总数约为 6 亿元。[1] 据吴承明先生的估计，中国银行业所持证券中，政府发行的公债、库券至少占 2/3。[2] 马克思曾指出，公债能"使股份公司、各种有价证券的交易、证券投资，总之，使交易所投机和现代的银行统治兴盛起来"[3]。近代中国华商银行的发展就是以承募、认购和投资公债起家的，"公债发行最滥的年份，也是银行蓬勃兴起之时"[4]。

---

[1] 参见章乃器：《中国货币金融问题》，生活书店 1936 年版，第 68、69 页。
[2] 参见许涤新、吴承明编主编：《中国资本主义发展史》第三卷，人民出版社 1993 年版，第 183 页。
[3] 马克思：《资本论》第一卷，人民出版社 2004 年版，第 865 页。
[4] 沈祖杭：《吾国银行与政府内债》，《银行周报》第 20 卷第 7 号，1936 年 2 月 23 日，第 9 页。

具体来看,1931年银行投资公债"票面额至少当在三万万三四千万元以上",占该年底公债余额810 075 377元的40%左右。①截至1931年底,"上海各银行持有南京政府的公债券二分之一至三分之二"②。截至1932年底,政府发行的35种债券负债总额共859 695 362元,其中至少有一半掌握在银行界手中,而"银行界持有的有价证券至少有三分之二的部分是政府公债券"③。截至1933年底,公债余额917 754 152.26元中,中国银行业至少掌握了其中的4亿—4.5亿元。④ 1921—1934年,在银行业投资放款总额中,公债券平均至少占10%以上,且比例呈不断增长的趋势,而且公债券越来越明显地集中于少数大银行手中,表现出大银行经销公债的垄断性地位。总之,近代银行业的证券投资绝大多数是公债投资,这与当时的中国证券市场的特点也相吻合,"1937年前,上海证券市场交易对象,主要仍为公债,约占有价证券交易总额的98%"⑤。

(四)银行参与证券投资的形式

当时人们对银行和证券之间的关系有如下总结:"银行之资产,其一部为证券之购置;银行之放款,其一部为证券为抵押;银行之余资,其一部为证券为短期投资;银行之纸币,则一部为证券为发行准备"⑥。显而易见,近代银行证券投资行为主要通过以下几

---

① 参见千家驹:《中国的内债》,社会调查所1933年版,第73页。
② 李紫翔:《中国的银行体制》,《东方杂志》1933年11月1日,第35、36页。
③ 吴承禧:《中国的银行》,商务印书馆1934年版,第72、73页。
④ 同上书,第74页。
⑤ 洪葭管、张继凤:《近代上海金融市场》,上海人民出版社1989年版,第215页。
⑥ 杨荫溥:《中国之证券市场》,《东方杂志》第27卷第20号,1930年10月25日。

种方式实现：

第一，承销公债。公债的推销通常有两种形式：直接向公众募集和间接募集。直接募集法是公债发行中最简单、最实际且最有效的方法，政府可以在不消耗很多的经费、不受银行家苛刻条件要求的情况下迅速募得大宗的款项，但这一方法须以国民经济繁荣、流动资本充足为前提。间接募集是指由银行及其他金融团体首先包销认购，再由银行团体在适当的时候将债券投放到二级市场销售，这是在国家信用薄弱或金融紧急时，政府不惜与银行订立承销公债之条件以谋即刻获得巨额款项的方式。由于政府信用、社会经济以及政府急于用钱等原因，直接募集大多难以成行，从北洋政府时期起政府债券大多采用间接募集的方法。国民政府发行的公债折扣很大，把债券打折后交给银行经募或销售，折扣一般在五六折之间，[1]银行作为经募人，可以利用销售中的折扣和经手费等获取利润。

第二，直接投资。国民政府时期政府公债的利率水平普遍较高，一般年利率在6%以上，银行直接投资公债，不仅能获较高的利息，而且还能在偿还中按100%的面值收回，从中获得厚利，利润率通常可达15%以上，[2]远远高于一般实业投资收益率和银行主营业务放款收益率。此外，证券交易有现货和期货之分，有价证券价格相差悬殊，为公债投机提供了条件。在买卖远期即期债券时，往往能坐得一分二三厘或一分四五厘的厚利。[3] 同时，因为政

---

[1] 参见千家驹：《中国的内债》，社会调查所1933年版，第62页。
[2] 参见财政清理处编：《财政清理处报告书表文件汇编》第三册，京华印书局1924年版。
[3] 参见千家驹：《中国的内债》，第63页。

朝起伏、债券整理的信息以及金融市场本身固有的季节波动性，常常引起债券价格剧烈波动，银行依靠自身的经济实力，并参照金融市场季节波动性的规律，常常还能通过炒作公债获得暴利。

第三，以有价证券作为发行准备。银行使用有价证券作为发行准备，功效与现金准备相同，可使银行不断进行信用创造，有益于扩大货币发行及其他业务的开展。国民政府规定，银行发行纸币，除保有50%—60%的现金准备外，其余准备金可用有价证券形式充当。银行持有的有价证券越多，越可扩大纸币发行量。银行在大量发行纸币的同时，现金准备必定越来越匮乏，认购政府公债或购买有价证券成为银行进一步扩大货币发行的必要条件。在多重利益的驱使下，银行对有价证券特别是公债投资的规模不断加大。

第四，有价证券抵押放款。与钱庄相比，银行更注重抵押放款，抵押品有不动产、贵金属、票据、栈单等等。国民政府时期，因为有价证券的保管比较容易，且一般可以在公开市场随意变现，所以银行间最通行的同业拆借或同业押款主要以有价证券为质押品，特别是以公债押款为主。当银行业资金宽松时，押款容易，证券市场亦自形活跃；反过来说，证券市场越坚挺，则证券押款保障越强，而银行亦越自形安稳。当证券市场突趋跌势，则证券价格跌落，押款动摇，银行亦受影响。可见证券市场与银行之间的关系十分紧密，可谓"有唇齿相依之关系"[①]。

三、华资银行证券投资行为的个案分析：金城银行

金城银行是民国时期重要的民营银行，作为"北四行"支柱银

---

① 杜恂诚：《中国金融通史》第三卷，《北洋政府时期》，中国金融出版社2002年版，第328页。

行之一,经营历经北洋政府和南京政府,一直经营至1949年,具有一定的代表性和参考性。金城银行1917年成立伊始,就积极从事证券买卖。"银行以有价证券为投资对象,乃运用资金之常轨。我国有价证券内,以中央政府发行之公债、库券,担保最为确实,信用素著,市场流通性亦最大,对其投资,不特适于利殖,抑且可助国家之建设。故本行对于此种债券之投资,商储两部历年均达相当之数额。"①

(一)金城银行的证券投资机构

虽然债券买卖当时已成为各银行普遍兼营的生意,但金城银行也很清楚,"证券市场之情形,撇开理论,剖视实际,无疑为一种偏重于投机之场所,以是买卖之间即不能不避人耳目"②。从事债券买卖与银行的主营业务在某种意义上说是不相容的,不仅有损于其一贯致力维护的稳健经营的形象,影响客户对它的信任,而且从事债券买卖也易暴露银行的利益情况、银根松紧等不愿为外人所知的内幕,给银行从事其他业务带来不便。

为解决这一问题,金城银行从事有价证券买卖曾用"金记"名义掩人耳目,后另设"丰大号"。据周作民解释:"本行买卖有价证券,因每年利益关系及市场情况,买卖时每易惹起外人议论,而银行银根之松紧,亦往往多在窥测之中,颇觉不便,拟自行设立机关,专营此项业务"③。1921年5月金城银行行务会议决定由总处拨

---

① 金城银行编:《金城银行创立二十年纪念刊》,上海世界书局1937年版,第157页。

② 《证券科殷履恒[纪常]致总处报告1935年下期情况函》,1935年12月31日,转引自中国人民银行上海市分行金融研究室编:《金城银行史料》,上海人民出版社1983年版,第542页。

③ 中国人民银行上海市分行金融研究室编:《金城银行史料》,第70页。

资组织股票公司。① 1921年7月,金城银行拨付5万元作为营业资金,由董事曲荔斋出面在北京开设丰大号,专营有价证券买卖。1923年又在上海设立丰大号,"本行以公债及各种证券买卖,以沪市较北京为多,现在上海行内另用一人,以丰大号名义对外经营各项公债证券,较本行直接买卖,略为便利"②。总处要求各行:"嗣后各行处凡有买卖有价证券暨各项公债、货币、股票、信托等事,可悉委托京沪两号办理。此外并应随时转向各界代为设法招徕,以期完成丰大设立之机能"③。丰大号是中国第一个参加证券交易所的银行经纪人字号,其后很多银行纷纷效仿。

金城银行十分强调经营证券业务的稳健性,如1926年2月在京、沪丰大号的通函中,总处强调:

> 每当时价大涨大落之时,所有保证及追加金等事稍纵即恐成为问题,且不免临时代客多数垫款,为此用特通告两号,此后对于代客买卖公债各户,均须先交有充分之保证金,方可承做。④

北京与上海丰大号因所处环境不同,情况有所差异。北京丰大号地处京师,周作民常利用它拉拢一些官僚政客。有些官僚嫌银行存款利息低,周作民就请其存入丰大号,许以较高利息,代为运用,这些人赚了就来取钱,赔了也不来了结,⑤对北京丰大号的

---

① 参见《行务会议议案》,1921年5月,金城档案,档案号 Q264—1—201。
② 《董事会议事录》,1923年4月27日,金城档案。
③ 《总处致各行处函》,1924年3月25日,转引自中国人民银行上海市分行金融研究室编:《金城银行史料》,上海人民出版社1983年版,第71页。
④ 《总处致京、沪丰大号通函》,1926年2月5日,金城档案,档案号 Q264—1—743。
⑤ 参见《访问王轶陶记录》,1957年2月,转引自中国人民银行上海市分行金融研究室编:《金城银行史料》,第70页。

经营业绩有很大的影响。和北京相比,上海丰大号主要按商业原则经营,因而每年都有盈余。从总体上看,金城银行投资设立丰大号,所花本钱不大,却获利颇丰。1923 年赢利即达 59 000 万元,其中上海丰大号开办不到 10 个月,进出交易票面总数即达 9 500 余万元,纯利 31 800 余元,1923 年净余 44 000 余元,到 1924 年净余竟达 70 000 余元,①绝对是个赚钱的机构。

久而久之,丰大号是金城银行的经纪人成为众所周知的事实,其证券的买进卖出极易惹人注意,②而总分各行自营债券又存在着甲进乙出、各行自行其是等问题,影响到债券经营的效率。为了"统一买卖有价证券,免除甲进乙出及由各行径自委托他处代理起见",1935 年 1 月 21 日金城银行行务会议议决:"由总处先就上海添设一证券科,专为各行或代客办理买卖证券或套期各事宜。"③

证券科在 3 月份正式成立,主要从事证券经纪人业务,其经营颇为谨慎,尽量不引人注目并注意减少风险,"平时办理买卖,除本行通常交易尽归丰大经办外,倘遇数目较巨或同业间之委托对于市价有上落性者,不能不权衡轻重,酌量分交其他经纪人四、五家代办,或委托其他经纪人辗转分理"。④ 此外,为规避风险,证券科

---

① 参见《董事会议事录》,1925 年 1 月 13 日,转引自中国人民银行上海市分行金融研究室编:《金城银行史料》,上海人民出版社 1983 年版,第 71、72 页。
② 参见《证券科殷履恒[纪常]致总处报告 1935 年下期情况函》,1935 年 12 月 31 日,转引自中国人民银行上海市分行金融研究室编:《金城银行史料》,第 542 页。
③ 《总处致沪行函》,1935 年 3 月 15 日,转引自中国人民银行上海市分行金融研究室编:《金城银行史料》,第 541、542 页。
④ 《证券科殷履恒[纪常]致总处报告 1935 年下期情况函》,1935 年 12 月 31 日,转引自中国人民银行上海市分行金融研究室编:《金城银行史料》,第 542 页。

的业务范围主要侧重于金城总分各行所委托的交易,对于客户则主要在中央、中国、交通及四行、四行储蓄会等颇有实力并与金城银行业务联系比较多、彼此比较熟悉的主顾中兜揽业务,这种宁少毋滥的审慎经营态度与金城银行一贯强调的稳健经营作风是一致的。

即便如此,证券科的证券买卖数额仍相当可观。证券科成立仅半年,证券成交量就达到1.27亿元之多,次年因发行统一公债,投资者对新公债多持旁观态度,故交易量没有太多增加,全年不到1.29亿元。1937年上半年,时局有所好转,债市欣欣向荣,证券科成交量也大幅增加,半年成交量即超过去年全年之额,为1.29亿元,占同期上海证券交易所总成交量的8.78%。金城银行证券交易额中,有一部分为代客买卖,但大部分为本行买卖,以1937年上半年为例,本行证券投资占64%,代客买卖占36%,详见表5—18。

表5—18 金城银行证券科证券公债成交额统计 (单位:千元)

时间	金城证券科	上海证券交易所	比重
1935年下半年	127 100	2 708 248	4.69%
1936年	128 625	2 335 335	5.51%
1937年上半年	129 455	1 475 180	8.78%
其中:本行	82 455		64.00%
代客	47 000		36.00%

资料来源:根据金城档案"证券科报告",1935年7月—1937年6月;《新闻报》,1935年7月—12月;《中外商业金融汇报》,1937年等资料编制。转引自中国人民银行上海市分行金融研究室编《金城银行史料》,上海人民出版社1983年版,第544页。

(二)金城银行有价证券投资总量考察

金城银行是承购政府公债、库券的主要银行之一,"金城银行承购数额常为购买北洋政府军阀政府公债、库券之最多者"①。金城银行承购公债库券的数额不断增加,从1917年的不到3万元,②增加到1919年的49万元,1927年更是达到545万元,增长了近200倍之多。而且公债投资额占银行运用资金总额的比重也在不断上升,从1919年的6.58%上升到1927年的15.85%,详见表5—19。

表5—19 金城银行个别年份公债投资情况统计 （单位：万元）

年份	放款总额	运用资金	公债投资	公债/放款	公债/运用资金
1919年	556	745	49	8.81%	6.58%
1923年	1333	1788	146	10.95%	8.17%
1927年	2738	3438	545	19.91%	15.85%

注：运用资金指放款总额与有价证券投资总额之和,其中有价证券投资包括公债、库券和工商企业股票投资。

资料来源：中国人民银行上海市分行金融研究室编《金城银行史料》,上海人民出版社1983年版,前言第11—14页。

截至1927年,金城银行共持有国内外公债库券49种,共计545万元,其中北洋政府各项债券占74.56%、铁路债券占12.61%、南京政府债券占6.92%、地方政府债券占3.70%、其他债券占2.21%,详见表5—20。金城银行将大量资金投资于公债、库券,且品种繁多,这是在社会环境恶劣、政局动荡不定的情况下审慎投资、减少风险的一种手段。

---

① 《京行致津行函》,金城银行档案。
② 参见祝淳夫：《北洋军阀对天津近代工业的投资》,载中国人民政治协商会议天津市委员会文史资料研究委员会编：《天津文史资料选辑》第四辑,天津人民出版社1979年版,第150页。

表 5—20 1927年金城银行公债库券投资统计 （单位：元）

名称	票面金额	账面金额
北洋政府发行的债券(74.56%)		4 063 958
五年公债	69 287	61 990
七年长期公债	2 059 310	1 316 492
九年金融公债	191 926	160 111
整理六厘公债	229 382	142 158
十四年公债	1 149 200	962 344
整理七厘公债	213 447	129 769
九六公债	669 358	133 892
赈灾公债	100	50
春节库券	550 000	363 000
盐余库券	570 000	65 850
二四库券	169 000	125 060
秋节支付券	68 700	17 175
国库券	5 000	1 000
农商券	40	4
九六公债	日元 4 600	29 226
英发善后债券	金镑 20 000	102 850
法发善后债券	金镑 27 280	382 473
德发善后债券	金镑 6 000	30 105
比发善后债券	金镑 7 960	40 409
各项铁路债券投资(12.61%)		686 995
陇海铁路债券	450 000	382 500
津浦铁路局支付券	79 365	53 903
京汉支付券	10 150	6 090
京绥支付券	41 914	25 148
陇海铁路金镑债券	金镑 47 000	125 555
湖广铁路金镑债券	金镑 5 000	18 700
英发津浦铁路债券	金镑 2 000	7 480
德发津浦铁路债券	金镑 8 080	30 219
德发湖广铁路债券	金镑 10 000	37 400

南京政府发行债券(6.92%)		377 125
二五附税库券	134 403	131 715
续发二五附税库券	253 000	245 410
地方政府债券投资(3.70%)		201 421
直隶四次公债	12 700	12 700
直隶五次公债	25 700	24 980
直隶六次公债	500	450
直隶兴利公债	12 000	11 640
直隶二次兴利公债	80 000	63 067
直隶善后长期公债	500	450
江苏国家分金库公债	1 600	1 400
江苏省公债	18 120	16 308
江苏省增比公债	2 500	2 425
湖北地方公债	28 860	19 051
整理湖金融公债	1 480	1 450
察区地方债券	1 500	1 500
天津市政公债	50 000	46 000
其他债券投资(2.21%)		210 453
华商公会债券	575	489
总商会公债	500	679
银行公会房地产公债	13 500	19 286
北京交行特种定期存单	10	10
印花税票	5809	2 324
买入期证券		97 665

资料来源:根据1927年金城银行决算表整理,转引自中国人民银行上海市分行金融研究室编:《金城银行史料》,上海人民出版社1983年版,第202—204页。

南京国民政府建立后,随着其自身实力的增强,金城银行在债券投资方面无论数量、范围还是参与程度,与北洋时期相比有过之而无不及。截至1937年6月,金城银行持有的内外债券达4 700多万元,是1927年550万元的8.5倍之多。1927—1937

年,金城银行持有公债总额占其主要运用资金总额的比重最小值为15.85%,最大值为28.20%,各年的平均值为20.97%,详见图5—7。

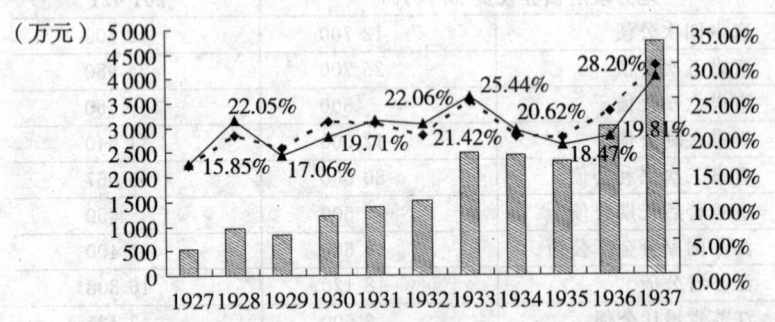

图5—7 1927—1937年金城银行公债投资与存款业务和资金运用比较

注:1.资金运用额为全部放款与有价证券投资额之和。2.截至1937年6月末。

资料来源:根据金城银行各年决算表整理,转引自中国人民银行上海市分行金融研究室编:《金城银行史料》,上海人民出版社1983年版,第480—483页。

截至1937年6月底,在金城银行持有的内外债中,政府债券占71.85%,地方政府公债占1.43%,外币债券占26.71%、其他债券占0.01%,详见表5—21。

表5—21 1937年6月底金城银行累计持有的内外公债统计   (单位:元)

名称	票面金额	账面金额
政府债券(71.85%)		34 061 112
甲种统一公债	4 140 000	3 319 974
乙种统一公债	3 541 360	2 755 615
丙种统一公债	18 694 210	14 382 280
丁种统一公债	3 382 680	2 635 611

戊种统一公债	7 727 500	6 083 716
买入期证券(各种统一公债)	4 140 000	3 312 323
十七年金融长期公债	1 873 000	1 011 455
九六公债	—	47 419
盐余库券	1 740 000	118 588
赈灾公债	100	10
秋节库	80 000	720
秋节支付券	68 700	17 175
崇文门库券	350 000	192 500
国库券	5 000	289
农商券	40	4
十六年汉口中央银行发行国库券	50	5
有利国库券	38 000	380
无利国库券	14 304	143
特别流通券	33 825	3 382
有利兑换券	37 046	3 705
有利流通券	34 210	3 421
交通部八厘短期公债	—	4 061
交通部兑换券	200 400	168 336
各种地方政府公债(1.43%)		677 809
上海市政公债	76 500	73 915
青岛建设公债	100 000	76 000
青岛市政公债	14 000	12 500
察哈尔地方公债	1 500	1 500
江苏国家分库公债	—	400
江苏省公债	—	16 308
江苏省增比公债	—	2 425
疏浚河北河海工程短期公债	90 000	85 000
河北省特种库券	360 100	250 297
直隶四次公债	2 700	12 700
直隶五次公债	7 700	6 980
直隶六次公债	500	450

天津市政公债	50 000	46 000
湖北建设公债	2 015	2 015
二十年湖北善后公债	1 035	899
二十一年湖北善后公债	1 525	1 263
二十三年湖北整理金融公债	3 095	2 872
二十四年湖北建设公债	12 285	12 285
积欠善后公债（哈尔滨伪满币）	100 000	74 000
外币债券（26.71%）		12 677 170
广东港河工程美金公债	美金 50 000	144 000
中法美金五厘公债	美金 6 151	18 838
中比美金六厘公债	美金 300	936
芝加哥美金六厘库券	美金 955 000	2 148 750
克利斯浦五厘公债	英镑 31 500	445 331
善后公债（英法）	英镑 98 380	1 457 678
九六公债日金债票	日金 184 969	92 485
津浦铁路债券（德英）	英镑 282 820	3 124 610
津浦铁路债券（德续发）	英镑 44 340	476 439
津浦铁路无息期票	30 206	50 633
湖广铁路债券（德英）	英镑 244 080	2 695 665
陇海铁路债券	英镑 149 860	1 091 478
沪杭甬铁路六厘债券	英镑 19 200	281 839
沪宁铁路债券	英镑 12 000	162 900
道清铁路公债	英镑 20 000	261 000
广九铁路公债	英镑 26 500	224 588
其它债券（0.01%）		1 468
总商会公债	—	664
天津华商公会债券	350	275
印花税票	5 291	529

资料来源：根据金城银行1937年决算表整理，转引自中国人民银行上海市分行金融研究室编：《金城银行史料》，上海人民出版社1983年版，第530—533页。

对比北洋政府时期，金城银行持有的外币债券数额增加尤巨，达1 268万元,所占比例从1927年末的14.77%上升至1937年6月的26.71%。"抗战前,金城……还持有相当数额的外币债券。其中英镑债券有:善后公债、克利斯浦五厘公债、津浦铁路债券、湖广铁路债券、陇海铁路债券等,票面共值九十余万英镑;美金债券主要是芝加哥六厘库券,票面共值一百万美元。金城账上按当时市价折合'法币'为一千二百余万元,这个数字,在抗战前不能说不大",仅"1937年上期这半年中新购入的债券面额就有英镑二十八万余镑、美金九十五万余元"。①

事实上,大量购买外币债券的做法并不只有金城银行一家,"在北四行中,吴鼎昌直接主持的盐业与四行储蓄会购入这类外币债券亦很多,吴鼎昌并以大部分私产购买这种金镑公债"②。就金城来说,由于存款额逐年增加,而运用资金的路子相对而言却颇狭窄。在"(1)大宗放款无;(2)本国证券已多;(3)各种货价已高"③的情况下,外币债券"在当时有产者的心目中,认为信用可靠,利息优厚,还本付息正常。又以英镑、美元为单位,可不受伪法币贬值的影响"④。金城银行不仅靠购买外币债券赚取利息,鉴于"只购不押,其息太小",金城还购外币债券押款套利,"既可套息,又可套金",以取得更大的收益。当然,金城银行也

---

① 《徐国懋回忆》,1960年7月,转引自中国人民银行上海市分行金融研究室编:《金城银行史料》,上海人民出版社1983年版,第547、548页。
② 同上书,第548页。
③ 《津行王锡文致周作民函》,1936年5月7日,转引自中国人民银行上海市分行金融研究室编:《金城银行史料》,第548页。
④ 《徐国懋回忆》,1960年7月,转引自中国人民银行上海市分行金融研究室编:《金城银行史料》,第547、548页。

不是一味求利,在购入外币债券及押款时尽量避免风险。首先,注意债券种类及期限的多样化。"券类之国别种别比较多选分购,以期盈虚相剂,而免受一条鞭之影响。"其次,押借机关不限于一家,"以期到期较有伸缩"。第三,保证准备充分。"手中现寸⋯⋯多划一百变金,则金寸即余一百,(一)可备押款催赎,(二)可备随时调换国币"。① 可见在外币债券投资方面,金城银行还是比较谨慎的。

(三)金城银行公债投资的赢利情况

承购公债、库券给金城银行带来了丰厚的收益,以金城账上的"七年短期公债"和"整理金融公债"为例,按照各自的利息、折扣和还本付息年限次数,根据记账价格平均计算利息。其中,七年短期公债是1920年前后金城银行重点购入的北洋政府公债,在1919年末账面上占了54.51%,此公债票面每百元折价约为78.05元,如在到期还本之前不予售出,按照该公债条例的规定(到1922年12月31日为止,分四年还清,每半年还本付息一次,每次还本1/8,票面利率为年息六厘,每半年付息三厘),1922年末到期时,先后可得到本利共113.50元,折合年息能够达到一分九厘。再如整理金融公债在金城银行1921年末账面上占25.52%,假如金城银行在整理金融公债发行时,以中国银行和交通银行京钞6 000元调换公债票面6 000元,账面平均折价每公债票面百元约为64.42元,账面余额则为3 865.24元,按照该公债条例的规定(自1921年起,分六年偿还,每年抽签还本两次,每次抽还1/12,扣至

---

① 《津行王锡文致周作民函》,1936年5月7日,转引自中国人民银行上海市分行金融研究室编:《金城银行史料》,上海人民出版社1983年版,第548—549页。

1926年9月30日止,全数还清,年利率六厘,每年付息两次),整理金融公债的利率高达年息二分三厘五毫。①

四、银行证券投资行为的约束机制

(一)对公债经营特权的规定

承募及经理公债一般是授予国家银行的特权,近代中央政府也多将这一特权授予各时期起国家银行作用的银行。《大清银行则例》规定,大清银行有代表国家"经理公债票,及各种证券"之责。②北洋政府时期的国家银行,即中国银行和交通银行也都有相关规定。1913年北洋政府公布的《中国银行则例》第十三条规定,中国银行"受政府委托,得办理公债募集或偿还事务"③。1914年奉大总统令颁布的《交通银行则例》第六条规定,交通银行的业务范围包括"国库证券及商业妥实期票之贴现",这里的国库证券,虽然包含公司股票、外国债券,但就北洋政府时期的实际情况来看,其最大部分当属政府公债和库券。南京国民政府设立中央银行后,于1928年颁布《中央银行条例》,将"募集或经理国内外公债事务"作为特权之一授予中央银行,并规定该行可买卖国库证券,从而使中央银行承担起政府新旧公债的募集与还本付息等各项证券业务。④但同时也委托中国银行"代理政府发行海外公债及经

---

① 参见中国人民银行上海市分行金融研究室编:《金城银行史料》,上海人民出版社1983年版,第201、202页。
② 郭库林、张立英著:《中国近代市场经济研究》,上海财经大学出版社1999年版,第239—241页。
③ 商务印书馆编译所编:《民国十三年编订法律大全》,上海商务印书馆1924年版,第596页。
④ 参见中国第二历史档案馆等编:《中华民国金融法规档案资料选编》,中国档案出版社1990年版,第530页。

理还本付息事宜","受政府委托,募集或经理内债事务","酌情营业情形得买卖公债证券"①。此外,交通银行也有"代理公共实业机关发行债票及经理还本付息事宜"之责。② 不过,国民政府一直在努力改变上述状况,从1929年起,一向存于外商银行的内债基金,改存中央银行。1934年,昔日外商银行所代付之各国赔款及国外公债基金,均改由中央银行经理汇解,债券本息亦大半由中央银行经付。③ 1934年中央银行持有的有价证券总额从1933年的20万元猛增到1934年的1.5亿元,占上海主要银行持有有价证券总额的32.67%,一举成为持有有价证券最多的金融机构,所持有价证券中大多是政府公债,详见表5—22。

表5—22 1931—1934年上海主要银行持有的
有价证券情况 （单位：百万元）

年份	中央银行	中国银行	交通银行	其他	合计	中央银行占比
1931年		72.0	21.4	145.8	239.2	
1932年	0.3	64.5	26.0	148.4	239.2	0.13%
1933年	0.2	32.0	29.9	212.9	275.0	0.07%
1934年	155.4	25.4	29.3	265.5	475.6	32.67%

资料来源:许涤新、吴承明主编《中国资本主义发展史》第三卷,人民出版社1993年版,第78页。

1935年国民政府颁布实施《中央银行法》,从立法形式上肯定了中央银行"承募内外债,并经理还本付息事宜"的特权。其中第

---

① 中国第二历史档案馆等编:《中华民国金融法规档案资料选编》,中国档案出版社1990年版,第543、544页。
② 同上书,第555页。
③ 参见卓遵宏:《中央银行之筹建及初期发展(1927—1935)》,台北:近代中国出版社1991年版,第49页。

二十七条规定:"国民政府募集内外债时,交由中央银行承募,其还本付息事宜,均由中央银行经理。但于必要时,得由中央银行委托其他银行共同承募或经理之"。① 于是,中央银行在法律上获得了独家经营公债的特权,其他银行经营公债不过是受中央银行的委托而已。

(二)对银行从事有价证券业务的规定

针对银行从事有价证券业务,近代金融立法主要从买卖有价证券和有价证券押款两个方面进行规定与约束。从有关买卖有价证券的规定来看,政府对银行从事有价证券投资业务起初试图有所限制,但均因无法执行而废止,且从附属业务领域逐步扩展为主营业务,约束条件也越来越松。1928年颁布的《中央银行条例》规定:中央银行不得从事投机性业务,其中就包括"购入或承受各项公司之股票及债票"②。1928年颁布的《中央银行章程》,也有相同的要求。③ 但1935年颁布实施的《中央银行法》,第二十八条规定:中央银行可以"买卖国民政府发行或保证之公债库券,其数额由理事会议定之"④。此规定使中央银行通过买卖政府债券调剂金融有了法律依据,保证其行使国家银行

---

① 中国第二历史档案馆等编:《中华民国金融法规档案资料选编》,中国档案出版社1990年版,第599页。

② 国民政府财政部档案,档案号三31088,转引自财政部财政科学研究所、中国第二历史档案馆编:《国民政府财政金融税收档案史料(1927—1937)》,中国财政经济出版社1997年版,第454—456页。

③ 参见国民政府财政部档案,档案号三1236,转引自财政部财政科学研究所、中国第二历史档案馆编:《国民政府财政金融税收档案史料(1927—1937)》,中国财政经济出版社1997年版,第456—459页。

④ 中国第二历史档案馆等编:《中华民国金融法规档案资料选编》,中国档案出版社1990年版,第600页。

调控经济的职能。1935年修正的《中国银行条例》第十一条规定：中国银行可"酌量营业情形，得买卖公债、证券"①。1936年正式颁布的《中国银行章程》也有上述规定，同时要求中国银行不得"收买本银行股票"②。1928年《交通银行章程》规定：交通银行所办理的商业银行业务包括"买卖证券生金银及各国货币、发展实业之投资"③。1935年修正的《交通银行条例》指出：交通银行对"实业公司发行之公司债经理应募或承受"④。

1931年颁布实施的《银行法》，将"买卖生金银及有价证券"和"代募公债及公司债"视为银行业的附属业务，予以肯定，但同时规定"银行不得收买本银行股票"⑤。而在1947年重新订立颁布的《银行法》第二条中，将"买卖有价证券及投资"和"代募或承募公债公司债及公司股份"视为银行之主要业务。⑥ 1934年7月4日颁布实施的《储蓄银行法》，将"代理买卖有价证券"也视为一般储蓄

---

① 中国银行档案，档案号三九七2108，转引自财政部财政科学研究所、中国第二历史档案馆编：《国民政府财政金融税收档案史料（1927—1937）》，中国财政经济出版社1997年版，第496—498页。

② 中国银行档案，档案号三九七2790，转引自财政部财政科学研究所、中国第二历史档案馆编：《国民政府财政金融税收档案史料（1927—1937）》，第498—504页。

③ 交通银行档案，档案号三九八2602，转引自财政部财政科学研究所、中国第二历史档案馆编：《国民政府财政金融税收档案史料（1927—1937）》，第535—540页。

④ 交通银行档案，档案号三九八2602，转引自财政部财政科学研究所、中国第二历史档案馆编：《国民政府财政金融税收档案史料（1927—1937）》，第533、534页。

⑤ 国民政府财政部档案，档案号三2855，转引自财政部财政科学研究所、中国第二历史档案馆编：《国民政府财政金融税收档案史料（1927—1937）》，第661—665页。

⑥ 中央银行经济研究处编：《金融法规大全》，上海商务印书馆1947年版，第18—24页。

银行的主要业务。①

从有关有价证券押款的规定来看，近代金融监管当局和政府对有价证券押款行为多有约束和限制。1913年4月15日，北洋政府颁布的《中国银行则例》规定：中国银行不得"收受不动产及各种银行或公司之股票作借款之抵押品；收买本银行股票、并以本银行股票作借款之抵押品"。②1928年《中国银行条例》规定：中国银行的禁止性业务范围包括"无担保品之各种放款及保证、收买本银行股票并以本银行股票作借款之抵押品"。但1929年《中国银行章程》规定："银行放款到期，如债务人及其保证人无力偿还而又无相当动产可以抵押时，经董事会同意后可以收受本行股票或不动产抵还债务，但收受后须赶速变价抵偿"。1936年的《中国银行章程》第十九条规定：中国银行不得"以本银行股票作借款之抵押品"③。1928年《交通银行章程》规定：其禁止性业务包括"无担保之各种放款及保证、收买本银行之股票并以本银行股票为担保之放款"，但同时也规定，交通银行放款到期，"如债务人及其保证人无力清偿、而又无相当动产可以作为抵押品时，经董事会同意后可以收受不动产或本行股票，但收受后须从速变价抵偿"④。1928年

---

① 国民政府财政部档案，档案号三2855，转引自财政部财政科学研究所、中国第二历史档案馆编：《国民政府财政金融税收档案史料（1927—1937）》，中国财政经济出版社1997年版，第665—667页。

② 商务印书馆编译所编：《民国十三年编订法律大全》，上海商务印书馆1924年版，第596页。

③ 中国银行档案，档案号三九七2790，转引自财政部财政科学研究所、中国第二历史档案馆编：《国民政府财政金融税收档案史料（1927—1937）》，第498—504页。

④ 交通银行档案，档案号三九八2602，转引自财政部财政科学研究所、中国第二历史档案馆编：《国民政府财政金融税收档案史料（1927—1937）》，第535—540页。

《中央银行章程》规定：中央银行可从事"以国民政府财政部发行或保证之证券作担保品为活期或定期借款，但其金额及利率须由董事会议定之"①。1935年颁布实施的《中央银行法》第二十八条也规定：中央银行可以"以国民政府发行或保证之公债库券为抵押之放款，其金额期限及利率由理事会议定之"②。

1931年3月30日颁布实施的《银行法》，第十一条规定：银行不得"以本银行股票作借款之抵押品"。第十二条规定："银行放款收受他银行之股票为抵押品时，不得超过该银行股票总额百分之一。"③

总之，从政府对银行从事有价证券承募、买卖及相关业务的规定来看，政府多鼓励银行从事公债的承募与买卖，但极力限制和约束银行从事公司债和股票投资，特别禁止买卖本银行发行的股票。政府多鼓励银行从事公债押款，但限制银行从事其他有价证券为担保品的押款，更禁止以本银行股票作为质押品。旧中国政府极力限制银行的投机行为，保证其经营稳健，以维护政府公债的顺利发行和金融业的稳定发展。在近代银行立法中关于有价证券投资规定的演变过程，充分显示出近代金融业银证混业经营的发展趋势。

---

① 国民政府财政部档案，档案号三 2236，转引自财政部财政科学研究所、中国第二历史档案馆编：《国民政府财政金融税收档案史料(1927—1937)》，中国财政经济出版社1997年版，第456—459页。
② 中国第二历史档案馆等编：《中华民国金融法规档案资料选编》，中国档案出版社1990年版，第600页。
③ 中央银行经济研究处编：《金融法规大全》，上海商务印书馆1947年版，第15—18页。

五、银行积极参与政府公债投资的原因分析

（一）特殊历史背景下,为其持有的巨额资金寻找适当的投资领域

国民政府成立之初,"内地困难日深一日,上海的繁荣则相反地畸形的发达,一切现金财富均集中上海,每年估计约达数千万元,只要观乎上海银行界的发达和存款的增加,便可证实。如华商银行最初存款不过1亿元,而最近已增加至20亿元以上。内地农村脂血,一天天向上海灌注,现金完全集中上海以后,而内地的投资又缺乏保障,于是便发生了现金的出路问题。"[①] 在如此特殊的历史环境下,上海金融资产阶级的视野关注到了公债市场上。"年来时局不靖,商业停顿,金融界因现底之丰富,厘价之跌落,资金若无运用之途,除一部分资金购入公债以充存款及兑换券准备外,大都购入公债以生息,加以一般人向银行融通资金而公债为抵押品者,为数亦颇不少,故年来银行业所保有之公债,实居其大部分也。"[②] "各项放款因时局关系,颇难着手,故证券买卖一项,在现时银行已视为不能不兼为经营之生意。"[③] "头寸宽裕时,别无生意可做,多以买进公债庶不至空吃利钱之亏。"[④] "由于时局恶劣,各业萧条,无生意可做。公债有外人保证,利息亦尚有划。故多款之家

---

① 张公权:《内地与上海》,《银行周报》第18卷第14期,1934年4月17日。
② 仲廉:《从银行报告书上以观察其营业之概况(下)》,《银行周报》第10卷第32号,1926年8月24日。
③ 《董事会议事录》,1928年3月1日,转引自中国人民银行上海市分行金融研究室编:《金城银行史料》,上海人民出版社1983年版,第537页。
④ 《董事会议事录》,1932年4月17日,转引自中国人民银行上海市分行金融研究室编:《金城银行史料》,第551页。

大都进公债以代放款,事稳而利亦不薄。"①近代银行对购买政府公债、投资公债市场产生了浓厚的兴趣,企图在公债市场上为其持有的巨额资金寻找赢利之路。

(二)面对激烈的同业竞争和狭窄的业务领域,不得已而为之

"新式银行从设立之初始,把主要业务放在与政府投资密切的相关事业上,如盐厘、俸饷银、地丁等的汇兑业务,对于一般商人则采取抵押贷款方式,使他们难以利用银行开展商务活动","银行通过钱庄,贷款予中小工商业者,如果未有钱庄的媒介,银行无法与一般中小工商互相联系"。② 中国现代银业的快速增长是与政府财政密切相关的,钱庄仍然掌握着绝大多数的国内贸易,外国银行依然控制着国际业务,中国的现代银行业在国内贸易及附加信用上遇到了特殊的困难,即使是私人贷款也大都由钱庄掌握,而且他们也不能从国外贸易和汇兑中得到什么,他们没有外国银行强大的资本和特权。③

可见,面对外资银行和传统金融机构的竞争,先天不足、后天乏力的华资银行在经营上处处受制,不得不把大量资金投入风险更高的证券市场以博取利润,力求在激烈的竞争中取得胜利。

(三)在既得利益面前,甘愿承受巨大风险,获得高额回报

"自内国公债盛行以来,国内银行界遂大行活动,不惟风起云涌,新设之数量骤增,且专与政府交易而设之银行。虽迹近投机,

---

① 中国人民银行上海市分行金融研究所编:《金城银行史料》,上海人民出版社1983年版,前言第17页。
② 林地焕:《论20世纪前期天津钱庄业的繁荣》,《史学研究》2000年第1期,第123—133页。
③ Va, Y. C., "Why Chinese Native Bank Are More Powerful Than the Modern Bank," *Chinese Economic Bulletin*, March 13 1926.

然实因政府借债,利息既高,折扣又大,苟不至破产程度,则银行直接间接所获之利益,固较任何放款为优也。"①许多银行都把政府借款"视为投机事业,巧立回扣、手续、汇水各项名目,层层盘剥,与利息一并计算,恒有至五分以上者,殊属骇人听闻"②。国民政府以高额的认购折扣和较高的利息率作为诱饵,吸引银行积极主动地认购政府公债,而"银行买卖承押政府公债,利息即高,折扣又大,所沾利益,实较任何放款为优"③。

从承销折扣来看,1927—1931年,国民政府共发行了10.06亿元公债,但实际收入只有5.387亿元,仅相当于债券面值的53.55%,④也有观点认为国民政府时期政府公债的实际收入占债券面额的64%。⑤虽可能还有其他因素,但可以推断这段时期公债发行的平均折扣在6折左右,巨大的发行折扣使银行只要承募公债,就可以在较小的风险下稳赚折扣差价,获得暴利。

从获利水平来看,经营公债是一本万利的,实际年利率可达一分五厘至三分三厘之厚。⑥以"民国七年短期公债"和"整理金融短期公债"为例,按照它们的利息、折扣和还本付息年限次数,根据当时记账价格平均计算,前者年息为19%,后者年息高达23.5%。⑦再如,1928—1931年公债实际收益率虽起伏不定,但均

---

① 贾士毅:《国债与金融》,商务印书馆1930年版,第25页。
② 《金城银行行务会议录》,1937年5月18日,金城档案,档案号Q264—1—201。
③ 中国人民银行上海市分行金融研究室编:《金城银行史料》,上海人民出版社1983年版,前言第13页。
④ 参见朱偰:《中国财政问题》,商务印书馆1936年版,第232页。
⑤ 〔美〕杨格著,陈泽宪、陈霞飞译:《1927至1937年中国财政经济情况》,中国社会科学出版社1981年版,第106页。
⑥ 参见吴承禧:《中国的银行》,商务印书馆1934年版,第80页。
⑦ 参见中国人民银行上海市分行金融研究室编:《金城银行史料》,第202页。

达到12%以上,平均值高达18%,详见表5—23。而同时期银行贷款给上海纱厂所能得到的年利率只有6%—8%。如银行投资实业,所得利润率也不高,以当时经营较成功的企业为例,商务印书馆分红为7.5%、南洋兄弟烟草公司5%。① 除获得利息收入外,银行也可以通过公债套利获得更多的收益。国民政府发行的债券种类很多,其票面价格与市场价格间又经常存在很大差额,如债券经营得法,"以时势需要,债票之发行种类固多,各行为营业起见,遂亦不能不于此中套取利润"②。"中国的公债是一根神奇的香肠,它一端养活了政府军队,另一端喂肥了银行家。"③

表5—23　1928—1931年公债实际收益率

时间	公债实际收益率
1928年1月	22.52%
1929年1月	12.44%
1930年1月	18.66%
1931年1月	15.88%
1931年9月	20.90%

资料来源:千家驹编《旧中国公债史资料》,中国财政经济出版社1955年版,第370—373页。

(四)逐步健全的证券交易市场,使债券投资可以满足其
　　资金调节的需要

银行将持有的债券根据自身的实际需要和行市涨落等情况随时买进卖出,不仅可以获得买卖差价,而且还可以防止拥有债券过多或过少带来的弊端,这对于银行来说尤为重要。如1931年9月

---

① 参见《中国评论周刊》1934年第2期,第35页。
② 《董事会议事录》,1929年11月20日,转引自中国人民银行上海市分行金融研究室编:《金城银行史料》,上海人民出版社1983年版,第537页。
③ 徐矛等编:《中国十银行家》,上海人民出版社1997年版,前言第5页。

30日,周作民在金城银行董事会上指出:政府债券发行数虽多,且多以之先向银行做押款,但"与银行实无害可言",因为政府以债券向银行押款,然后作价,"一批过去再做二批,逐次推行,尚无积压拥塞之苦。现今此项债票,在银行方面者,除储蓄部分法定所有外,其余不足十分之一,大宗数目分散在各个人手中"。① 只要债券基金稳固,银行随时可将其拥有的债券卖出,这也是华资银行肯放心承做政府债券押款的重要原因。

(五)认购政府公债可营造良好的经济环境,为其发展提供适宜的土壤

"公债之病不在数额之大,而在用途之性质,设用之于生产事业,发展国民经济,则数额虽大,亦不足忧,若用之于无益之消费,虽微亦足以危害整个国家经济也。"② 早在1927年4月12日,上海银钱两会在欢迎宋子文的宴会上,对于金融业向政府提供借款及承购政府债券的用途就提出了希望:

愿为国民政府之后盾,与中央银行诚意合作,辅助国内实业,以图战后金融之恢复。倘国民政府因需用款项,募集担保确实之公债,金融业自当竭诚承受,转售于民众以供各项建设之用。③

无论从本息的偿还,还是从贡献于国家发展的角度考虑,银行都希望其对政府的放款与投资用于国家建设和经济发展上。公债

---

① 《董事会议事录》,1931年9月30日,转引自中国人民银行上海市分行金融研究室编:《金城银行史料》,上海人民出版社1983年版,第537、538页。
② 金城银行编:《金城银行创立二十年纪念刊》,上海世界书局1937年版,第104页。
③ 《银行公会欢迎宋部长词》,上海市档案馆馆藏上海银行公会档案,档案号S173—1—56。

的发行"不仅解决了政府的经济困难,而且加强了政府对商业界的控制力量,当各个银行的保险柜里塞满了政府的债券时,也就是他们在政治上积极参与了这个政权的表现"[①]。因此,对于中央政府及地方政府举借的用于国家及地方建设事业和经济发展的借款,只要还款有保证,银行大多愿意承担。

本章小结

证券市场的主要功能包括融资功能、定价功能和资源配置功能,其中融资功能与资源配置功能均与产业发展有着密切的关系。简单地说,证券市场与大规模资本积聚相适应,可有力地推动产业发展,成为产业成长的助推器。同时,证券市场发展也依赖于产业发展,若缺乏产业发展的基础,证券市场将成为无水之源,无本之木。证券市场能否有效地实现资源配置功能和融资功能,以推动产业成长,决定了证券市场外在效率的高低,而证券市场的外在效率通过不同的渠道影响着产业投融资的速度、成本及投资进入和退出机制。总之,产业与证券市场关系的密切程度是判断证券市场功能实现和外在效率情况的重要标志。通过本章的分析可知,近代证券市场不为产业服务,产业发展也不依托证券市场,产业与证券市场严重脱节,主要表现在以下两个方面:第一,产业的证券融资比例很小。近代证券市场虽然源于股份制度的引入与股份制企业的诞生,但是近代企业融资渠道狭窄,主要以自有资金和借款为主,通过证券市场融资的比例和数额均很少。第二,证券市场中

---

① 陈忠主编:《中外股市风云录》,上海交通大学出版社1993年版,第39页。

产业证券比例很小。近代中国证券市场长期属于财政性证券市场,主要为政府而非产业服务,是不健康、不健全的证券市场。在近代证券市场中,除个人投资者、政府外,还有两个重要的投资主体,即钱庄与银行。钱庄是近代中国旧式金融机构的代表,在外国势力的扶持下获得了长足发展,但是由于其特有的缺陷,使其业务经营存在很大的投机性。证券投资是钱业最主要的投机业务之一,特别是在20世纪20年代以前,在利益的驱使下钱业大多直接或间接涉足证券市场。当然,钱业的发展也受到了证券市场波动的影响,在1883年和1910年证券市场投机风潮中,钱业遭受了最直接的致命打击。在吸收了前期经验教训的基础上,钱庄逐步转向了稳定性经营理念,对证券市场投资谨慎行事。南京国民政府成立之后,证券市场以政府公债为主,钱业作为银钱公会的主要成员,成为承购政府公债的主要力量之一,但与银行相比作用越来越小,对公债认购的态度也越来越不积极。在与银行的激烈竞争下,钱庄逐步被银行所取代,最终走向了没落。中国近代华资银行虽然产生较晚,但是自成立之初就与证券市场特别是政府公债市场密切相关。因为承销政府公债折扣大、手续费多,购买政府公债利息高,在巨大的利益诱惑下,银行大量承购政府公债,这样既保证了政府公债的顺利发行,又使银行业得到了快速发展。

第六章　近代中国证券市场的内在效率及价格波动

证券市场的内在效率是指证券市场本身的运行效率,用什么样的指标来评价证券市场内在效率的高低,学术界的分歧很大。[①]笔者认为,既然证券市场的内在效率是证券市场的内部交易营运效率,[②]那么可以使用证券市场的资本定价功能的实现情况、价格波动情况以及市场内部制度规则的执行情况来评价证券市场的内在效率。

除了融资功能与资源配置功能以外,资本定价功能也是证券市场的主要基本功能之一。证券是资本的存在形式,所以证券的价格实际上是证券所代表的资本的价格,是证券市场上证券供求双方共同作用的结果。证券市场的运行形成了证券需求者竞争和证券供给者竞争的关系,两种竞争的结果是:能够产生高投资回报的资本,市场的需求就大,相应的证券价格就高;反之,证券的价格就低。资本定价功能是证券市场融资功能与资源配置功能实现的前提条件,是证券市场基本功能中的核心内容。在证券市场上,投资者在投资决策过程中,总是不断地搜集有关证券投资品种的信息,然后处理、分析这些信息,形成对证券投资的收益预期和风险

[①] 参见翟志坚:《证券市场效率论》,《世界经济情况》2002年第22期,第24—26页。

[②] 参见吴世农:《我国证券市场效率的分析》,《经济研究》1996年第4期,第13、14页。

估计,并依据这些预期作出相应的投资决策。投资者买、卖的投资行为影响证券市场的供求结构,进而引起市场价格的变化与波动。如果市场价格能充分、准确地反映相关信息,证券价格就可成为其内在价值的真实反映,在这种情况下,证券市场就能通过价格机制将资金配置到可能发挥效益的行业和企业,证券市场就具有效率。相反,如果证券价格偏离其内在价值,那么就将最终导致资金的错误配置,证券市场就缺乏效率。

可见,证券市场的价格决策以及波动情况既决定了证券市场基本功能的实现,又影响着证券市场内在效率的发挥,更决定了证券市场整体效率的高低,是衡量证券市场发展水平的重要指标之一。上文已经从融资者和投资者的角度分析了近代中国证券市场融资功能和资源配置功能的实现情况以及证券市场的外在效率水平,所以本章将通过对近代证券市场的价格波动情况的考察与分析,探讨证券市场价格波动的市场与政府因素,从资本定价功能的角度,衡量近代中国证券市场的功能实现效率、制度执行效率以及市场的内在效率。

第一节 近代证券市场波动的总体考察

一、股票市场价格波动的历史考察

在近代中国证券市场存续的近八十年中[①],曾先后出现过6

---

① 如果从1872年中国第一家近代股份制企业轮船招商局建立,发行和买卖该企业的股票开始算起,到1949年中华人民共和国成立为止,发行和买卖有价证券的近代中国证券市场存在了77年。

次股票价格大幅波动的时期,但为时都不长。这6次大波动的时段分别是:第一次发生在晚清时期的1882—1883年,买卖标的物为洋务运动时期中国新式工矿业企业股票,后因1883年底的金融风潮而中断。第二次发生于1909—1910年,买卖标的物为外国在华橡胶公司股票,以国际橡胶价格暴跌,并引发"橡胶股票风潮"而结束。第三次发生在1920—1922年,因滥设信托公司和交易所而酿成"信交风潮"。第四次是发生于抗战时期上海成为"孤岛"的1939—1941年,买卖标的物是西商众业公所的外国在华公司股票,后因1941年12月太平洋战争爆发日军进驻租界而结束。第五次为1942—1943年,西商众业公所停业后,上海投机资金汇聚形成投机华股的热潮,后因汪伪当局打压而停止。第六次发生于1947—1949年,国民政府禁止金钞买卖,致使大量游资转入股市,造成股价膨胀,后因证券交易所停业而终止。[①]

(一) 1882年—1883年

19世纪70年代上市的股票仅轮船招商局、开平矿务局、池州煤矿、荆门煤矿等数家,且多为官督商办企业。这些企业初创时股票发行并不畅销,例如,轮船招商局设立时,"入股者未见踊跃,盖其时商局股票市面价值仅合四五折也"[②]。但在投资华股高回报的诱惑下,华商股票越来越受到推崇,价格也随之水涨船高。从1882年初开始华股价格出现了泡沫式的增长,到1883年底达到顶峰,而后随着股市泡沫的破灭而烟消云散,股价跌至谷底,形成

[①] 参见朱荫贵:《试论近代中国证券市场的特点》,《经济研究》2008年第3期,第152页。

[②] 聂宝璋编:《中国近代航运史资料》第一辑,上海人民出版社1983年版,第824页。

了一次波幅巨大的价格波动期。

根据《申报》每日刊登的股价可以反映出这段时期股票价格波动的情况,下面选取股价存续时间较长的 10 只股票作为样本,进行研究,详见表 6—1。

从表 6—1 中可以看出,至 1882 年 6 月 8 日,轮船招商局原价 100 两的股票,市场价已涨至 260 两,较 1876 年的"四五折"高出 5 倍以上,在 1882 年底前,股价也一直维持的 220 两以上。开平煤矿原价 100 两的股票市价也涨到 242.5 两。"忽见招商、开平等票逐渐飞涨,遂各怀立地致富之心,借资购股,趋之若鹜"[①]。其他企业股票市价也随之攀升。如 1882 年 6 月 8 日原额 105 两的平泉铜矿股票市价为 185 两,至同年 8 月 1 日达到历史最高的 258.5 两,较面值增长了 1.5 倍。截至 1882 年底,在考察的 10 只股票中,只有电气灯公司和公平缫丝公司股价低于票面,其他 8 只股票均高于票面价格。

1883 年初这些股票价格虽仍在票面额之上,但较之以前有所回落,此后,股市行情一路下滑。1883 年 5 月 2 日,招商局股票跌至 145.5 两,开平煤矿股票跌至 133.5 两,而鹤峰铜矿、牛奶公司和施宜铜矿也都跌至票面额之下,分别为 97 两、93 两和 83 两。到 1883 年 12 月 1 日,10 种股票价格全部跌至票面额之下,招商局股仅为 55 两,开平煤矿股为 53 两,均跌去面值的一半。电气灯公司为 30 两,市价仅剩下面值的 1/3。施宜铜矿为 25 两,竟跌去 3/4 的面值。整个 1883 年,全部 20 余种股票大多亏损,亏损额高达银 620.6 万两,洋元 68.3 万元,"股票万千直如废纸"[②],详见表

[①] 《答暨阳居士采访沪市公司情形书》,《申报》1884 年 1 月 12 日。
[②] 《申报》1884 年 1 月 23 日。

表 6—1　1882 年 6 月—1884 年 12 月《申报》刊登的股票价格行情

时间	招商局	济和保险	平泉铜矿	开平煤矿	电气灯	公平缫丝	鹤峰铜矿	牛奶公司	驳船公司	施宜铜矿
（原价）	100	50	105	105	100	100	100	100	100	100
1882 年 6 月 8 日	260	73	185	242.5	160					
1882 年 7 月 1 日	245	73	202.5	227.5	140	100	140			
1882 年 8 月 1 日	253.5	69	258.5	221	136	102	170	133		
1882 年 9 月 1 日	240	64.5	255	213.5	127.5	100	161.5	133		
1882 年 10 月 1 日	253.5	71	255	215.5	127	100	171	120		
1882 年 11 月 1 日	245	70	240	213.5	95	94	170	120	109	
1882 年 12 月 1 日	229	68	194	180	69.5	85	150	110	106	105
1883 年 1 月 1 日	230	68	152.5	181	70	85	132	110	106	103.5
1883 年 2 月 1 日	220	68.5	125	170	42.5	85	123	100	106	98
1883 年 3 月 1 日	150	72.5	130	168	71	85	128	100	106	99
1883 年 4 月 1 日	150	68.5	124	149	65	80	124	95	106	103
1883 年 5 月 2 日	145.5	69	149	133.5	61	71	97	93	105	83
1883 年 6 月 1 日	142	77.5	102	130	60	70	88	90	100	85
1883 年 7 月 1 日	130	65.5	101.5	125	58	68	83	90	100	90.5
1883 年 8 月 3 日	123	54	94	110	40	66	80	90	100	65
1883 年 9 月 1 日	115	52	85	102	35.5	64	60	90	77	50
1883 年 10 月 1 日	100	49	80	82	35	50	45	90	70	50
1883 年 11 月 3 日	90	47	60	80	35	50	60	90	74	50
1883 年 12 月 1 日	55	34.75	51	53	30	36	36.5	60	75	25
1884 年 1 月 1 日	57.5	34.5	46	58	30	30	36	60	75	24
1884 年 2 月 2 日	65	36	50	61	30	28	30	60	75	24
1884 年 3 月 2 日	67	38	80	60	25	20	30	60	70	25
1884 年 4 月 1 日	60	32.75	55	51	25	13	28	60	70	25
1884 年 5 月 2 日	59	34	39	48.5	16	10	26	60	70	23
1884 年 6 月 2 日	69	35.75	50	50.5	15	10	25	60	50	25
1884 年 7 月 1 日	66	35.75	38	50	15	12	24	60	50	25
1884 年 8 月 1 日	69	32.5	38.5	50	15	12	24	60	50	21
1884 年 9 月 2 日	58	30	38.5	52	15	12	24	60	50	21
1884 年 10 月 1 日	50	24	25	40	15	12	24	50	50	23.5
1884 年 11 月 2 日	49	22.25	17	37	15	12	20	20	50	25
1884 年 12 月 8 日	41	24.75	17	37	15	10	20	19	50	25

注：选取各月 1 日股票价格，如遇停牌或无数据，则顺延一天。
资料来源：根据《申报》各期刊登的股票价格整理得到。

6—2。直至1884年底,股市仍十分低迷,并逐步到达谷底。1884年12月8日,招商局股价为41两,开平煤矿为37两,公平缫丝公司股价仅为面值的1/10,几乎达到一文不值的程度。

表6—2　1883年股票市场亏损情况　　　（单位:两）

股票名称	股票数量	正月价	十二月价	亏损	亏损额
招商局	20 000股	150	60	90	1 800 000
平泉铜矿	3 400股	126	40	86	292 400
仁和保险	10 000股	72	35.5	36.5	365 000
济和保险	10 000股	71.5	35	36.5	366 000
开平煤矿	12 000股	169	60	109	138 000
电气灯	800股	约70	约30	40	32 000
长乐铜矿	1 000股	142.5	42	100.5	100 500
公平缫丝	1 000股	约85	28	57	57 000
鹤峰铜矿	2 000股	127	30	97	194 000
叭喇糖	5 000股	42	28	14	70 000
上海保险	5 000股	52.5	30	22.5	112 500
金州煤铁矿	12 000股	92.5	40	52.5	630 000
池州煤铁矿	12 000股	37.75	16.5	21.25	255 000
沙岩开地公司	4 000股	约25	15	10	40 000
荆门煤铁矿	5 000股	约21.5	15	6.5	32 500
施宜铜矿	4 000股	约98	24	74	296 000
承德三山银矿	8 000股	71	约30	41	328 000
贵池煤铁矿	18 000股	26.5	13	13.5	243 000
电报[1]	8 000股	101	50	61	488 000
合计	共亏损银两约620.59万两,亏损洋元约68.3万元				

注:[1]电报公司股票从二月初二开始计算,且单位为元。
资料来源:《申报》1884年1月23日。

这段时期,股票价格大幅下挫的情形也可以通过股指的变化情况得到反映。股票价格指数是描述股票市场总的价格水平变化的指标,它是选取有代表性的一组股票,把它们的价格通过一定的加权平均法计算得到的。因为《申报》仅刊登股票的票面价格和市价信息,所以在计算股价指数的时候只能采用简单算术股价平均数的综合计算法。

简单算术股价平均数是将样本股票市价之和除以样本数得出的,即:

$$\overline{S} = (P_1 + P_2 + P_3 + \cdots + P_n)/n$$

其中:$\overline{S}$ 为股价平均数;P_n 为第 n 只股票的价格。

再使用综合法计算股价指数,即将样本股票的基期和报告期的股价平均数进行比较,求出股票价格指数。即:

$$S_n = (\overline{S_n}/\overline{S_1}) \times 100$$

其中:S_n 为报告期股价指数;$\overline{S_n}$ 为报告期股价平均数;$\overline{S_1}$ 为基期股价平均数。

简单算术股价平均数虽然计算较简便,但它有两个缺点:一是未考虑各种样本股票的权数,从而不能区分重要性不同的样本股票对股价平均数的不同影响。二是当样本股票发生股票分割、派发红股、增资等情况时,股价平均数会产生断层而失去连续性,使时间序列前后的比较发生困难。因此,计算出来的指数不够准确,但是从短期来看,还是可以从总体上反映股票价格波动的情况。以上述 10 只股票的股价作为样本数据,以1882年6月8日为基期,计算股票价格指数,计算结果见图6—1。

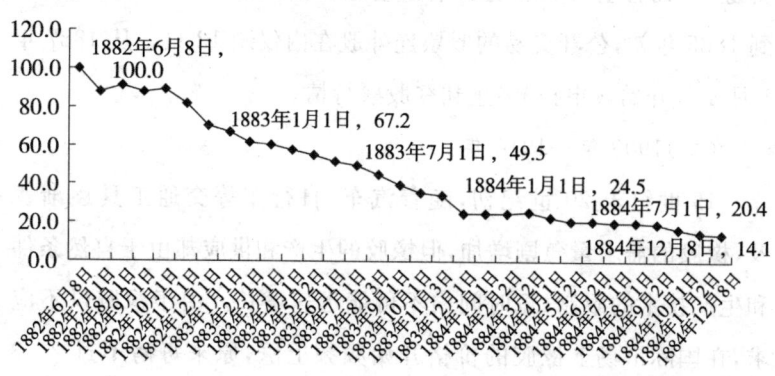

图6—1　1882年6月8日—1884年12月8日10只股票价格指数

注:1882年6月8日为基期,即股指等于100。

资料来源:根据表6—1数据计算得到。

从图6—1中可以看出,股价指数直线下降,以1882年6月8日为基期100,到1883年1月1日股指下挫到67.2,到1883年7月1日则跌至49.5,1884年1月1日为24.5,1884年中为20.4,至1884年底已跌至14.1。在整个考察期内,股指从100下降到14.1,跌幅达86%。这波下滑行情,一直延续到1885年3月股价方落至谷底。此后股市进入了整理阶段,其间虽略有反弹,但明显乏力,股市二十余年也没能走出低迷。

从《申报》刊登的上市公司数目也可以反映出这段时期的股市兴衰。1882年6月9日《申报》第一次刊登股票行情时,上市交易的股票只有10只,但时隔4个多月,到10月27日,便已增加到19只。再过半年,到1883年4月12日,更增加到29只。但随着股市行情的跌落,很多股票不得不停牌。例如,1883年11月4日,上市挂牌交易的29种股票中,有14种股票"无市",即全天无任何交易。① 而且上市交易的股票数量也日渐减少,1884年为25只,到1885年初,公开交易的股票连外股在内仅剩12只。从1887年1月4日开始,《申报》终止刊登股票行情。

(二)1909年—1910年

19世纪末20世纪初,随着汽车、自行车等交通工具逐渐普及,橡胶的需求量急剧增加,但橡胶的生产和供应却由于自然条件和生产技术的限制,短时间内不可能迅速增长。由于橡胶供不应求,在国际市场上橡胶的价格开始频频上涨,原来每磅不过2—3先令,②到1910年4月,伦敦市场已涨至每磅12先令5便士。同年6、7月,国际市场上橡胶行情出现了下跌趋势,到7月底橡胶价格降低到9先令3便士。③

伴随着国际橡胶价格的涨跌,近代中国证券市场也出现了以橡胶股票为引领的股价巨幅波动的行情。例如,英国商人麦边于1903年在上海设立蓝格志拓植公司。④ 1909年4月4日,蓝格志橡胶股票在市场上的价格是每盘⑤780两,时隔一个多月,到5月16日就已涨到1 160两,1910年4月9日更高达1 475两,详见表6—3。

---

① 参见《申报》1883年11月5日。
② 参见《橡胶的未来》,《北华捷报》1910年8月19日。
③ 参见〔日〕菊池贵晴著,邹念之译:《清末经济恐慌与辛亥革命之联系》,载中国社会科学院近代史研究所编:《国外中国近代史研究》第二辑,中国社会科学出版社1981年版。
④ 张国辉:《晚清钱庄和票号研究》,中华书局1989年版,第171页。
⑤ 一盘为10股。

表 6—3　1909 年 4 月—1910 年 12 月蓝格志橡胶股票价格　（单位：两）

时间	每盘股价
1909 年 4 月 4 日	780
1909 年 5 月 16 日	1 160
1910 年 1 月 4 日	960
1910 年 1 月 17 日	1 030
1910 年 4 月 16 日	1 475
1910 年 5 月 30 日	1 425
1910 年 6 月 17 日	1 430
1910 年 11 月 21 日	105
1910 年 11 月 30 日	105
1910 年 12 月 29 日	100

资料来源：1909 年 4 月 4 日—1910 年 12 月 29 日《申报》刊登的蓝格志公司股票价格。

1910 年 2 月 19 日地傍橡胶公司的股票价格为 25 两，到 4 月 6 日即上涨 1 倍达到 50 两。柯罗麻公司的股价也同样如此，1910 年 2 月 16 日为 17.5 两，到 3 月 17 日就已上涨到 36 两。橡胶股票价格在市场上猛涨，诱使更多认为购买橡胶股票有暴利可得的人参与进来，种种因素彼此作用，相互促进，使证券市场开始升温。同时，各类橡胶公司也如雨后春笋般涌现，到 1910 年初，仅仅设于上海的橡胶公司就有四十余家，额定资本合计 2 500 万两。[①]

随着国际市场上橡胶行市的衰落，中国橡胶股票投机商见势就收，立刻从资本市场上撤走资金，加上西商在股市上获得巨额钱财后，"佯言回国，一去不复返，发电询问，亦无下落"[②]，致使市场上橡胶股票价格狂跌，人们手中握有的橡胶股票顿时变成废纸。

---

① 参见许毅：《清代外债史论》，中国财政经济出版社 1996 年版，第 625 页。
② 上海市通志馆：《上海市通志馆期刊》第一年（下），第 808 页。

例如,蓝格志股票价格在 1910 年 11 月 21 日跌至 105 两/盘,到 1910 年底跌至 100 两/盘,详见表 6—3。当时全部的橡胶股票按票面价格计算应该有 2 500 万两,股价暴跌估计致使华人损失 2 000 万两,而实际上当时的股票价格往往超过面值的数倍,因此华人的实际损失估计至少有 4 000 万两。

(三)1920 年—1922 年

上海证券物品交易所于 1920 年 7 月 1 日正式开业,"自开幕以来,棉纱、证券等买卖日见畅旺,每日有佣金 2 000 余两……外间闻此消息,咸争购交易所股票,因而股票涨价也"①。8 月 29 日召开第一次定期股东会议,报告了开业以来的营业状况:至 8 月 27 日,在开业经营的 46 天中,共收经手费 82 000 元左右,平均每日可收 1 700 余元。② 1921 年 1 月 17 日召开第二次定期股东会议,在开市的 5 个月共计 119 天中,共收入经手费 509 400 余元,平均一日收入 4 280 余元,除去各项费用、开支,纯利达 364 300 元。③ 在 1920 年 12 月 1 日至 1921 年 5 月 31 日止的结算表中,收入 677 505 元。其中,营业手续费收入 585 758 元,扣除各种费用和给员工的奖励费后,纯利达到 368 697 元,股东的股利半年即达 30%,创造了"同种事业中稀有的记录"。受到这种好成绩的鼓舞,上海证券物品交易所第二次股东大会决定把股本总额从 500 万元增加到 1 000 万元。结果,从 1921 年 6 月 1 日到同年 11 月 30 日止的结算中,总收入上升到 1 002 837 元,其中,营业手续费达 872 488 元,纯收入 666 130 元。④

---

① 《证券物品交易所营业发达》,《申报》1920 年 8 月 1 日。
② 参见《证券物品交易所股东会纪》,《申报》1920 年 8 月 30 日。
③ 参见《证券物品交易所股东会纪》,《申报》1921 年 1 月 17 日。
④ 参见[日]滨田峰太郎:《支那的交易所:附邦人关系企业》,中华经济社大正十一年版,第 85、86、88 页。

在巨利诱惑下，人们误认为开办交易所是发财捷径，便纷纷效仿，掀起了一股投资交易所的热潮。自上海证券物品交易所成立以后，"各业之间，群相效尤，甚至竹头木屑之微，莫不号召同业组织交易所市场，波谲云诡，盛极一时，卒以过度膨胀"①。从1921年5月起，上海新设的交易所逐月增加，到9月份已达70家，10月增设4家，11月又增设38家，截至11月底累计达到112家。②在交易所大量设立的同时，信托公司也如雨后春笋般纷纷设立。1921年5月，"一二星期之时间，骤然组织伟大之信托公司七、八家，其资本自数百万以至一千五百万不等"③。上海各大"报纸广告栏中，几日间有一交易所出现，十日间必有一信托公司发生"④。这些交易所、信托公司，"蓬出勃发，群以资本雄厚相召，大则千余万，小则数百万"，总计各交易所信托公司资本约4亿元，几乎与当时的全国民族工业总资本持平，约为同时期全国私营银行资本总额的5倍。其中，上海信交企业的总资本为2亿元，是上海钱庄资本总额的23.7倍，详见表6—4。交易所和信托公司资本之巨，令人惊骇。

这百余家交易所开业后，没有多少正常业务，只是热衷于经营其他交易所的股票，有的甚至把自己的股票在本交易所的市场内进行违法买卖。更有甚者，1922年2月15日上海寰球日夜物券

---

① 朱斯煌主编：《民国经济史》，银行学会1948年版，第145页，载沈云龙编：《近代中国史料丛刊》第三编，文海出版社1985年版。
② 同上书，第149—151页。
③ 马寅初：《信托公司》，《东方杂志》第18卷第12号，第115页。
④ 朱斯煌主编：《民国经济史》，第63页，载沈云龙编：《近代中国史料丛刊》第三编。

表 6—4 1920—1921 年信交企业规模(单位:万元)

项目	总资本
1920 年全国民族工业	45 000
1920 年全国私营银行业	8 808
1921 年全国信交企业	40 000
1921 年上海信交企业	20 000
1921 年上海钱业	843

资料来源:许涤新、吴承明主编《中国资本主义发展史》第二卷,人民出版社 1990 年版,第 1065 页;中国近代经济史丛书编委会编《中国近代经济史研究资料》第四集,上海社会科学院出版社 1985 年版,第 63 页;中国人民银行上海分行编《上海钱庄史料》,上海人民出版社 1978 年版,第 191 页。

交易所上市的所有业务经营内容仅本所股票一项。新设立的十余家信托公司,多不具备金融机构应有的条件,以本公司的股票进行投机买卖,并承做以交易所股票为押品的贷款,相互利用,掀风助浪,使投机风暴刮得更猛。这一时期,证券市场最大的特点就是证券交易所自身的股票价格上涨猛烈,详见表 6—5。

因无确实基础,只是通过自我炒作而发展起来的证券市场是不能长久的,从 1921 年中开始,交易所和信托公司出现了颓势。8 月起上海再无新信托公司出现,已经设立的中华信托公司"因营业无把握",首先宣布解散,[①]9 月份又有上海信托公司解散。[②] 到 11 月年关将近,市面银根紧缩,交易所和信托公司顿时周转不灵,造成交易所股票价格暴跌。因为信托公司一直与交易所联手进行投机活动,在交易所出现问题后,信托公司必然受到牵连,纷纷停业、

[①] 参见《八月份上海新企业之新统计》,《银行周报》第 5 卷第 36 号,1921 年 9 月 20 日。

[②] 参见《上海信交事业最近一览表》,《银行周报》第 5 卷第 40 号,1921 年 10 月 18 日。

表6—5 1921年9月交易所股票价格(单位:元)

交易所名称	实收股价	市价	增幅
沪江油饼	20.0	32.5	62.5%
沪海证券	10.0	25.0	150.0%
上海棉布	12.5	28.0	124.0%
匹头证券	12.5	28.0	124.0%
上海内地证券	10.0	13.0	30.0%
合众晚市	5.0	20.0	300.0%
上海棉纱	12.5	58.0	364.0%
上海烟酒	10.0	17.5	75.0%
沪商棉纱	10.0	18.0	80.0%
中国证券	20.0	109.0	445.0%
华洋证券	10.0	23.0	130.0%
上海丝茧	12.5	19.6	56.8%
华商证券	20.0	39.0	95.0%
上海杂粮	12.5	58.0	364.0%
华商棉业	20.0	39.0	95.0%
上海华商	12.5	27.0	116.0%
证券棉花	12.5	27.0	116.0%
中外货币	10.0	25.0	150.0%
上海夜市	5.0	15.0	200.0%
上海五金	5.0	13.0	160.0%
上海中外股票	20.0	41.0	105.0%
星期物券	20.0	60.0	200.0%
中美证券	10.0	22.0	120.0%
上海纸业	20.0	26.0	30.0%
上海煤业	6.5	15.8	143.1%
中国丝茧	10.0	21.0	110.0%
上海金业	20.0	40.0	100.0%
华商纱布	12.5	60.0	380.0%
上海面粉	12.5	80.0	540.0%
上海证券物品	25.0	98.0	292.0%

资料来源:〔日〕滨田峰太郎《支那の交易所:附邦人关系企业》,中华经济社大正十一年版,第184、185页。

倒闭或者改组。到1922年春天,上海136家交易所只剩下12家还能照常营业,尚未开业16家,暂停营业7家,已经清理41家,改组或合并11家。① 而12家信托公司也消失大半,硕果仅存者只有中央信托公司和通易信托公司。经过这次股价骤升与骤降的洗礼,最后存留下来的交易所只有6家,即上海证券物品交易所、上海华商证券交易所、上海华商纱布交易所、上海金业交易所、中国机制面粉上海交易所和上海杂粮油饼交易所。②"昔则门前如市,今则门可罗雀,昔则以发起人理事自豪者,今则争延律师,宣告脱离关系。以股票而言,昔则惟恐不易获取,今则惟恐无法脱手,而商肆之倒闭,职员之拐逃,以及自缢者投捕者无一不与信交风潮有关","使投资于股票者,大失信仰,望而生畏,甫见萌芽之中国股票,至是而备加摧残"③。人们"一闻谈及交易信托,便视为洪水猛兽,避之若浼"④。股票交易从此一蹶不振,虽然有些大公司的股票仍在证券交易所挂牌买卖,但几乎均有行无市。个别零星的股票交易,一般都是出卖者需用现款,而买方多与发行该股票的公司有直接或间接的关系,熟悉公司情况,方能成交。⑤

(四)1939年—1941年

"九·一八"事变后,上海众业公所外商股票交易数量急剧减

---

① 参见《上海交易所调查录》,《银行周报》第6卷第11号,1922年3月28日。
② 参见朱斯煌主编:《民国经济史》,银行学会1948年版,第151—153页,载沈云龙编:《近代中国史料丛刊》第三编,文海出版社1985年版。
③ 吴毅堂编:《中国股票年鉴》,中国股票年鉴社1947年版,第3页。
④ 朱斯煌主编:《民国经济史》,第63页,载沈云龙编:《近代中国史料丛刊》第三编。
⑤ 有关"信交风潮"的研究,详见尹振涛:《民国第一次金融危机的爆发及其启示》,《山东工商学院学报》2009年第1期,第75—77、91页。

少,价格也随之下落,如果假定1931年7月末股票价格为100,到1935年上海众业公所外股价格即为57.11,因为"八·一三"事变,外股指数到1938年更是跌至45.81,这一跌势一直持续到1938年2月份才停止。此后,价格开始回升,1939年股价指数回升至64.67,较最低价已经上涨了40%左右。随后外股价格上涨一发不可收,到1940年股指达到141.41,1941年1月达到185.99,至1941年9月更是达到203.35,较最低价已经升高了4倍之多,详见图6—2。

例如,1940年初每股价值28元的怡和纱厂股票,在1940年"四月末五月中旬的热狂投机期达到82元"。1939年每股价值约170元的上海纱厂股票,此时价格也达到"约240元之上"。又如1939年9月价格仅仅5元的上海地产股,此时价格"腾跃到40元"。再如1940年2月价格3.2元的橡胶信托股,此时达到16元,同期0.8元的地傍橡胶股,此时为3元,13.8元的英渣华股票达到60元等等。① 在短短的一两年时间内,外商股票"价格之暴升,竟有超过票面数十倍者"②。但是好景不长,1941年5月,美国发生股市风潮,上海的外商银行提存越来越多,投资者开始转变投资方向,买卖外国股票热度开始降温。随着太平洋战争的爆发,外国股票交易被汪伪列为禁止

---

① 参见《战时下的上海经济》,日本东亚研究所译,东亚研究所1942年版,第224,225页,转移自朱荫贵:《抗战时期的上海中国股票推进会》,《中国经济史研究》2006年第4期,第40—49页。

② 《外商股票总诠》,载美商环球信托公司经济研究部编:《日用经济月刊》第2卷第6期,1940年版,第545页。

之列，外商股票交易陷入停顿，这一波外股价格波动就此被强制性地中断了。

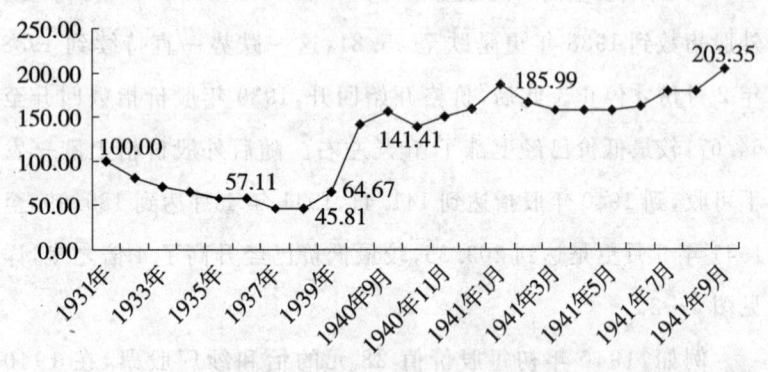

图 6—2　1931—1941 年 9 月上海众业公所外商股票价格指数

注：1931 年 7 月为基期，即股指等于 100。

资料来源：中国经济统计研究所编《经济统计月志》第 8 卷第 10 期，1941 年 10 月版，第 238 页，转引自朱荫贵《"孤岛"时期的上海众业公所》，《民国档案》2004 年第 1 期，第 86—94 页。

（五）1942 年—1944 年

1941 年 12 月 8 日，太平洋战争爆发，日军进驻上海租界，孤岛繁荣的局面宣告结束。由于汪伪禁止外股、公债交易，大量游资转向华股市场，华股交易悄然兴盛起来。1942 年以前上海有 18 家专门经营股票的公司，1942 年竟然在一年之内新设 127 家，这 145 家股票公司若以资本分类，资金在 10 万元以内者 56 家，10 万元以上 20 万元以下者 72 家，20 万元以上者 17 家。① 同期，天津的证券贸易行在最高峰时也有一百多家。② 1942 年华股股价平均

---

① 参见吴毅堂编：《中国股票年鉴》，中国股票年鉴社 1947 年版，第 9 页。
② 参见钟思远：《旧中国的股票市场》，《海南金融》1998 年第 2 期，第 44—48 页。

上涨7倍有余,同期物价只上涨3.6倍,股价增长率超过物价增长率近一倍之多。① 证券交易投机盛行,呈现畸形繁荣的假象,以至于伪上海证券交易所的涨停板"几至无日无有",股价的高位与年初时相比,"甚有相差四千倍者"②。但是后因时局不稳,经营日趋冷淡。

这一时期的证券市场价格波动,可以从中国经济研究会编制的股价指数中体现出来。中国经济研究会所编指数是以1942年6月为基准,所包含的股票,原为永安公司、新新公司、中国国货、中国内衣、永安纺织、大生一厂、大生三厂、新亚药厂、中法药房、华商电气、闸北水电、商务印书馆、中华书局、世界书局、南洋烟草、大中华火柴16家。1943年7月,增选中国纺织、信和纱厂、久安实业、新亚建业、新益地产、康元制罐、美亚绸厂7家。1944年4月起,又增选荣丰纺织、景福衫袜、中国丝业、信谊药厂、永兴地产、联华地产、中国投资、国华投资、信义机器9家,前后共计32家。

从图6—3中可以看出,上海华股价格指数从1942年6月的100点开始缓慢上涨,到1943年1月达到166.7点,增幅近67%,到1943年中期达到348.7点后股指直线上升,至1944年1月达到历史新高的1 437.7点,之后又像坐"过山车"似的直线下探,至1944年6月跌至751.3点,结束了这一段股市波动期。

(六)1947年—1949年

1946年统一的证券市场建立以后,证券市场一直处于跌势,成交量处于萎缩状态,其价格的变动开始是极不乐观的。例如,永

---

① 参见吴冈编:《旧中国通货膨胀史料》,上海人民出版社1958年版,第158、159页。

② 吴毅堂编:《中国股票年鉴》,中国股票年鉴社1947年版,第10—15页。

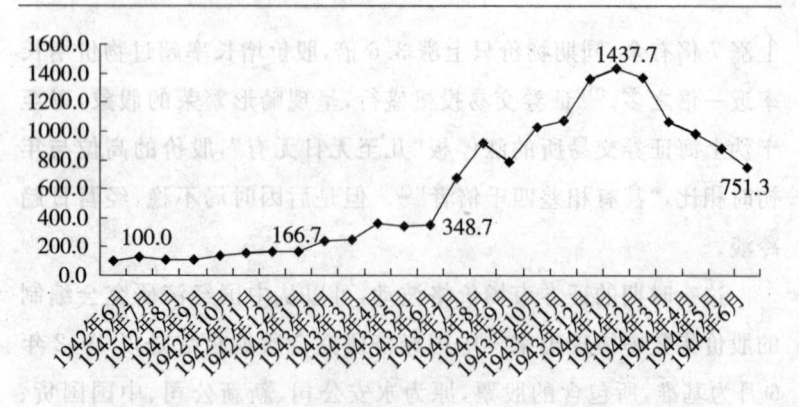

图 6—3　1942 年 6 月—1944 年 6 月上海华商股票价格指数

注:以 1942 年 6 月股票价格为基准 100。

资料来源:贤宝:《华股市价指数》,《华股研究周报》第 10 卷第 7 期,1944 年 9 月 18 日,第 4 页。

安公司 9 月份开拍时最高价是每股国币 360 元,到 11 月份只有 239 元,12 月份只剩 192 元,最低曾跌到 130 元。再如,新亚药厂 9 月份开拍时是 155 元,11 月只有 48 元,12 月 35 元,最低仅为 25.6 元。[①] 整体考察,能保持八成票面价格的股票只有 2—3 家,其他大都跌幅较大。11 月份,为了改变这种状况,证券市场增加了开拍便期交割的股票,但是下跌的状况仍未改变。交易柜台前除永纱、信和、华丰、新光等热门股外,大部分均交易惨淡。以 12 月 9—14 日成交股数为例,永纱的成交股数占了总交易额的 58%,华丰占了 14%,信和、新光各占 9%,其余十几只股票合起来才占 10%。

但是,在国民党政府于 1947 年 2 月 17 日颁布《经济紧急措

---

① 参见朱斯煌主编:《民国经济史》,银行学会 1948 年版,载沈云龙编:《近代中国史料丛刊》第三编,文海出版社 1985 年版。

施方案》、《取缔黄金买卖办法》以及《禁止外国币券流通办法》之后,大量游资转入股市,股票交易量猛增,股票价格开始攀升。紧急措施禁止金钞买卖后仅一个月,证券价格就上涨了"一至数倍不等"[①]。从上海证券交易所复业到1947年底,股价上涨了30倍,上市股票增至32种,经核准的经纪人累计达245家,实际参加交易者210家,其中个人经纪人160人,法人经纪人50家。在32家上市公司中,股票全部上市的25家,部分上市的4家,正在办理增资手续的3家。这一时期,上海证券交易所收入共计590亿元,其中经手费457亿元,约占77.46%,上市费35亿元,约占5.93%;支出总计339亿元,经提存各项准备后,纯收益为120亿元。[②] 然而好景不长,1948年后,法币制度崩溃,通货膨胀恶性发展,股票价格全面下跌,国债交易十分冷清,证券市场再次步入低谷,拖到新中国成立前夕,各交易所纷纷停业。

因为同时期发生了严重的通货膨胀,所以在研究股指的时候,要剔除物价的因素。以当时上海最热门的华商股票——永安纱厂股票为例,剔除了通货膨胀率的永纱指数,以1946年9月第3周为100点,从1947年2月的91.6点开始进入了股价上升期,至1947年7月达到最高的251点。尔后开始步入下降期,中间虽有起伏,但是下降趋势明显,至1949年4月上海证券交易所停业前夕,股指跌到33.3点,详见图6—4。可以说,在新中国成立前,近代证券市场又经历了巨大的波动。

[①] 《大公报》1947年5月13日。
[②] 参见中国人民银行总行金融研究所金融历史研究室编:《近代中国的金融市场》,中国金融出版社1989年版,第463—464页。

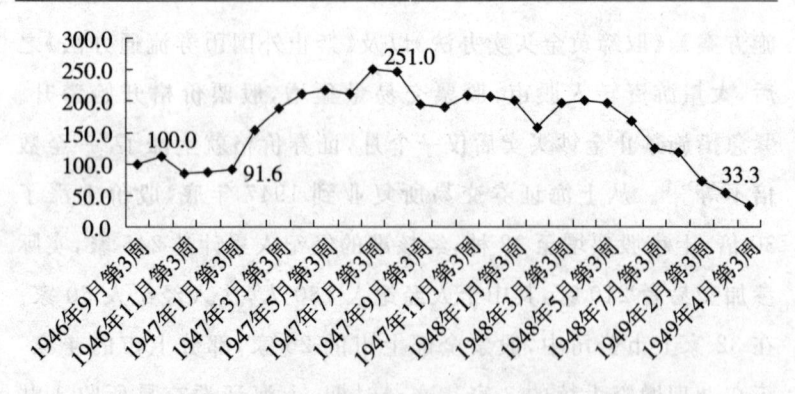

图 6—4　1946 年 9 月—1949 年 4 月永纱公司股票指数

注：以 1946 年 9 月第 3 周股票价格为基准 100。

资料来源：穆家骥《卅五年秋证券交易所开业以来股市之鸟瞰》，《中央银行月报》新第 4 卷第 5 期，1949 年 5 月。

二、公债市场价格波动的历史考察

1921 年，"信交风潮"爆发之后，政府公债逐步成为中国近代证券市场的主体。

1922 年，由于"信交风潮"的影响，证券市场极为消沉，全部债市从 1 月至 7 月均呈跌势。7 月以后，政府通过了关税余款变通拨付办法，使担保基金有了保障，债市开始逐渐上涨。尽管中间由于直奉战争等原因，债市有所回落，但总趋势是上涨的，只有九六债券因担保基金无着落而趋跌。

1923 年初，由于谣传海关总税务司安格联不愿保管基金，债市出现恐慌引起债券价格下落。安氏澄清事实后，正值银根宽松，债市开始回涨并逐步坚挺。此后，由于 4 月份金融债券抽签延期和 7 月的政局变动，再加上 11 月秋收，银根趋紧，只有金融债券补行抽签价格上涨，其他公债均呈跌势，特别是九六公债，跌幅很大。

1924年上半年,抽签还本顺利,人们购买踊跃,债市普通上涨。然而,由于8月间银根收紧,九六公债基金无着,引起债券市场风波,特别是江浙战争引发政局动荡,水灾旱灾同起,债市一落千丈。直至10月战事结束,银根平松,债市才开始好转。

1925年,各路资金纷纷涌入公债市场,债市在前4个月涨势极盛,直到5月间,茶茧交易需用资金,债市上涨趋势略缓,加之"五卅惨案"发生,证券市场于6月中罢市达25天之久。7月起,江浙形势又开始紧张,10月浙军抵达上海,奉军退却。11月,整理金融公债、整理六厘公债相继抽签,人心稍见平稳,债市逐渐回升。总体上看,1925年债市除中间略有起落外,大致趋涨。

1926年债市状况比较平稳,还本付息均能按期举行,债券价格没有大的波动。由于公债利息优厚,购买公债成为良好的投资形式。到了下半年,银价下落,关税余款减少,影响公债基金,导致债市下跌,特别是九六公债。

1927年政局动荡,债市承接上一年的跌市,直线下降,整理六厘公债1月间价格还在80元以上,到8月便跌至36元;7年长期公债价格1月间在70元左右,到8月则跌至33元,其价格低落是近年来所罕见。9月起政局逐渐稳定,市场上盛传本年度整理各项债券利息均有可能按时支付,因此,年底债市开始上涨。至1927年终,整理六厘公债已达55元以上,而七年长期公债则超过60元,较8月最低价已上涨20—30元。①

1928年,时局已告稳定,北洋时期的各项公债获得国民政府的承认,债信转而乐观,除九六公债外,整理各公债市价飞速上涨。卷烟库券、军需公债、善后八厘公债、金融短期公债、金融长期公债

---

① 参见《十六年内债市况随时局而波动》,《商业杂志》第3卷第6号,1928年6月。

都于年内发行,因债信良好,行市也非常活跃。虽然5月间由于"济南惨案",债市曾一度下落,但不久又见回升。其后多笔公债又有抽签还本消息,市价日涨,整理六厘公债曾达到85元,7年长期公债徘徊于80元左右,全年趋势大致都在上涨中。

1929年,尽管时局变动,债市总体来看偏于向下,但波动幅度不大。

1930年中,由于金价暴涨,进出口大受打击,持券人怀疑以关税担保之各项公债库券将受影响,①所以公债市场出现疲弱之势,到7—8月份更是出现狂跌。9月,债券价格才开始回升。

1931年"九·一八"事变以后,由于政局的变动债券市场狂跌,至11月下旬,时局未见起色,人心虚弱达到极点,证券市场更是一片抛卖之声,加之投机者的推波助澜,市价遂于11月24日到达谷底,每股平均损失20元,②详见图6—5。

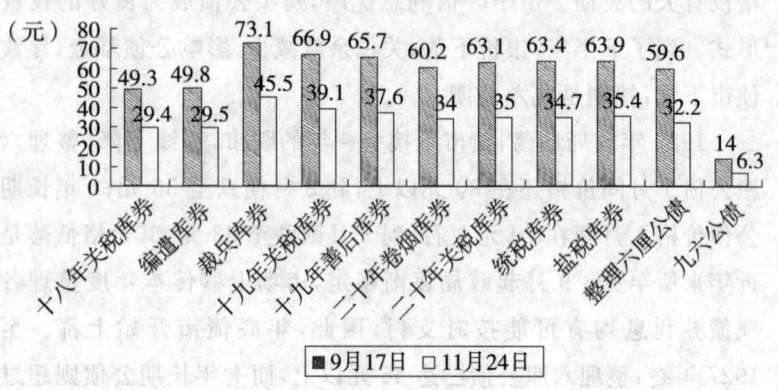

公债名称	9月17日	11月24日
十八年关税库券	49.3	29.4
编遣库券	49.8	29.5
裁兵库券	73.1	45.5
十九年关税库券	66.9	39.1
十九年善后库券	65.7	37.6
二十年卷烟库券	60.2	34
二十年关税库券	63.1	35
统税库券	63.4	34.7
盐税库券	63.9	35.4
整理六厘公债	59.6	32.2
九六公债	14	6.3

图6—5 "九·一八"前后公债市场价格变动情况

资料来源:《造成极度恐慌之证券市场》,《钱业月报》第11卷第12号,1931年12月。

---

① 参见《最近债券疲弱之原因》,《钱业月报》第10卷第7号,1930年7月。
② 参见《国难当前国人对于国家债券应有之认识》,《钱业月报》第11卷第11号,1931年11月。

1932年2月到4月，因时局关系，上海的证券交易所暂停交易，5月1日才重新复市。从5月至1933年1月，债券价格上下波动，但是起伏不大。

1933年1月以后，债券价格开始上升，高低相差在40元左右。由于经济不景气，工商业呆滞，利润收入不如证券投机，因此公债投机之风炽烈，交易旺盛。1933年每月平均成交额超出票面26 500万元，可谓债市之"黄金时代"①。

1934年前5个月，每月平均票额在32 400万元以上，但其中大部分交易是买空卖空，交割比例很低，担保基金亏空日多，债市价格下跌。

1935年11月4日，"法币政策"施行后，最初公债市价狂涨，但从12月初起，债价忽然狂跌，平均跌去15%。据说有投机团体操纵市面，抛售之数达6千万元。

1936年3月，因整理公债案，债市开始转为活跃，各债市价逐渐上涨，交易繁荣。6月份因西南军事行动，人心受到刺激，抛空者踊跃，债市渐趋下滑，不久时局转佳，市场人心复振，统一公债甲种遂超出70元大关。②12月，当"西安事变"爆发之时，各交易市场均感震动，五种统一公债一律惨跌4元停板。

1937年，债市渐趋稳定，公债市价节节攀高。③"七·七"事变后，证券市场顿起大波，公债价格大跌。"八·一三"事变后，上海华商证券交易所奉令停业。南京国民政府成立至抗日战争爆发前，公债市场价格波动情况可详见图6—6。

---

① 《金融市况·证券》，《中行月刊》第9卷第2期，1934年8月。
② 参见《一年来上海金融市况》，《中央银行月报》第6卷第1号，1937年1月。
③ 参见《上海金融·债券行市》，《金融周报》第4卷第1期，1937年7月7日。

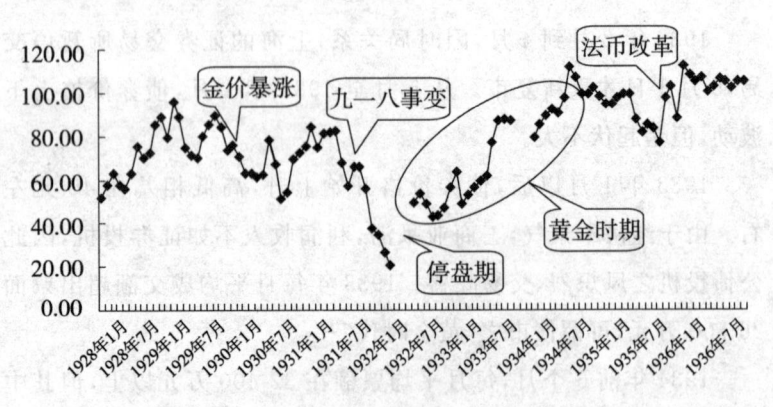

图 6—6　1928—1936 年国内公债价格指数

注：投资利益月息 1 分为 100。

资料来源：孔敏主编《南开经济指数资料汇编》，中国社会科学出版社 1998 年版，第 466、467 页。

1939 年 2 月，南京政府实行战时财政经济统治政策，颁布《非常时期公债停止还本付息的条例》，公债交易彻底停顿。

太平洋战争爆发以后，汪伪政府更是禁止公债交易。

抗战结束以后，由于证券交易所始终没有正式复业，且受内战的影响，公债交易市场一直没能活跃起来。[①]

第二节　近代证券市场波动的市场因素分析

一、公司价值

因为股票的本质决定了股票价格是公司价值的外在表现形

[①] 参见白丽健：《近代中国债券市场价格变动的原因分析》，《南开经济研究》2000 年第 2 期，第 73—77 页。

式,所以公司价值是影响股票价格最直接的内在因素。在股票交易过程中,股票价格的变化过程基本上是对公司价值的不断评估的过程。上文已经从融资功能的角度即证券发行市场,探讨了近代证券市场与产业之间的关系,并认为近代证券市场与产业之间严重脱节,下文将从交易市场的角度探讨近代证券市场与产业之间的关系。

近代证券市场产生之初,人们对自己购买的股票一无所知。他们盲目地投资购股,"并不问该公司之美恶及可以获利与否,但知有一公司新创,则不论如何竞往附股"①。例如,在1883年国人狂热认购华商工矿企业股票的时候,那些工矿企业有的"其何处开矿,何处采金,事无征兆"②;有的"所谓矿产者不过买得山地几亩,所谓矿厂者不过搭成草屋数间,所谓矿质者,也无非为掩耳盗铃之计"③。可见,当时的投资者买卖股票并不是以公司的盛衰、公司的业绩为依据,"专以买卖股票为重,则其视公司也反轻",投资者"则其意专在乎买卖股票,而初无意于公司"④。再如,1910年时,橡胶股票被炒上了天,但市面上竟有不知橡胶为何物者。橡胶股票的暴涨大大超过了其内在价值,这些橡胶公司有的已经栽上树苗等待出胶,有的刚刚购买土地准备作地产交易,有的则纯属空头公司,真正有所发展的为数不多。可见,近代证券市场价格的涨跌并不以公司的价值为基础,而只是"就股论股",金融市场完全脱离了实体经济的发展。

---

① 《购买股分亦宜自慎说》,《申报》1882年9月2日。
② 《中西公司异同说》,《申报》1883年12月25日。
③ 《论致富首在开矿》,《申报》1882年9月23日。
④ 《申报》1883年6月3日。

二、银行利率

一般地说,人们之所以愿意投资股票和公债,主要在于可从公司赢利或公债利息中获得回报,并将证券投资回报率与银行储蓄回报率进行替代比较。因此,银行利率的变动必然引起证券价格的变动。按照等量资本获得等量收入的原则,如果股息率或债息率高于利息率,人们对证券的需求就会增加,证券价格就会上涨;反之,人们对证券的需求就会减少,证券价格就会下降。即证券价格随银行利息率的提高而降低,随银行利息率的下降而上涨。这种情况下所形成的证券价格也被称为证券市场的理论价格。

但是,近代证券市场价格的涨跌与市场利率水平却没有替代关系,甚至大多时候表现出同步性、一致性。从图6—7中可以明显地看出,证券市场出现股票价格高峰时,市场利率一般也处于近几年中的较高水平。例如,1882—1883年股票价格膨胀时,利率达到0.31和0.22的高水平,1884年股价降到历史最低,利率水平也骤降到0.04。再如,抗战时期的1941—1943年,华商股票价格涨幅巨大,同期的利率水平也增长较快,由1941年的0.06上升到1943年的0.19,增长近2.2倍之多。

根据以上的分析可知,近代证券市场价格波动与利率水平几乎无关,投资者投资证券市场从事股票买卖不具备正常的投资心态,投机动机严重。而近代中国证券市场的投资回报一般均高于同期存款利息,从而吸引大量社会资金流入股市,致使本该流入实体经济的建设性、生产性资金被挪用。这些现象充分地说明近代证券市场是一个十足的畸形市场,不存在长期稳定发展的基础环境,市场投机氛围浓重,价格波动剧烈也就在所难免了。

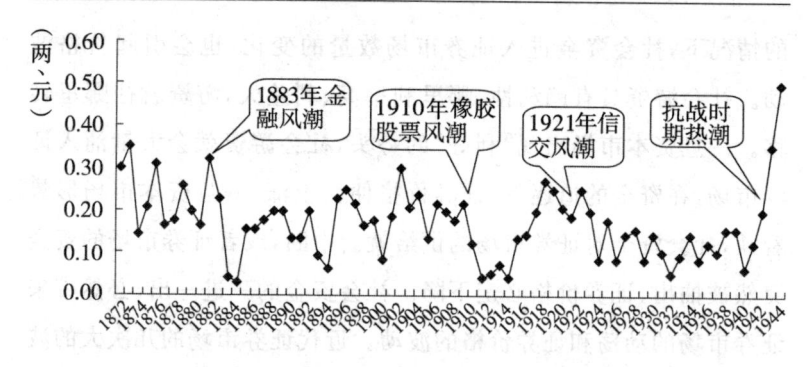

图 6—7　1872—1945 年上海日拆年平均值

注：1872—1932 年单位为两；1933—1945 年单位为元。

资料来源：中国人民银行上海分行编：《上海钱庄史料》，上海人民出版社1978年版，第 628、629 页。

三、供求关系

证券市场作为金融市场的典型形态，以资金的运动为表现形式。因此，社会资金总量变化所引起的供求关系变化必然对股票市场的价格波动产生很大影响。特别是在证券市场发展初期，股票供应量、公债发行量和社会资金进入证券市场的数量都处在一个不断的、大幅的变化过程中，常常导致证券价格产生巨大波动。与此同时，在证券市场发展初期，由于规模较小，品种简单，约束机制尚不健全，证券市场极易受到社会资金总量流动的冲击和影响。

这种影响突出地表现为以下几种情况：(1)当社会资金进入证券市场数量一定的情况下，证券供应量增加，会引起价格的波动。例如，北洋政府时期政府大量发行政府公债，在社会资金一定的情况下，公债价格必然有下降和贬值的压力。(2)当证券发行量一定的情况下,社会资金进入证券市场数量的变化,也会引起价格波动。社会游资具有趋利性,哪里利率高、利差大,游资就往哪里转移。一旦资本市场出现"利好"的势头,社会游资就会大量涌入证券市场,在资金的追逐下,证券价格便会上涨;一旦资本市场形势看跌,社会资金对证券市场的供给就会中断,或者证券市场的资金突然被抽出,证券价格必定下降。社会资金的一进一出,必然带来证券市场的动荡和证券价格的波动。近代证券市场的几次大的波动,股票和公债价格的上涨大多都是因为社会资金在各种因素的诱惑下大量涌入证券市场,证券的需求远远大于其供给,造成虚拟资本的价格膨胀。例如在 1910 年"橡胶股票投机风潮"时,"中国银行(钱庄)里的资本几乎完全被投入到橡胶股票交易中去了"[1]。在金融市场的紧缩或其他利空因素下,资金大量外逃,证券市场必然面临着崩溃的局面。例如,1883 年金融风潮爆发前,上海发生了华商与洋商争夺生丝出口主导权的斗争,结果大丝商胡光墉在这场斗争中失败并最终宣告破产,这一事件直接导致了不少与胡有密切关系的生丝行倒闭,而一向与丝行融通资金的钱庄立即陷入资金周转不灵的困境。同时,一向以短期信贷支持钱庄活动的外国在华银行也决定收回对钱庄的一切短期信用贷款,这犹如釜底抽薪,使得钱业举步维艰,纷纷收缩营业,停止新贷,收回旧贷,遂致"市面倍觉暗中窘迫"[2]。再加上当时的证券投资资金大抵是"钱庄汇划之银",是"市肆流通之宝"[3],当钱庄资金链出现问题,

---

[1] 《上海的恐慌》,载东亚同文会调查编撰部:《支那调查报告书》第 1 卷第 4 号,1911 年版。
[2] 《综论本年上海市面情形》,《申报》1883 年 1 月 30 日。
[3] 《字林沪报》1883 年 11 月 1 日。

必然向贷款炒股者催逼还款。而投资者"买卖股票之人本无己资,由借贷而得之,购得之后股价而涨则即售去,以还借款,股价而跌则折耗既多,势必亏累,而借款无从归还,因此而受其累者不一而足,此市面之所由衰、银根之所由紧也"①。同样,近代公债市场的价格波动也常受到资金供求的影响。银行是政府公债库券的最大持有者,银行资金宽裕,则投资公债,债市上涨;如银行资金短缺,则卖出公债,债市下跌。

四、投机行为

证券投机行为是"在商业和金融交易中,甘冒特殊风险,希图获取特殊利润的行为"②,或者说是积极参与证券市场买卖,以获得差价为目的,以承担较大风险为条件,以期从价格变化中获得短期利益的经济行为。与证券投机紧密相连的一个概念是证券投资,证券投资主要是以获得红利为目的,为的是保值、增值和参股、控股,谋取的是一种长期利益。具体来看,主要有以下几点不同,详见表6—6。

表6—6 证券投资与证券投机的主要区别

项目	证券投资	证券投机
收益	获取红利收益	获取差价收益
期限	长期持有	短期持有
风险	风险厌恶型	风险偏好型
行为	不揣测其他市场参与者的行动	揣测其他市场参与者的行动
视角	重视公司基本面	注重公司股价运行

资料来源:杨河清《中国股票市场的成长与特性》,首都经贸大学出版社2000年版,第249—251页。

---

① 《申报》1883年12月31日。
② 〔美〕格林沃尔德编:《现代经济词典》,商务印书馆1981年版,第415页。

商品的价值由两个因素决定,一是它能够提供给人们的效用,二是它的稀缺性,缺少其中任何一个要素,物品都不具有真正的价值。古典经济学认为,在市场竞争条件下,商品的价格由供求双方的力量共同决定,存在着一个均衡价格,价格运行的内在机制使商品的价格具有向其均衡价格复归的趋势。当价格高于均衡价格时,供给增加而需求减少,从而使商品的价格下降;当价格低于均衡价格时,供给减少而需求增加,从而使商品的价格上升。但是股票的供求关系却常常出现与一般普通商品不同的特性,它的需求往往随着股票价格的上升而增加,随着股票价格的下降而减少,这个特性使股票的价格更易大幅波动,从而极易成为投机的对象。同时,投机活动猖獗也容易引起证券市场波动、震荡乃至崩溃。过度投机所造成的大为扭曲的证券价格在向价值回归的过程中极易有相反的过度投机出现,从而发生价格的暴涨暴跌。少数股票出现这种价格异动,也许负面影响还不太大,但是,如果市场整体出现价格的大幅度涨跌,问题就会十分严重。

上文已经提到,近代证券市场投资者大多不关心公司基本面的情况,只关注股价的涨跌行情,以获得短期差价为目的,可谓投机行为明显。在1882年证券市场投机风潮时,人人"皆不以股票为事,而以股票之价为事"①,"专心致志于股票之中"②,并不在意公司的利润如何,因为"股票转售,其利已属不赀"③。他们"日日探听股分(份)涨落之消息"④,并不关心公司所办之事成效如何。

---

① 《申报》1883年11月1日。
② 《论市面清淡之由》,《申报》1883年10月19日。
③ 《论赛兰格锡矿》,《申报》1882年6月25日。
④ 《综论沪市情形》,《申报》1884年1月23日。

股票幸而涨价,持股者"不问其何以涨也,得价便售;彼受之者,亦初非欲附该公司之股,但因该公司之股票飞涨,将来必尚有腾贵之时,故收之以冀获利于他日"①。若股票久未见涨,则持股者"又情愿耗折数两,转售于人,而又可另购他票"②。只要可以赚取赢利,有的人甚至"一边买进,一边卖出"③。

1921年各交易所之设立,"目的即错,失之千里。故创办伊始,组织良好与否,用人之适当与否,前途之能发展否,种种永久计划,概不计及。惟望股票上场,立时飞涨,转售时坐获重利。"④"实少社会经济之基础,而仅为投机之利器"⑤。"国人好赌之心,原极浓郁,至此遂均趋之若鹜,认投机交易为发财捷径。"⑥"中国人侥幸心极强,朝野上下,均沉溺于赌博。至与外国通商后,即转移至洋式投机,股票即是其中一种。"⑦"购股票者与售股票者俱以投机为目的,……不视股票为恒产,不以其后日之股息为怀,所冀者于旬日之间,其价可腾涨至若干倍,而后脱售。"⑧有的投机者施展种种的手段,往往证券交易所成立的消息刚传出,股票的价格就开始上涨。例如,中国证券交易所定于1921年7月13日开幕,但7月1日就"闻该所本所股票价格已达七十六元左右云"⑨。更有甚者,

---

① 《论市面清淡之由》,《申报》1883年10月19日。
② 《购买股分亦宜自慎说》,《申报》1882年9月2日。
③ 《中西公司异同说》,《申报》1883年12月25日。
④ 杨荫溥编:《上海金融组织概要》,商务印书馆1930年版,第295页。
⑤ 朱斯煌主编:《民国经济史》,银行学会1948年版,第63页,载沈云龙编:《近代中国史料丛刊》第三编,文海出版社1985年版。
⑥ 《申报》1883年11月5日。
⑦ 《中国经济界之危机》,载东亚同文会调查编撰部编:《支那调查报告书》第一卷,1911年版。
⑧ 通一:《虚业膨胀之危机》,《东方杂志》第18卷第14号。
⑨ 《中国证券交易所定期开幕》,《申报》1921年7月1日。

只要挂上一块筹备处的牌子,取得认股证,即可待价而沽。还有的发起人,在交易所成立时,自己并没有拿出资本,只空认巨额股份,将其余卖到证券市场上,然后设法抬高股票的价格,再抛出自认之股票,这样一转手就获得巨利,本为空股,居然变为实股。① 至于信托公司的成立,则是因为"做交易所不成,弄交易所股票不到手,降格以求,就来办信托公司"②。"一般信托公司之设立,实极少社会经济之基础,而仅为投机之利器。计划既鲜远谋,经营又不稳妥,筹设未竣,即以本公司之股票,投机买卖,从中渔利,实大谬信托公司之本旨。"③信托公司模仿交易所投机炒作本公司股票,以自己公司的股票充作在交易所投机的筹码,对于信托公司的业务成绩毫不关心,唯一的目的就是希望本公司的股票涨价,这样他们只要卖掉手中的公司股票,就有钱可赚。同时,交易所又以他们的股票向信托公司押借款项,达到联手投机股票的目的。还有的交易所自身创办信托公司,然后让信托公司的股票在本交易所内上市交易,再操纵股票价格,从而渔利。此时证券市场的价格涨跌根本无确实依据,完全依靠投机行为支撑,投机行为不仅可以使证券市场膨胀过度,也可以使证券市场急速崩溃。

从债券市场上看,近代债市价格的大起大落与投机的关联程度也很大。投机者对于债券的买卖,多以买空卖空的方式,依着债券市价的涨落,于未到期之前,实行转卖,从而牟取厚利,不求实际

---

① 参见中国人民银行总行金融研究所金融历史研究室编:《近代中国的金融市场》,中国金融出版社1989年版,第444页。

② 朱斯煌主编:《民国经济史》,银行学会1948年版,第142页,载沈云龙编:《近代中国史料丛刊》第三编,文海出版社1985年版。

③ 同上书,第63页。

交割。

交割数对成交数的比例愈大,表示债券投资之实际的成分愈多,愈小则投机之成分愈高。以1931—1934年上海华商证券交易所债券交割情况为例,详见图6—8。1931年的平均交割率为12.91%,1932年为13.67%,1933年下降为3.96%,1934年前5个月为4.68%,4年平均约为8.8%,表明在公债流通市场上投机活动占到全部交易总量的90%以上。① 特别是1933年1月以后的交割比例则明显低落,而正如上文所述,1933年开始是公债市场的"黄金时期",公债价格上涨猛烈,这种情形也从一定程度上说明,政府公债价格的涨跌受投机行为的影响明显。

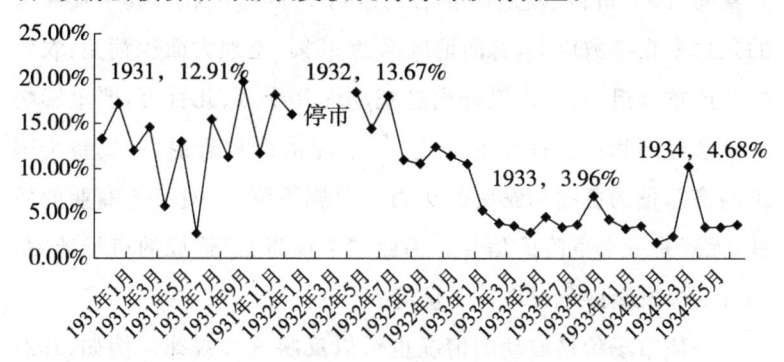

图6—8 1931年—1934年5月上海华商证券交易所公债交割比例
资料来源:于英杰《近代中国内债之视察》,《东方杂志》第31卷第14号。

五、其他因素

还存在很多其他的因素造成证券市场的波动,例如自然灾害、

---

① 参见姜良芹:《南京国民政府内债问题研究:以内债政策及运作绩效为中心》,南京大学出版社2003年版,第171—176页。

战争等无法预知的非系统性因素。这些非系统性风险给证券市场的影响是无法规避的,在近代证券市场有着明显的体现。近代中国,就经济结构而言,是一个以农业经济为主体的前工业化国家,农业在经济中的基础地位十分突出,其生产状况在很大程度上决定了整个国民经济活动的总量和趋势。在1883年金融危机爆发之前,中国的农业生产已经蕴涵着极大的隐患。1876—1878年,中国的北方数省持续3年大面积干旱,历史上称为"丁戊奇荒"。在这场"二百年未有之灾"中,晋冀鲁豫陕各省80%以上的州县没有收成,中国的北部在长达3年的时间内,遭受了一场浩劫。在灾荒期间,因为饥饿、疫病而死的人达到1 000万以上,其中重灾区的死亡率在半数以上,有的地区高达95%,土地大面积荒芜、农业生产严重衰退,灾后饥民外出逃荒动辄几十万、几百万,严重影响了社会经济和社会秩序的安定。[①] 农业的严重衰退,造成整个国民经济总量的萎缩和农民购买力的急剧下降,这对于工商业的发展,无疑是一个危险的信号。因此,"丁戊奇荒"造成的市场萎缩,为日后爆发金融危机埋下了伏笔。

公债市场价格波动的情况也可以反映这一规律。例如,1924年湘、直、豫大水,苏浙大旱,1934年各省旱灾,1935年大水,都影响到公债市场的价格变动。北洋政府时期的每一次军阀混战与政局变动,南京国民政府时期的新旧军阀间的征战和日本的侵略,都给公债市场以影响,有的甚至引发公债风潮。例如1924年的江浙战争,1931年的"九·一八"事变,1932年的"一·二八"事变,1936

---

① 参见李文海等:《中国近代十大灾荒》,上海人民出版社1994年版,第80—113页。

年12月的西安事变以及1937年的"八·一三"事变等都曾使债市暴跌,甚至交易为之停顿,直至局势平定后始告复业。有时政府官员变动,也会对债券市场造成影响。例如,1927年安格联免职,引起债券市场大跌。1933年国民党财政部长宋子文去职,同样也引起市场价格发生大的变动。

第三节 近代证券市场波动的政府因素分析

一、政府债信动摇,公债基金不稳

证券市场中的政府公债之所以能够存在,是因为它是以国家信用为基础的,而国家信用之所以能建立起来,因为它依据的是国家的主权及国民财富。国家凭借其主权,能够获得必要的收入用于偿还债务,从而形成了国家的基本信用。一般情况下,政府公债以国家信用为支撑,是风险性最小、安全性最高的债券,是其他有价证券无法比拟的,而且政府公债的利率普遍高于同期银行存款利率。因此,人们一直把政府公债作为一种安全可靠、收益率高的投资品种,公债持有者在心理上常把公债作为资产来持有。

但在近代中国,这种一不容置疑的政府公债债信却遭到了破坏,国家信用基础受到极大动摇。例如,1922—1927年公债市场交易不畅的根本原因,主要是北洋政府债信极低,公债基金不稳。证券市场上公债价格涨落变动的剧烈程度通常与公债基金的确实与否有关,凡本息确实之公债,因其还本付息,确实可靠,一般无剧烈变动,其投机性也比较小,市价高低无大的悬殊。凡本息不甚确实的公债,其还本付息,稍有疑难,便有急剧波动,其投机性也较大,市价高低有极大之悬殊。南京国民政府时期,政府债信没有得到根本的改善与维护,一有风吹草动,就有被彻底击垮的可能。1932年公债整理宣布了政府债信的破产,之后1936年统一公债的整理与发行,更是说明政府债信的丧失,使公债的投资回报率大打折扣。政府债信成为公债市场风潮迭起、价格波动剧烈的主要诱因之一。

二、制度供给不足,法律法规缺失

从供给与需求来看,制度也存在均衡和非均衡两种状态,其中制度均衡是指制度供给和制度需求达到匹配与一致,制度变迁就此结束。但是无论是从制度变迁的需求还是制度变迁的供给来说,制度均衡要比一般商品的均衡复杂得多。一般来说,制度的非均衡才是市场的常态。所谓制度非均衡是指人们对现存制度的一种不满意或不满足,意欲改变而又尚未改变的状态,其问题主要在制度的供给方面。制度供给不足是造成制度非均衡的主要原因,制度供给不足即指制度的供给不能满足社会对新制度的需求,从而导致制度真空的存在或低效的制度不能被替代。在诱致性变迁主导下的制度变迁中,由个人或自愿团体在潜在利润的诱致下推动的制度变迁常常会导致外部效果和"搭便车"问题,从而导致制度供给不足。在政府强制性变迁主导下的变迁过程中,由于上层统治者利益方面的原因,造成制度供给的失灵,也会出现制度供给不足。

政府最主要的制度供给就是法律、法规的订立与实施。以证券市场来说,一国证券法律法规越完善,越有利于该国证券市场的发展，有利于市场资源配置功能的发挥，进而有利于该国经济实现增长。而近代证券市场立法明显不足，如有些法律法规出台较晚、有些法律法规不够细化、有些法律法规跟不上实践的发展等，不仅使市场参与者的许多不法行为得不到及时有效的规范和约束，更造成证券市场的剧烈波动和不稳定性。在近代证券市场形成与发展的进程中，政府供给的正式制度明显存在滞后性，从1872年中国近代第一只华商企业股票发行，到1914年北洋政府《证券交易所法》的颁布实施，经历了四十余年的漫长历程，而此时甚至还没有设立政府许可的正式证券交易机构。

鸦片战争后，在外强的压迫之下，清政府让渡了许多主权，在金融市场上更是全方位开放。就外国金融机构而言，清政府没有银行准入方面的限制，无法干涉外国金融机构的开办与经营。就国内金融体系而言，基于积贫积弱的国情，新建的银行无法发挥中央银行的宏观调控职能，众多的钱庄处于分散状态，各自根据市场规律自行决定借贷款及利率。这两方面结合就形成了清末独具特色的半殖民地半封建的金融自由化特质，清政府对金融市场采取放任自流的态度，证券市场也存在同样的问题。1910年"橡胶股票风潮"的发生则从一个角度反映了清末"金融自由化"的特征。清政府虽然在1903年颁布了《公司律》，但其内容肤浅、法理残缺，对外国公司的国籍、注册条件和股票发行等只字未提，这样就为那些国外冒险家假借在国外注册，成立各种冒牌橡胶公司大开方便之门。同时由于政府对货币市场缺乏必要的监管，导致货币市场上的游资无节制地涌入资本市场，将橡胶股票的泡沫越吹越大，最后引发了一场金融风潮。再例如，近代政府一直没有制定专门的信托业法律、法规，这就为一些投机者利用信托公司进行违法经营活动提供了可乘之机。各信托公司拟定的经营范围非常广泛,采取兼营方式,除了信托业务以外,大到银行、保险业务等,小至买卖古玩、采办礼物等均有涉及。①

即使出台了一些证券市场法规,但受到诸多因素的影响,从内容上看仍不甚成熟,更谈不上完善,有些规定过于简陋。例如,对证券的发行和上市没有制定专门的立法,而是散见于其他的法律法规之中,既不规范,也不够系统。作为证券交易根本法的《证券交易所法》和《交易所法》对证券的上市根本未作规定,对股票发行的规定也仅体现在《公司条例》和《公司法》的少许规定中,且仅涉及股份有限公司发起成立时的股票发行,至于如何通过证券市场发行新股或增资扩股则根本没有提及。再如,近代证券立法中没有对信息披露方面进行要求,这样做虽然有利于企业上市,但是却加剧了市场信息的混浊程度。因信息不透明可能造成投资风险,所以投资者投资证券市场就必须获得额外的补偿,中国近代股份制企业长期存在的官利制度,可以说就是这种额外补偿的一种表现形式。②另外,政府授权设立的正式证券交易所也严重滞后于证券市场的发展。

三、实施机制不健全,制度执行力差

诺斯认为,制度的效率是由正规制度、非正规约束、执行机制共同决定的,如果执行机制不健全可能使制度效率大打折扣,而执行机制不完善也会造成现有制度流于空泛。就近代证券市场而

---

① 参见《信托公司之勃兴》,《申报》1921年6月3日。
② 参见成九雁、朱武祥:《中国近代股市监管的兴起与演变:1873—1949年》,《经济研究》2006年第12期,第114—123页。

言,正式制度供给的确存在诸多不足,但法律执行乏力的问题可能更为突出。近代政府管理当局对证券市场的交易活动,只有制定法规的立法形式,而缺乏对执法状况进行严格审查,难以实现有效监督与实质性管理。任何一个法规制定之后,能否有效地发挥作用,主要依靠有关部门对各行为当事人的监督和检查,否则法规制定得再好也不过是一纸空文。对证券市场而言,存在违规交易的根本原因是制度缺陷导致的违规收益远大于违规成本。证券市场立法等正式规则的订立和完善仅仅提供了行为人违规被发现以及受惩罚的可能性,而只有执行机制才能使这种可能变为现实。更进一步,如果现有制度安排对违规的惩罚力度不足,使得当事人违规比遵守市场约定更有利可图,他的理性选择将是违规,这样必将带来市场的动荡。

不论是北洋政府1914年颁布的《证券交易所法》,还是1921年颁布的《物品交易所条例》,都明确规定证券交易所或物品交易所由农商部核准设立,由农商部咨行财政部备案,颁给营业执照。[①]信托公司按规定也应呈请农商部注册。但"信交风潮"时,140余家交易所中只有10家经农商部正式立案,可称为合法。那些得不到农商部批准的交易所和信托公司,就转而寻找别的出路,有的通过缴纳一定的费用在租界注册。例如,法租界当局就宣布,凡是在租界工商局领取执照,月纳费银百两者,即可自由营业。[②]据不完全统计,这些交易所中有16家在法国领事馆立案,17家在西班牙领事馆立案,1家在意大利领事馆立案,2家在公共租界会

---

① 参见上海市档案馆编:《旧上海的证券交易所》,上海古籍出版社1992年版,第274页。
② 参见桑润生:《简明近代金融史》,立信会计出版社1995年版,第134页。

审公堂立案,4家在美国立案。其余大多数信交企业则连任何注册登记的手续都没办,也未见有正式的规章条例、招股说明书之类的文件刊登在报纸上,就一哄而起,仓促上马。① 北洋政府的法律在租界内是失效的,在租界开设交易所的人公然用租界内洋人的特权来对抗中国政府的法律、法规。有的则寻求地方军阀势力的保护,如上海华商证券棉花交易所是由淞沪护军使批准设立。有的则向上海工部局、公共租界会审公廨申请设立,还有些是由法庭核准,或受外国政府保护的。② 如此众多的批准设立机关,导致了北洋政府的政令不行,颁布的法令形如一纸空文,对交易所事业缺乏统一的管理。北洋政府1914年颁布的《证券交易所法》明确规定:"证券交易所每地方以设立一所为限",也就是说上海一地只能开设一家证券交易所,由此可见上述这140多家交易所多属非法设立。甚至财政部也公然违背法律规定,在上海以巨资设立官办证券交易所——中华内国公债交换所,激起了民办证交所的反对,但政府不予理睬,照办不误。同时,证券交易所的呈请设立只限于从事股票、公债票、公司债票的商人,但实际上"委身从事者,除商人外,有官僚,有闻人"③。大多数证券交易所设立时人员、机构并不健全,不具备金融机构应有的条件,主持证券交易的经纪人并没有经过严格的审查,很多人都属于滥竽充数。

《证券交易所法》规定交易所不得买卖本公司的股票,但"今之

---

① 参见杜恂诚:《中国近代的三次金融风潮及其启示》,《改革》1997年第2期,第115—121页。
② 参见朱彤芳编:《旧中国交易所介绍》,中国商业出版社1989年版,第41页。
③ 冯子明:《民元来上海之交易所》,《银行周报》第31卷第23期,总第1496号,1947年6月9日。

创办交易所者,其唯一目的,则在本所股买卖","几无所而不以本所股票为操纵之利器,今日有一交易所成立,明日该所股票竟自开市,故意抬价,数倍其值"①。有个别交易所虽不兼营其他交易所的股票,但"决未有不兼营本所股者"②,将本所股票买卖作为其唯一业务。这种买空卖空的行为无异于赌博,造成市场的强烈震荡和不稳定。③ 部分理事、经纪人认为要使交易所收益多,必须使本所股票有起有落,要买买得进,要卖卖得出,于是纷纷设立投机集团。其主要任务是抬高本所股价格,一方面让人们看到,买进该所股票有利可图,另一方面利用现货交易方法,使客户被套利利息所吸引,从事本所股的买卖。而他们自己则贱进贵出,从中图利,又以"反套利"的方法,吸集客户的套利资金。④ 例如,上海证券物品交易所部分理事与经纪人通过多头公司,垄断本所股票,拉抬市价,追逐暴利,将本所股价由25元抬高至400余元,终因无力收货而引起本所股票风潮,上海证券物品交易所从此一蹶不振,其全盛时期结束。⑤

四、制度供给混乱,制度效率低

近代证券市场的制度供给时常是混乱无序的,必然造成制度

---

① 《取缔交易所轨外营业之请议》,《申报》1921年6月13日。
② 《交易所之分析》,《银行周报》第5卷第44号,1921年11月15日。
③ 参见鲁文辉、丁晓中:《试析1921年"信交风潮"的影响》,《淮阴师范学院学报》2003年第2期,第221页。
④ 参见邓华生:《旧上海的证券交易所》,载中国人民政治协商会议上海市委员会、文史资料工作委员会编:《旧上海的金融界》,《上海文史资料选辑》第六十辑,上海人民出版社1988年版,第328、329页。
⑤ 参见朱振陆:《证券物品交易所简述》,载陆坚心、完颜绍元编:《20世纪上海文史资料文库》第五辑,上海书店出版社1999年版,第302页。

无效,削弱制度供给的成效。南京国民政府建立后,虽主要由农商部或财政部负责证券市场监管,但中央政府其他部门也涉及有关监管事项。具体来看,南京国民政府成立之初,在财政部下设金融监理局,按其条例,金融监理局共分三课,其第二课有审核交易所业务及检查其财产之职责。① 1928年9月,金融监理局改称泉币司,主管全国金融行政事务,交易所管辖权即转归该司。1928年2月,国民政府工商部成立,是为全国工商行政管理机关,在工商部组织法中,也规定交易所立案、监督事项归其管辖。这使交易所管辖既不分明,监督也无专责。到1929年8月,两部经会商决定,由财政部将交易所设立注册案卷全部移往工商部接收管理,但与金融有关事项,如征收交易所税等仍由财政部负责。1931年4月实业部与财政部共同决定,在上海设交易所监理员办公处,并要求每月将交易所的营业情况及有关表册分别上报实业、财政两部,事实上又形成"政出多门"的局面。由于不同的管理部门,专业角度不一样,对证券市场的认识不同,造成政策掌握尺度不同,导致出台的政策相互牵制,相互矛盾。由于缺乏对证券市场进行统一的管理,在一定程度上影响了监管的权威性,达不到预期的效果,最终影响证券市场监管制度的效率。

五、寻租现象严重,制度供给时有过剩

制度供给过剩是指相对于社会对制度的需求而言有些制度是多余的,或者是故意供给或维持一些过时的、低效的制度。像一般

---

① 参见《国民政府财政部金融监理局组织条例》,1927年11月19日,中国第二历史档案馆编:《中华民国史档案资料汇编》第五辑第一编(财政经济四),江苏古籍出版社1994年版,第1、2页。

商品出现供给过剩常与政府的价格控制有关一样,制度的供给过剩与政府的干预、管制也有密切的关系。政府过多的干预、管制会导致寻租,即政府或个别政府官员利用手中的权利,通过一些非生产性的行为,为个人捞好处、获取利益的行为。这种行为有的是非法的,有的合法不合理,但通常会造成社会不公和市场的不稳定。在存在寻租活动的情况下,政府官员会从自身利益出发增加一些低效的制度或者使一些本来合理的制度变形变质,造成制度的长期供给过剩。例如1931年6月,中央造币厂厂长郭标大量抛卖公债,总额达3 000万元之巨,导致整个公债市价一周内跌落10余元。再如,1936年初公债市场谣言四起,有的说公债将降低利息,有的说公债将延长还本期限,其实,这些谣言的制造者就是国民政府政要孔祥熙及其手下。他们为了获得私利,不惜损害持票人及国家的利益。以孔祥熙为后台,由财政部次长徐堪、中央银行副总裁陈行、中国国货银行董事长宋子良组织了一个秘密的投机公司在市场活动,①同时由财政部放出整理公债的消息。受谣言蛊惑,投资者大多看空市场,纷纷抛售时,而孔祥熙等却乘机大量收进。时隔几日他们又利用中央银行的雄厚资金,在市场上哄抬价格,使公债行情重新暴涨。同时,他们还利用职权之便,以财政部的名义于1936年1月26日在一月期期货行将交割之际命令上海华商证券交易所,"所有一月份公债买卖交割,应一律以现品提交,不得掉期"②,这样孔祥熙等从中大赚了一笔。

---

① 参见祝世康:《孔祥熙与"三不公司"》,载寿充一编:《孔祥熙其人其事》,中国文史出版社1987年版,第151、152页。
② 国民政府财政部档案,档案号三(2)44642,转引自财政部财政科学研究所、中国第二历史档案馆编:《国民政府财政金融税收档案史料(1927—1937)》,中国财政经济出版社1997年版,第728、729页。

本章小结

有价证券的价格波动是证券市场存续的基础，因为只有价格存在波动性才能吸引投资者入足证券市场，才能实现证券市场的各项职能。但是，如果证券市场价格波动过度，不仅不利于证券市场职能和内在效率的实现，反而会削弱证券市场的运行效率，更不利于证券市场的发展。通过本章对价格的总体考量，可以发现近代中国证券市场的一个主要的特点就是股票、公债价格波动剧烈，证券投机风潮迭起，严重影响了证券市场效率的实现。通常公司价值和银行利息率是影响有价证券价格最基本的因素，但是通过本章的分析可以发现，在近代中国证券市场这一基本规律几乎不成立。投资者购买股票根本无视企业的发展状况与前景，而公司价值的变化与证券市场中股票的价格涨跌之间也没有明显的连动关系。同时，近代证券市场的投资收益普遍高于银行的利息率，投资者的银行储蓄与证券投资两种获利行为几乎不存在替代性。当金融市场繁荣时，证券价格与银行利率同步升高，形成相互竞争资源、同时又相互激励的局面。影响近代证券市场价格波动的因素主要有：金融市场资金的供求关系以及市场银根的松紧程度、证券市场的投资行为以及投机程度、政府行为以及政府干预程度和战争、灾祸等非系统性因素。其中，投资者的投机行为与心态和政府因素是影响近代证券市场价格的最重要因素。过度投机是近代证券市场的最主要特征之一。近代证券市场中，中长期投资者与短线投机者严重失衡，投机过于狂热，而短线投机的狂热使近代中国证券市场危机迭起，表现出明显的内在无效性，给市场自身的发展乃至社会经济造成了严重的影响。从政府因素看，近代中国证券市场的发展历程是先有自主发行后有自发交易，先有柜台交易后有全国统一市场，先有松散监管后有全国统一监管机构，先有部门多头多法规管理后有统一立法。这不仅是制度变迁的自然过程，也同时反映出政府在制度变迁过程中制度供需的不均衡，而法规的繁杂和互相冲突也反映出政府制度规则的混乱。另外，政府在认识到制度变迁的潜在收益之前，其观念行为是落后于市场制度创新的。在开始主导证券市场制度变迁之后，因为意识形态和利益的局限性，政府在制定和执行法律、法规方面也处于被动的不稳定状态或主动的干预状态。虽然根据制度变迁理论，制度的非均衡状态是一个常态，但是近代中国证券市场的制度供需失衡尤为严重，且情况复杂。政府的制度供给一般情况下属于严重滞后，造成供给不足，在政府利益的驱使下，政府的制度供给有时又显得过剩。在复杂的制度供给环境下，投资者对市场没有稳定的预期，市场的估值体系严重混乱，致使证券市场的资本定价功能丧失，市场价格波动剧烈，严重影响证券市场功能和效率的实现。

结　　语

本书分别对近代中国证券市场的产生与发展、政府干预与监管、市场效率与投资者行为以及市场的波动与原因等内容进行了初步分析，认为近代中国证券市场具有明显的制度移植性，是在投资者等初级行动团体的需求和努力下产生的。近代中国证券市场发展的初期表现为诱致性制度变迁的自由发展特征，但随着以政府为代表的次级行动团体的出现与参与程度的加深，政府强制性干预成为市场发展的主导力量。在市场因素与政府因素交替作用下，近代中国证券市场发展历程呈现出曲折性、波动性、投机性、财政性以及不健全的特征，属于一个运行低效的市场。

一、近代中国证券市场的制度变迁轨迹及特征

要从整体上阐述近代中国证券市场制度变迁的轨迹，需要从制度本身的发展来考察，而考察制度的选择与发展，可以借鉴"制度可能性边界"(Institutional Possibility Frontier，简写为 IPF)这一分析框架来说明。[①] 制度可能性边界蕴含了一个普通的权衡问题，即政府在避免市场失灵和避免专制之间的权衡。在制度的选

---

① 有关制度可能性边界分析框架及其运用，详见张杰：《究竟是什么决定一国银行制度的选择——重新解读中国国有银行改革的含义》，《金融研究》2005 年第 9 期，第 1—18 页。

择中,存在四种控制战略,可以表示为制度可能性边界上的四个点,分别代表私立秩序、独立执法、国家监管和国家所有制,依政府权利的介入程度由轻至重排序。这四种战略选择所代表的由市场失灵所导致的社会成本是递减的,由政府专制所导致的社会成本是递增的。向下倾斜的45°直线显示了一定程度的市场失灵与政府专制下的社会总成本,它与制度可能性边界的切点就是一个社会或社会中某部门的有效制度选择,详见图7—1。用制度可能性边界分析框架,可以从整体上反映近代中国证券市场发展的历史轨迹,详见图7—2。

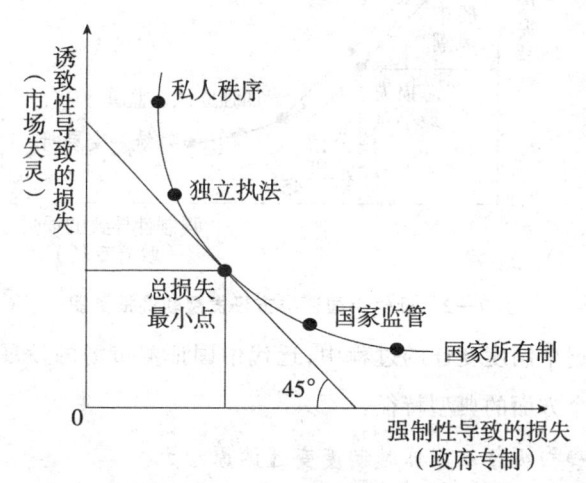

图7—1 制度可能性边界示意图

证券市场制度由西方社会传入近代中国之后,经历了代理公司、茶会交易、股票公会等松散的交易形式。因为市场失灵的存在,证券市场风潮迭起,发展历程极不稳定。在这个发展过程中,政府逐步认识到证券市场的功能与作用,并通过发行公债、颁布法令、进行监管等形式,介入证券市场的运行。随着政府介入程度的不断深入,在巨大寻租利益的驱使下,政府开始强行干预证券市场的运行及控制其发展的方向,整个证券市场逐步失去了其必要的独立性。虽然,近代中国证券市场制度变迁的实际轨迹存在迂回性和曲折性,但是从逻辑轨迹上看是从一个极端(市场失灵)到另一个极端(政府垄断)的变迁过程。

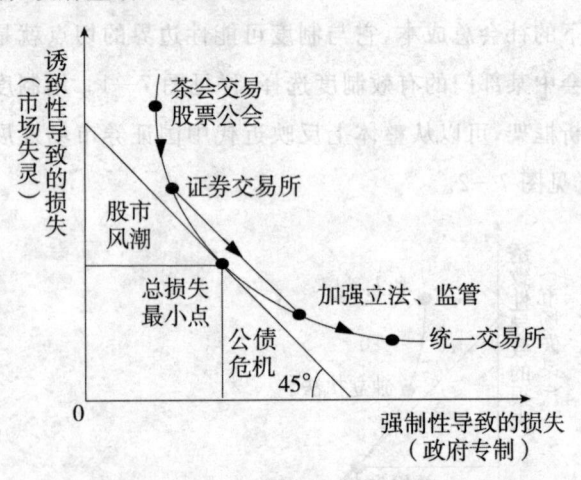

图7—2 近代中国证券市场发展轨迹抽象图

在这个制度变迁的过程中,近代中国证券市场的发展表现出如下几个方面的典型特征:

(一)初级行动团体是制度变迁的原动力

鸦片战争后,随着洋务运动的开展,西方的股份制、公债制度和证券发行交易制度等相关理论与思想被逐步引入中国,同时证券交易这种新型金融交易形式也由西方商人传入中国,并引起了国人的广泛关注和积极参与。国人逐步认识、了解和学习西方的证券市场制度与投资理念,并进而提出了在中国建立股份制企业、发行证券以及筹建证券市场的要求。从近代中国证券市场变迁的制度需求角度来看,证券市场制度的需求方来自于社会大众,包括股份公司、普通投资者、股票经纪人以及证券交易公司等。他们在涉足证券投资行为的过程中各自发现制度变迁可能存在的潜在利润,为确立并维持这一制度付出一轮又一轮的努力,所以他们构成了近代中国证券市场制度变迁的初级行动团体。在初级行动团体的努力下,近代证券市场制度由自发的零星交易,到茶会交易、会员制交易、委托代理交易,发展到正式的交易所交易,为最终制度的确立创造了条件。从整体上看,近代中国证券市场的萌芽和产生与西方发达国家证券市场一样,仍然走的是伴随着股份制经济、证券市场的产生而自然发育的道路,而非政府强制制度安排的道路,市场因素起决定性作用。当然,由初级行动团体引导的制度变迁必定存在着种种缺陷,这些缺陷在近代中国证券市场的发展过程中暴露无遗。

(二)制度变迁的初期表现出以诱致性制度变迁为主导的特征

近代证券市场的产生与初步发展的历史进程,表现出自发产生、自主发展的特点。在自由市场模式下,证券市场的发展是自发的、渐进的和自主的。"看不见的手"引导着市场的发育,当市场误入歧途时,则通过震荡,使其重新回归于合理。① 在近代中国证券市场制度变迁的主体中,社会大众构成初级行动团体,中央政府为次级行动团体,根据制度变迁的主体特征,该制度变迁属于"自下而上"的制度变迁模式,即由社会因素发起制度变迁,最终由政府确立并肯定制度变迁的成果。在制度变迁的过程中这种模式表现

---

① 参见杜恂诚编:《上海金融的制度、功能与变迁1897—1997》,上海人民出版社2002年版,第10页。

出为以诱致性变迁为主导,强制性变迁为辅的特征。从近代中国证券市场的演进过程来看,不管是外商股票交易市场,还是华商证券交易市场,都是一个诱致性制度变迁的过程,政府只是参与其中或为市场提供交易产品,少有制度供给行为,更少有强制性的制度供给。从交易制度本身来看,证券交易所从雏形到最终建立,其组织形式经历了一个从股份制公司到会员制组织,再到股份制公司制度的演变过程,当1914年《证券交易所法》颁布,正式从法律形式上确立了中国证券交易所的制度安排后,中国各地兴起建立的证券交易所才均为股份制组织形式。可见,在近代证券市场制度变迁的过程中诱致性制度变迁不断寻找、试错,而强制性制度变迁只起到了制度确立的辅助性作用。因为制度变迁是诱致性为主导的,市场发展是自发的,当市场的导向误入歧途时,市场会发生震荡来纠正自身的错误。例如,1883年、1910年和1921年的证券投资风潮都因直接投资盲目过量而引起金融系统发生支付危机和支持秩序的崩溃,这时只能由市场自己来纠正自己,除此之外,政府是不会、也没有能力来进行积极干预的。①

(三)制度变迁的后期表现出以强制性制度变迁为主导的特征

"信交风潮"爆发以后,证券市场一片沉寂,人们纷纷"谈股色变",不敢涉足。虽然一些大公司的股票仍在交易所挂牌买卖,但成交量很少,股票交易几乎断绝。虽然北洋政府通过1921年公债整理案,使政府债信得到了一定的提高,但风潮过后,市场上仍仅存公债交易勉强支撑,中国近代证券市场从此步入财政性市场。

---

① 参见杜恂诚:《中国近代两种金融制度的比较》,《中国社会科学》2000年第2期,第180页。

政府发行公债并不是积极主动进行的财政改革,而是被动地利用这一手段弥补财政赤字,为其统治服务,所以在证券市场发挥政府服务功能的同时,也受到政府愈来愈严厉的管制。在近代证券市场发展的中后期,证券市场制度变迁的初级行动团体对制度演进的方向失去了控制,制度变迁进入了政府主导下的外生推进路径,并最终形成了国家垄断的市场结构与机制。市场在政府的强制性行政干预下发展,虽然可以在短期内迅速完善证券市场基本的制度框架,但市场外生制度推进规则与内生制度演变规律之间的矛盾与摩擦,却导致市场运行机制与价格形成机制发生扭曲,带来市场的种种制度缺陷。其中最大的缺陷是证券市场发展不以健全市场机制、完善市场规则为目标,而是以政府利益为终极目标,证券市场的发展以付出"政策租金"为代价。近代证券市场政府主导下的外生性制度推进对内生演变规律的强制替代,必然导致二者之间的冲突,从而扭曲了市场参与主体的行为选择,造成市场资源配置功能发挥受阻,导致市场的效率损耗,这也是近代中国证券市场历经近八十年的发展历程,却始终没能得到较好发展的最重要的原因之一。

(四)诱致性与强制性制度变迁模式的交替互动作用明显

诱致性制度变迁与强制性制度变迁存在交替互动性,诱致性制度变迁之后需要强制性制度变迁的跟进,通过政府的主导力量弥补市场选择的不足,建立稳定的市场机制。[1] 事实上,北洋政府1914年颁布《证券交易所法》,可以说与1883年和1910年的证券

---

[1] 参见杜恂诚:《金融制度变迁史的中外比较》,上海社会科学出版社2004年版,第202、203页。

市场投机风潮有很大的关系,而1926年政府决定在上海设立交易所监理官的直接原因就是1921年的"信交风潮"。反过来说,当一项制度被次级行动团体确立并供给以后,初级行动团体必将马上采取相应措施以适应新制度,并从中寻找"漏洞"以继续获取潜在利润或获得超额利益。如果潜在利润被新制度所剥夺,初级行动团体就会想法设法地制造各种障碍,干预新制度的确立,破坏新制度的有效实施。例如,1914年颁布的《证券交易所法》规定了开设证券交易所的要求与限制,并明确要求一处只能设立一所,但在当时的政治背景下,法律法规体系根本无法得到有效的实施。1918年北京证券交易所和1920年上海物品证券交易所、上海华商证券交易所相继设立之后,证券交易活跃。在巨利诱惑下,人们误以为开办交易所是发财的捷径,纷纷效仿。一些地方势力机构对中央政府的法令毫不理睬,自行审批设立地方交易所。甚至财政部也公然违背《证券交易所法》,在上海以巨资设立官办证券交易所——中华内国公债交换所。1921年9月,上海已有各种交易所70家,其后更以疯狂的速度发展,仅11月份就新成立交易所38家。到1921年年底,仅上海地区交易所即达140余家,信托公司12家,同时交易所浪潮波及其他各地,[①]导致了近代中国最大的一次证券市场投机风潮——"信交风潮"的爆发。这既是初级行动团体"钻制度漏洞"造成市场失衡的后果,更是政府制度供给缺失和执行不力的结果。

(五)市场运行与制度体系表现出内在外在的制度低效性

按照制度经济史学关于制度的定义,制度本身也存在效率评

---

① 参见朱斯煌主编:《民国经济史》,银行学会1948年版,第149—151页,载沈云龙编:《近代中国史料丛刊》第三编,文海出版社1985年版。

价的问题,即制度有高效与低效、有效与无效之别。证券市场效率反映证券市场功能的实现效率,主要指证券市场能否准确定价,并将资本这种稀缺资源配置到效益最高的行业和企业,进而创造最大产出,实现社会福利的最大化。近代中国证券市场虽然在一定程度上遏制了西方列强的经济渗透,促进了民族工商业的发展,[①]但是从整体上衡量,近代中国证券市场是一个低效的市场。从内在效率看,首先,近代证券市场的资本定价机制与功能不健全,导致市场发展极其不稳定,无法发挥正常的作用。近代证券投资者购买股票根本无视企业的发展状况与前景,而公司价值的变化与证券市场价格涨跌之间也没有明显的连动关系。整个证券市场价格决定机制被投机行为和政府干预所牵累,严重影响了市场功能和效率的发挥。其次,近代证券市场内部运行机制不畅,市场约束体系不完善,法律法规执行不力,导致市场畸形发展。证券市场制度属于西方舶来品,引入到近代中国后并没有按照东方特点进行修正,整个运行机制、规则与当时的社会经济发展水平不适。受时代历史环境的影响,近代证券立法始终无法满足市场发展的需要,中间虽几经补充与修订,但规定仍过于简陋,不甚成熟,更谈不上

---

① 关于近代证券市场对社会经济发展作用的评价,详见匡家在:《旧中国证券市场初探》,《中国经济史研究》1994年第4期,第38—40页;刘一民:《旧中国证券市场的历史考察》,《成都大学学报》1998年第4期,第18、19页;张寿彭:《旧中国交易所探源》,《兰州大学学报》1990年第1期,第41、42页;彭厚文:《旧中国证券市场若干问题的订正与商榷》,《中国经济史研究》1997年第3期,第153—156页。陈正书:《近代上海华商证券交易所的起源和影响》,《上海社会科学院学术季刊》1985年第4期,第99—102页;田永秀:《1862—1883年中国的股票市场》,《中国经济史研究》1995年第2期,第63—65页;宋士云:《民国初期中国证券市场初探》,《史学月刊》1999年第5期,第114、115页;汪中华:《试论旧中国证券市场的兴衰》,《学术交流》1998年第5期,第37页。

完善。同时,证券立法与监管的实施效果更不理想,市场投机盛行。从外在效率看,近代证券市场与产业关系疏远,市场融资功能与资源配置功能无法得到有效的发挥。近代中国证券市场长期属于财政性证券市场,主要为政府而非产业服务,是不健康、不健全的证券市场。同时,近代产业的发展也不依托于证券市场,产业的证券融资比例很小。总之,从证券市场的内外效率来考量,近代中国证券市场是一个低效运行的市场,对推动经济发展的作用有限。

(六)制度变迁的过程是具有学习性特征的制度移植过程

尽管制度变迁理论强调制度是"内生的",其形态和运行是由产生和存续的环境与条件决定的,但并不意味着制度是不可以移植的。所谓制度移植,是指某个制度或一组制度从其原生地转移到其他环境并被实践的过程。一般来说,制度移植有两种类型,一种是自主型,另一种是强制型。证券市场制度对于近代中国来讲,属于自主型的制度移植,并非是中国自创的,自发的,而是将已在西方市场经济国家运作了数百年的股份制制度、债券制度和证券市场制度学习、引进来的。制度变迁理论认为知识的不断积累,"边干边学"或"日常的、一点一滴的进步"是制度变迁的基础路径。[①] 近代中国证券市场的产生与发展的过程,从某种意义上讲,是西方证券市场制度的引入和本土化的过程,具有制度变迁的学习性,展现出明显的"边干边学"、"学中干"和"干中学"的制度移植特质。西方证券理论与证券市场制度在中国的传播并不是一蹴而就的,而是经历了一个由浅入深、由简入繁的演进过程。与此同

---

① 参见〔美〕道格拉斯·C.诺斯著,陈郁、罗华平等译:《经济史中的结构与变迁》,上海三联书店、上海人民出版社1994年版,第160页。

时，国人对西方证券理论与证券市场制度的理解，也经历了一个由简单到复杂、由感性到理性的认识过程。

（七）制度变迁的过程表现出明显的时滞性

新制度经济史学下的制度变迁模型属于一种"滞后供给"模型，指在潜在利润出现和使潜在利润内部化的制度确立之间必定存在一定的时间间隔，即制度创新始终落后于潜在利润的出现。制度滞后是人类社会经济发展过程中经常出现的现象，近代中国证券市场变迁的过程中也明显存在制度变迁的时滞。近代中国证券市场制度变迁的次级行动团体是中央政府，相比初级行动团体，政府认识并涉足证券市场较晚，发现并获得潜在利润则更晚，造成初级行动团体的努力在相当长的时期内无法得到有效的落实。从1872年中国近代第一只华商企业股票——轮船招商局股票的发行，到以1914年北洋政府《证券交易所法》的颁布实施和尔后设立的北京证券交易所为标志的近代证券市场基础性制度的正式形成，经历了四十余年的漫长历程，才实现了从无形市场向以证券交易所为主的有形市场的转变，这个过程表现出明显的制度供给时滞性。造成制度供给时滞的原因有很多，其中认识过程是造成近代证券市场制度供给长期落后的主要原因。制度的供给者——近代中央政府了解证券市场制度，发现其潜在利润需要一个长期的认识过程，是在不断参与证券市场并获得利益的过程中逐步实现的。而早期近代中央政府对金融市场采取的自由放任的管理模式，是造成制度供给时滞过长的一个重要原因。

二、近代中国证券市场的历史演进的启示

随着我国市场经济体制的建立健全，以证券市场为主体的资

本市场在市场经济中的重要性日益增强。通过对近代中国证券市场发展历程的分析研究，可以从中得出一些有益的启示。

（一）充分认识证券市场对经济发展的积极作用

证券市场是筹集和融通长期资金的重要场所，它具有提高资金使用效益，加速资金周转，增加金融资产流动性，变储蓄为生产投资，增加资金积累，调节国民经济各部门的比例关系、促进经济发展的积极作用。近代中国证券市场的形成和发展客观上打破了延续几千年的我国传统的自给自足的自然经济模式，促使19世纪中叶的中国步入了近代社会化大生产和商品经济发展的时期，推进了中国经济的近代化进程。证券市场不仅吸引了大量社会游资，还促进了人们的投资热情，掀起了近代中国创办股份制企业的热潮。例如，1920年前后，国内军阀混战，各地士绅、官僚、军阀纷纷"挟其资避居上海，上海之现款增加"，要寻找生息的途径就只有到交易所购买有价证券。尽管其中大部分是"与公债相周旋"[①]，从而落到了军阀手中，但在一定程度上还是为民族工商业提供了资金。从当时民族工商业发展的总趋势上看，"全国公司注册……至民八民九乃大盛，几倍于寻常之数，此即全国交易所信托公司风起云涌之时也"[②]。可以看出，近代中国证券市场的形成与运营，对民族工商业收集游资、促进经济发展是有所助益的。

（二）发达的商品经济是证券市场最深厚的经济基础

证券市场只能是在商品生产和商品流通充分发展的基础上自然形成，必须有发达的商品经济作为基础，不能凭空制造。如果出

---

① 马寅初：《马寅初演讲集》第二集，商务印书馆1928年版，第223页。
② 陈真、姚洛编：《中国近代工业史资料》第一辑，三联书店1957年版，第10页。

于某种需要，人为地、脱离客观实际而建立的证券市场必然是行不通的，或者是没有生命力的，最终一定要失败。西方证券市场的产生与发展，是得益于资本主义商品经济的大发展，而近代中国证券市场作为同一经济范畴，其产生和发展同样也离不开商品经济发展这一经济基础。但是，近代中国证券市场的产生，不是从中国社会商品经济自身发展中游离出来的，而是在外力作用下由西方移植过来，市场发展严重先天不足，致使在产生后的四五十年时间内一直未有较大的发展，难以形成规模。到 20 世纪 20 年代前后，中国商品经济第一次有了较大的发展，证券市场的发展也随之出现了第一次高潮。但是，由于北洋政府的懦弱，对经济的失控未能及时地采取引导、调控措施，致使中国证券市场错失了这一千载难逢的发展机遇。国民党政府统治时期，企图重塑政府对整个社会经济结构的强控制，致力于发展官僚垄断资本主义，但又矫枉过正。虽然通过国家资本对私人资本的控制，在一定的程度上有利于社会经济的发展，但另一方面，民族资本主义未能得到充分发展，被政府过早地扼杀了。加上战争的原因，国民党政府的国家垄断资本主义不仅未使中国经济有所发展，反而出现了经济的全面崩溃。商品经济在旧中国始终未能得到很好的发展，始终未能成为社会经济的主要形式，始终未能形成促进证券市场发展的必要的经济基础。

（三）强有力的证券市场监管体系是证券市场稳定发展的保证

证券市场监管是指证券管理机关运用法律的、经济的以及必要的行政手段，对证券的募集、发行、交易等行为以及证券投资中介机构的行为进行监督与管理。回顾与反思近代中国证券市场的历史不难发现，加强与完善政府监管是证券市场稳定发展的必要前提条件之一。旧中国证券市场大起大落，风潮迭起，除缺乏必要的商品经济基础外，缺乏必要的证券市场监管也是重要的原因之一。首先，近代证券监管对发行市场缺乏有效的管理，对股份公司发行股票、债券等信用工具，既没有详细的申报制度，又缺乏有效的审核和证券评估等管理办法，使上市公司及其发行的证券的质量无法得到保证，其结果造成资质差的股票也可以上市，容易使投资者上当受骗，蒙受损失。例如，英国骗子麦边利用橡胶公司发行劣质股票，骗取巨款出逃而引起的"橡胶股票风潮"，触发了一场规模巨大的金融危机。从北洋政府起，虽然中央政府颁布了较为详细的《交易所法》，后来国民党政府又进行了进一步的修订和完善，但是长期的军阀封建割据和政局不稳，加之为了解决财政困难，政府常常置法于不顾，出尔反尔，对证券市场的监管名存实亡，致使证券市场一直处在自发的、无组织的状态之中。其次，近代证券监管对流通市场缺乏有效的管理。证券交易所作为证券市场的核心部分，是为证券交易提供有组织的、集中交易的场所，它具有促进证券交易公平、合理、有序进行的重要作用。但它必须是在证券交易发展到一定规模之后才需要设立，即它的建立必须以一定规模的证券交易为基础，而不能超越客观实际的需要滥设。然而在近代证券市场的发展过程中，对证券交易所的设立长期处于失控状态，有权审批设立交易所的机构过多。例如，中国政府、外国管理当局、地方政府，甚至租界的工部局等其他部门都有权批准设立交易所。这种多头批准的结果，必然导致证券市场混乱无序。1921年底至1922年春的"信交风潮"，就是因为政府对证券市场监管不力，使风险和危机未能及时地、有效地得到控制而引发的。这一次风潮，不仅使证券市场过去的发展前功尽弃，使股票市场因此跌入低谷达20年之久，而且更打击了近代中国证券市场正逐步形成的信心。

（四）减少政府对市场的强制干预是证券市场独立性的保障

证券市场的发展需要政府介入，作为一个"裁判员"来设定标准，行使惩罚违规的权利。但是政府一旦介入，就有可能越权行事，如何控制好政府的行为正是经济学中政府与市场关系的典型难题。近代证券市场的发展，可以说一直没有离开政府的推动与干预，对证券市场的发展具有无可替代的重要意义，但同时政府因为财政困难，一味依赖发行公债弥补财政赤字，扰乱了社会正常的经济秩序。在政府的强制作用下，金融机构的资金及社会游资大量趋于政府公债，使证券市场完全依附于公债，同时金融机构也难以摆脱政府财政政策的干扰，使证券市场完全地从属于政府财政，成为政府弥补财政赤字的工具。整个证券市场逐步沦为政府垄断下的财政性市场，造成"政府失灵"的出现，这也是近代证券市场始终得不到发展壮大的重要原因之一。

（五）处理好企业与证券市场的关系是发挥证券市场功能的根本

理论上，证券市场与产业的关系是相互作用的，证券市场为产业发展提供必要的资金保障，并在产业发展中实现自身的发展。因此，推动产业发展是证券市场的基本职能，以企业为代表的产业则是证券市场发展的基础。现代企业是资本市场的微观基础，证券市场是反映经济状况的"晴雨表"，只有企业有了真正的实绩，产业有了长足的进步，证券市场才能获得根本的发展。近代新式资本主义股份制企业除具有西方企业组织运行的一般特点外，还带有浓厚的中国特点和传统经济要素的痕迹。近代股份制企业需要向政府"报效"、分配中实行"官利制"、面向社会直接吸收储蓄等现象均与股份制企业的本意相悖。传统的、封建的和不健全的公司治理结构决定了近代股份制企业不可能获得长足的发展,无法为证券市场提供稳定的微观基础和环境,是近代中国证券市场没有得到快速发展的重要原因之一。一个完善、健全的证券市场,是企业融资的重要平台,证券市场直接融资以其长期性、稳定性、快速性、成本低廉和规模庞大等优点甚得企业的青睐。近代中国证券市场长期处于震荡,使社会闲置资金丧失了投资的正当渠道,加重了游资份量,增加了市场的投机性,无法为企业提供一个长期稳定的融资平台。可以说,近代证券市场与近代产业,包括民族资本主义股份制企业严重脱节,相互之间关系甚疏。

(六)建立多层次市场结构体系是证券市场发展的方向

证券市场的结构,是指证券市场的构成及其各部分之间的量比关系。证券市场的横向结构关系,即依有价证券的品种而形成的结构关系,主要有股票市场、债券市场、基金市场以及衍生证券市场等子市场,并且各个子市场之间是相互联系的。旧中国的证券市场发展道路虽然波动曲折,但是却形成了比较完备的结构体系,包括了股票市场、企业债券市场、政府公债市场、期货市场等主要的证券子市场。但是,综合来看,近代证券市场中政府公债长期处于主导地位,挤占了大量的市场资源,而产业证券,特别是企业债市场规模很小,根本没有发挥应有的作用。

(七)保证中介机构的健康发展是证券市场发展的基本要求

证券市场的市场中介,是指以证券的发行和流通为其经营业务,为市场主体提供专业服务,协调、加速和保证优化配置资源和证券市场规范化运行的专业化组织机构,也称证券中介服务机构。通过它们的经营服务活动,沟通了证券需求者与证券供应者之间的联系,不仅保证了各种证券的发行和交易,还起到维持证券市场秩序的作用。中介机构在证券市场发展中起着举足轻重的作用,成熟市场主要是靠规范中介机构行为来实现对市场的监管和投资者利益的保护。在近代中国证券市场的发展过程中,诞生了各类证券市场的中介机构和中介组织,主要包括股票公司、信托公司等各种经营、代理证券投资业务的机构。但是由于市场不健全、监管不力和认识不足等原因,这些中介机构不仅没能起到促进证券市场健康发展的积极作用,反而成为破坏市场发展、扰乱市场秩序的罪魁祸首。例如,1921年"信交风潮"爆发的主要原因就是交易所与信托公司的创设超过了当时社会经济发展的客观要求,与当时中国社会经济发展极不适宜。[①] 同时,这些信交企业还充当了金融诈骗的工具,囤积居奇,操纵市场价格,造成市场的强烈震荡和不稳定。

[①] 参见刘志英:《近代上海华商证券市场研究》,学林出版社2004年版,第19页。

主要参考文献

一、史料及资料汇编

[1] 财政部财政科学研究所、中国第二历史档案馆编:《国民政府财政金融税收档案史料》(1927—1937),中国财政经济出版社 1997 年版。

[2] 陈旭麓等主编:《中国通商银行(盛宣怀档案资料选辑之五)》,上海人民出版社 2000 年版。

[3] 重庆市档案馆、重庆市人民银行金融研究所编:《四联总处史料》,中国档案出版社 1993 年版。

[4] 洪葭管主编:《中央银行史料(1928.11—1949.5)》,中国金融出版社 2005 年版。

[5] 交通银行总行、中国第二历史档案馆编:《交通银行史料》,中国金融出版社 1995 年版。

[6] 金融史编委会编:《旧中国交易所股票金融市场资料汇编》上下册,书目文献出版社 1995 年版。

[7] 孔敏主编:《南开经济指数资料汇编》,中国社会科学出版社 1998 年版。

[8] 刘大钧:《外人在华投资统计》,中国太平洋国际学会 1932 年版。

[9] 南开大学历史系编:《清实录经济资料辑要》,中华书局 1959 年版。

[10] 千家驹编:《旧中国公债史资料(1894—1949 年)》,中华书局 1984 年版。

[11] 全国经济会议秘书处编辑:《全国经济会议专刊》,上海商务印书馆 1928 年版。

[12] 上海市档案馆编:《工部局董事会会议录》第 1—28 册,上海古籍出版社 2001 年版。

[13] 上海市档案馆编:《旧上海的证券交易所》,上海古籍出版社 1992 年版。

[14] 上海市档案馆编:《旧中国的股份制(1868年—1949年)》,中国档案出版社1996年版。
[15] 上海市档案馆编:《一九二七年的上海商业联合会》,上海人民出版社1983年版。
[16] 中国人民政治协商会议上海市委员会文史资料委员会编:《上海文史资料选辑》第60辑,上海人民出版社1988年版。
[17] 中国人民政治协商会议上海市委员会文史资料委员会编:《上海文史资料选辑》第76辑,1994年版。
[18] 申报社:《申报》,上海书店1987年影印版。
[19] 沈雷春主编:《中国金融年鉴》,载沈云龙编:《近代中国史料丛刊续辑》,文海出版社1979年版。
[20] 孙毓棠编:《中国近代工业史资料》第一辑:1840—1895年,上下册,科学出版社1957年版。
[21] 汪敬虞编:《中国近代工业史资料》第二辑:1895—1914年,上下册,科学出版社1957年版。
[22] 吴冈编:《旧中国通货膨胀史料》,上海人民出版社1953年版。
[23] 徐义生编:《中国近代外债史统计资料(1853—1927)》,中华书局1962年版。
[24] 严中平等编:《中国近代经济史统计资料选辑》,科学出版社1955年版。
[25] 中国第二历史档案馆编:《中华民国史档案资料汇编》第五辑第二编(财政经济),江苏古籍出版社1994年版。
[26] 中国第二历史档案馆编:《中华民国史档案资料汇编》第五辑第三编(财政经济),江苏古籍出版社2000年版。
[27] 中国第二历史档案馆等编:《中华民国金融法规档案资料选编》上下册,中国档案出版社1990年版。
[28] 中国经济情报社编:《中国经济年报》第二辑(1935年),上海生活书店1936年版。
[29] 中国经济情报社编:《中国经济年报》第一辑(1934年),上海生活书店1935年版。
[30] 中国人民银行金融研究所编:《近代中国金融业管理》,人民出版社1990年版。
[31] 中国人民银行金融研究所编:《美国花旗银行在华史料》,中国金融出版

社 1990 年版。
[32] 中国人民银行金融研究所编：《中国农民银行》，中国财政经济出版社 1980 年版。
[33] 中国人民银行上海市分行编：《上海钱庄史料》，上海人民出版社 1978 年版。
[34] 中国人民银行上海市分行金融研究所编：《金城银行史料》，上海人民出版社 1983 年版。
[35] 中国人民银行上海市分行金融研究所编：《上海商业储蓄银行史料》，上海人民出版社 1990 年版。
[36] 中国人民银行总行参事室编：《中国近代货币史资料》（第一辑），中华书局 1964 年版。
[37] 中国人民银行总行参事室编：《中国清代外债史资料(1853—1911)》，中国金融出版社 1991 年版，第 228 页。
[38] 中国人民银行总行参事室编：《中华民国货币史资料》（第二辑），上海人民出版社 1991 年版。
[39] 中国人民银行总行参事室编：《中华民国货币史资料》（第一辑），上海人民出版社 1986 年版。
[40] 中国社会科学院、中央档案馆编：《中华人民共和国经济档案资料选编·金融卷(1949—1952)》，中国物资出版社 1996 年版。
[41] 中国社会科学院、中央档案馆编：《中华人民共和国经济档案资料选编·金融卷(1953—1957)》，中国物资出版社 2000 年版。
[42] 中国社科科学院近代史研究所等编：《中国第一家银行》，中国社会科学出版社 1982 年版。
[43] 中国银行总行、中国第二历史档案馆编：《中国银行行史资料汇编》（上编），中国档案出版社 1991 年版。
[44] 中央银行经济研究处编：《金融法规大全》，上海商务印书馆 1947 年版。

二、报刊杂志

[1]《北方经济》
[2]《北华捷报》《字林西报》
[3]《复兴月刊》

[4]《工商经济》
[5]《股票新闻》
[6]《华股研究周报》
[7]《交易所周刊》
[8]《金融汇报》
[9]《金融季刊》
[10]《金融知识》
[11]《金融周报》
[12]《经济汇报》
[13]《经济评论》
[14]《经济通讯》
[15]《经济周报》
[16]《钱业月报》
[17]《商业新闻年刊》
[18]《社会经济月报》
[19]《申报》
[20]《申报每周增刊》
[21]《申报月刊》
[22]《实业金融》
[23]《银行通讯》
[24]《银行周报》
[25]《证券市场》
[26]《中外经济周刊》

三、中文专著

[1]〔美〕奥斯特罗姆、菲尼、皮希特编,王诚等译:《制度分析与发展的反思——问题与抉择》,商务印书馆1996年版。

[2]巴图:《民国金融帝国》,群众出版社2001年版。

[3]〔法〕白吉尔著,张富强、许世芬译:《(1911—1937)中国资产阶级的黄金时代》,上海人民出版社1994年版。

[4]陈国强主编:《浙江金融史》,中国金融出版社1993年版。

[5] 陈明光著:《钱庄史》,上海文艺出版社 1997 年版。
[6] 陈曾年:《近代上海金融中心的形成和发展》,上海社会科学院出版社 2006 年版。
[7] 陈争平:《1895—1936 年中国国际收支研究》,中国社会科学出版社 1996 年版。
[8] 陈支平、魏明孔主编:《货殖——商业与市场研究》,黄山书社 2008 年版。
[9] 程霖:《中国近代银行制度建设思想研究》,上海财经大学出版社 1999 年版。
[10] 戴建兵:《白银与近代中国经济(1890—1935)》,复旦大学出版社 2005 年版。
[11] 〔美〕道格拉斯·C.诺斯著,陈郁、罗华平等译:《经济史中的结构与变迁》,上海三联书店、上海人民出版社 1994 年版。
[12] 邓力群、钱学森等:《经济理论与经济史论文集》,北京大学出版社 1982 年版。
[13] 丁日初主编:《上海近代经济史》第二卷《1895—1927》,上海人民出版社 1997 年版。
[14] 董继斌、景占魁主编:《晋商与中国近代金融》,山西经济出版社 2002 年版。
[15] 杜恂诚、陈争平、朱荫贵、林刚等:《汪敬虞教授九十华诞纪念文集》,人民出版社 2007 年版。
[16] 杜恂诚:《金融制度变迁史的中外比较》,上海社会科学出版社 2004 年版。
[17] 杜恂诚:《经济转型中的金融创新》,立信会计出版社 1996 年版。
[18] 杜恂诚:《民族资本主义与旧中国政府(1840—1937)》,上海社会科学院出版社 1991 年版。
[19] 杜恂诚:《日本在旧中国的投资》,上海社会科学出版社 1986 年版。
[20] 杜恂诚:《中国金融通史》第三卷《北洋政府时期》,中国金融出版社 2002 年版。
[21] 杜恂诚主编:《上海金融的制度、功能与变迁(1897—1997)》,上海人民出版社 2002 年版。
[22] 复旦大学中国金融史研究中心编:《近代上海金融组织研究》,复旦大学出版社 2007 年版。

[23] 复旦大学中国金融史研究中心编:《上海金融中心地位的变迁》,复旦大学出版社 2005 年版。
[24] 高德步:《西方世界的衰落》,中国人民大学出版社 2009 年版。
[25] 高德步:《经济发展与制度变迁:历史的视角》,经济科学出版社 2006 年版。
[26] 郭庠林、张立英:《近代中国市场经济研究》,上海财经大学出版社 1999 年版。
[27] 韩毅:《西方制度经济史学研究——理论、方法与问题》,中国人民大学出版社 2007 年版。
[28] 〔美〕郝延平著,李荣昌等译:《十九世纪的中国买办:东西间桥梁》,上海社会科学院出版社 1988 年版。
[29] 〔美〕郝延平著,陈潮、陈任译:《中国近代商业革命》,上海人民出版社 1991 年版。
[30] 洪葭管、张继凤:《近代上海金融市场》,上海人民出版社 1989 年版。
[31] 洪葭管:《20 世纪的上海金融》,上海人民出版社 2004 年版。
[32] 洪葭管:《在金融史园地里漫步》,中国金融出版社 1990 年版。
[33] 洪葭管:《中国金融通史》第四卷《国民政府时期》,中国金融出版社 2008 年版。
[34] 洪葭管编:《金融话旧》,中国金融出版社 1991 年版。
[35] 洪葭管主编:《中国金融史》,西南财经大学出版社 1993 年版。
[36] 胡继之:《中国股市的演进与制度变迁》,经济科学出版社 1999 年版。
[37] 华民、韦森、张宇燕、文贯中等著:《制度变迁与长期经济发展》,复旦大学出版社 2006 年版。
[38] 黄长征:《投机经济学》,中国社会科学出版社 2003 年版。
[39] 黄汉民、陆兴龙:《近代上海工业企业发展史论》,上海财经大学出版社 2000 年版。
[40] 黄鉴晖:《中国钱庄史》,山西经济出版社 2005 年版。
[41] 黄鉴晖:《中国银行业史》,山西经济出版社 1994 年版。
[42] 黄天华:《中国财政史纲》,上海财经大学出版社 1999 年版。
[43] 黄逸平、虞宝棠主编:《北洋政府时期经济》,上海社会科学院出版社 1995 年版。
[44] 黄逸平:《近代中国经济变迁》,上海人民出版社 1992 年版。

[45]霍俊江:《计量史学基础——理论与方法》,中国社会科学出版社1991年版。
[46]姜宏业:《中国金融通史》第五卷《新民主主义时期》,中国金融出版社2008年版。
[47]姜良芹:《南京国民政府内债问题研究:以内债政策及运作绩效为中心》,南京大学出版社2003年版。
[48]〔美〕科斯、阿尔钦、诺斯等:《财产权利与制度变迁——产权学派与新制度学派译文集》,上海三联书店1994年版。
[49]孔令仁、李德征主编:《中国近代化与洋务运动》,山东大学出版社1992年版。
[50]孔祥毅:《金融票号史论》,中国金融出版社2003年版。
[51]孔祥毅等:《百年金融制度变迁与金融协调》,中国社会科学出版社2002年版。
[52]兰日旭:《中国金融现代化之路——以近代中国商业银行盈利性分析为中心》,商务印书馆2005年版。
[53]李伯重:《理论、方法、发展趋势:中国经济史研究新探》,清华大学出版社2002年版。
[54]李长江:《中国证券市场的历史与发展》,中国物资出版社1998年版。
[55]李一翔:《近代中国银行与钱庄关系研究》,学林出版社2005年版。
[56]李玉:《北洋政府时期企业制度结构史论》,社会科学文献出版社2007年版。
[57]李玉:《晚清公司制度建设研究》,人民出版社2002年版。
[58]林勇等编:《外国股份制100年》,广州出版社1997年版。
[59]刘佛丁、王玉茹、于建玮:《近代中国的经济发展》,山东人民出版社1997年版。
[60]刘佛丁、王玉茹:《中国近代的市场发育与经济增长》,高等教育出版社1996年版。
[61]刘佛丁主编:《中国近代经济发展史》,高等教育出版社1999年版。
[62]刘鸿儒主编:《中国证券(1843—2000)》,九州出版社、线装书局2001年版。
[63]刘华:《公债的经济效应研究》,中国社会科学出版社2004年版。
[64]刘慧宇:《中国中央银行研究(1928—1949)》,中国经济出版社1999

年版。

[65] 刘建生、刘鹏生、燕红忠等:《明清晋商制度变迁研究》,山西人民出版社 2005 年版。

[66] 刘克祥、陈争平:《中国近代经济史简编》,浙江人民出版社 1999 年版。

[67] 刘兰兮主编:《中国现代化过程中的企业发展》,福建人民出版社 2006 年版。

[68] 刘永详:《金城银行——中国近代民营银行的个案研究》,中国社会科学出版社 2006 年版。

[69] 刘志英:《近代上海华商证券市场研究》,学林出版社 2004 年版。

[70] 卢华:《制度变迁与投资者行为》,上海财经大学出版社 2006 年版。

[71] 卢现祥:《西方新制度经济学》,中国发展出版社 1996 年版。

[72] 陆仰渊、方庆秋主编:《民国社会经济史》,中国经济出版社 1991 年版。

[73] 〔英〕罗德里克·弗拉德著,王小宽译:《计量史学方法导论》,上海译文出版社 1991 年版。

[74] 罗美娟:《证券市场与产业成长》,商务印书馆 2001 年版。

[75] 宁则行、樊亢主编:《世界经济史(中卷)》,经济科学出版社 1994 年版。

[76] 〔美〕诺斯、托马斯著,厉以平、蔡磊译:《西方世界的兴起》,华夏出版社 1999 年版。

[77] 〔美〕诺斯著,刘守英译:《制度、制度变迁与经济绩效》,生活·读书·新知三联书店 1994 年版。

[78] 潘国琪:《国民政府 1927—1949 年内国公债研究》,经济科学出版社 2003 年版。

[79] 潘国旗:《近代中国国内公债研究(1840—1926)》,经济科学出版社 2007 年版。

[80] 彭信威著:《中国货币史》,上海人民出版社 2007 年版。

[81] 戚厚杰、李琴、李珂、孙建军编:《百年证券变迁》,江苏美术出版社 2002 年版。

[82] 盛慕杰、于滔主编:《中国近代金融史》,中国金融出版社 1985 年版。

[83] 施正康:《困惑与诱惑:中国近代化进程中的投资理念与实践》,上海三联出版社 1999 年版。

[84] 石国超编:《中国金融史话》,青岛出版社 1997 年版。

[85] 石毓符:《中国货币金融史略》,天津人民出版社 1984 年版。

[86] 史全生主编:《中华民国经济史》,江苏人民出版社1989年版。
[87] 孙文学等编:《中国财政史》,东北财经大学出版社2008年版。
[88] 孙毓棠:《中日甲午战争前外国资本在中国经营的近代工业》,上海人民出版社1955年版。
[89] 汪敬虞:《十九世纪西方资本主义对中国的经济侵略》,人民出版社1983年版。
[90] 汪敬虞:《外国资本在近代中国的金融活动》,人民出版社1999年版。
[91] 汪敬虞主编:《中国近代经济史(1895—1927)》全三册,人民出版社2000年版。
[92] 王恩良等:《交易所大全》,魏翔等整理,中国物资出版社1993年版。
[93] 王广谦编:《中国证券市场》,中国财政经济出版社1991年版。
[94] 〔美〕王国斌著,李伯重、连玲玲译:《转变的中国——历史变迁与欧洲经验的局限》,江苏人民出版社1998年版。
[95] 王玉茹、燕红忠:《世界市场价格变动与近代中国产业机构模式研究》,人民出版社2007年版。
[96] 王玉茹:《近代中国物价、工资和生活水平研究》,上海财经大学出版社2007年版。
[97] 王志华:《中国近代证券法》,北京大学出版社2005年版。
[98] 巫宝三、陈振汉等:《经济思想史论文集》,北京大学出版社1982年版。
[99] 吴承明:《帝国主义在旧中国的投资》,人民出版社1955年版。
[100] 吴承明:《经济史:历史观与方法论》,上海财经大学出版社2006年版。
[101] 吴承明:《市场·近代化·经济史论》,云南大学出版社1996年版。
[102] 吴承明:《中国的社会化:市场与社会》,三联书店2001年版。
[103] 吴承明:《中国资本主义与国内市场》,中国社会科学出版社1985年版。
[104] 吴景平、陈雁主编:《近代中国的经济与社会》,上海古籍出版社2002年版。
[105] 吴景平、马长林主编:《上海金融的现代化与国际化》,上海古籍出版社2003年版。
[106] 吴景平主编:《上海金融业与国民政府关系研究(1927—1937)》,上海财经大学出版社2002年版。
[107] 项观奇编:《历史计量研究法》,山东教育出版社1987年版。

[108]〔美〕小科布尔著,杨希孟、武莲珍译:《上海资本家与国民政府(1927—1937)》,中国社会科学出版社1988年版。
[109]萧清编:《中国近代货币金融史简编》,山西人民出版社1987年版。
[110]忻平:《从上海发现历史——现代化进程中的上海人及其社会生活(1927—1937)》,上海人民出版社1996年版。
[111]徐桂华、郑振龙编:《各国证券市场概览》,复旦大学出版社1992年版。
[112]许涤新、吴承明主编:《中国资本主义发展史》全三卷,社会科学文献出版社2007年版。
[113]严亚明:《晚清企业制度思想与实践的历史考察》,人民出版社2007年版。
[114]严中平主编:《中国近代经济史(1840—1894)》,人民出版社1989年版。
[115]颜品忠主编:《花旗银行在华掠夺纪实》,新世界出版社2004年版。
[116]杨德才:《中国经济史新论(1840—1949)》,经济科学出版社2004年版。
[117]杨端六编:《清代货币金融史稿》,武汉大学出版社2007年版。
[118]〔美〕杨格著,陈泽宪、陈霞飞译:《1927至1937年中国财政经济情况》,中国社会科学出版社1981年版。
[119]杨荫溥编:《上海金融组织概要》,商务印书馆1930年版。
[120]杨荫溥编:《中国交易所论》,商务印书馆1930年版。
[121]杨在军:《晚清公司与公司治理》,商务印书馆2006年版。
[122]姚会元:《江浙金融财团研究》,中国财政经济出版社1998年版。
[123]姚崧龄:《中国银行二十四年发展史》,传记文学社1976年版。
[124]姚遂:《中国金融思想史》,中国金融出版社1994年版。
[125]叶青编:《证券市与证券税制研究》,武汉大学出版社1994年版。
[126]叶世昌、潘连贵:《中国古近代金融史》,复旦大学出版社2001年版。
[127]叶世昌、施正康:《中国近代市场经济思想》,复旦大学出版社1998年版。
[128]叶世昌:《中国货币理论史》(上册),中国金融出版社1986年版。
[129]叶世昌等:《中国货币理论史》(下册),中国金融出版社1993年版。
[130]俞兆鹏编:《中国货币金融史论著索引》,新华出版社2000年版。
[131]袁远福、缪明杨编著:《中国金融简史》,中国金融出版社2001年版。
[132]〔美〕约瑟夫·熊比特著,朱泱等译:《经济分析史》全三卷,商务印书馆1992年版。

[133] 张东刚:《消费需求的变动与近代中日经济增长》,人民出版社 2001 年版。

[134] 张东刚:《中日经济发展的总需求比较研究 1886—1936》,生活·读书·新知三联书店 2005 年版。

[135] 张公权著,杨志信译:《中国通货膨胀史》,文史资料出版社 1986 年版。

[136] 张国辉:《晚清钱庄和票号研究》,社会科学文献出版社 2007 年版。

[137] 张国辉:《洋务运动与中国近代企业》,中国社会科学出版社 1979 年版。

[138] 张国辉:《中国金融通史》第二卷《清鸦片战争时期至清末时期》,中国金融出版社 2003 年版。

[139] 张杰:《中国金融制度的结构与变迁》,山西经济出版社 1998 年版。

[140] 张宇燕、高程:《美洲金银和西方世界的兴起》,中信出版社 2004 年版。

[141] 张忠民:《艰难的变迁:近代中国公司制度研究》,上海社会科学院出版社 2002 年版。

[142] 张仲礼著,费成康、王寅通译:《中国绅士的收入》,上海社会科学出版社 2001 年版。

[143] 张仲礼、熊月之、沈祖炜编:《长江沿江城市与中国近代化》,上海人民出版社 2002 年版。

[144] 张仲礼编:《中国近代城市发展与社会经济》,上海社会科学院出版社 1999 年版。

[145] 张仲礼编:《中国近代经济史论著选择》,上海社会科学出版社 1987 年版。

[146] 赵津主编:《中国近代经济史》,南开大学出版社 2006 年版。

[147] 赵津:《中国城市房地产业史论(1840—1949)》,南开大学出版社 1994 年版。

[148] 郑振龙等编:《中国证券发展简史》,经济科学出版社 2000 年版。

[149] 周积明、郭莹等:《震荡与冲突:中国早期现代化进程中的思潮和社会》,商务印书馆 2003 年版。

[150] 周沈刚编:《证券买卖秘术》,上海文明书局 1922 年版。

[151] 朱斯煌主编:《民国经济史》,银行学会 1948 年版,载沈云龙编:《近代中国史料丛刊》第三编,文海出版社 1985 年版。

[152] 朱彤芳编:《旧中国交易所介绍》,中国商业出版社 1989 年版。

[153] 朱荫贵:《国家干预经济与中日近代化:轮船招商局与三菱·日本邮船

会社的比较研究》,东方出版社 1994 年版。

[154]朱荫贵、戴鞍钢主编:《近代中国:经济与社会研究》,复旦大学出版社 2006 年版。

[155]朱镇华:《中国金融旧事》,中国国际广播出版社 1991 年版。

四、中文论文

[1]白丽健:《1937—1949 年上海证券市场的历史考察》,《南开学报》2000 年第 4 期。

[2]白丽健:《近代中国公司债发行的效果分析》,《南开经济研究》2001 年第 1 期。

[3]白丽健:《近代中国债券市场价格变动的原因分析》,《南开经济研究》2000 年第 2 期。

[4]曹流:《1883 年金融危机中的商人与政府》,《上海经济研究》2001 年第 7 期。

[5]陈伟宁、陈明杰:《近代中国第一次金融风暴》,《三明高等专科学校学报》2004 年第 1 期。

[6]陈争平、左大培:《"民十信交风潮"的教训》,《经济导刊》1994 年第 3 期。

[7]陈正书:《近代上海华商证券交易所的起源和影响》,《上海社会科学院学术季刊》1985 年第 4 期。

[8]成九雁、朱武祥,《中国近代股市监管的兴起与演变:1873—1949 年》,《经济研究》2006 年第 12 期。

[9]崔鹏飞:《清政府发行昭信股票始末》,《金融教学与研究》1999 年第 5 期。

[10]崔鹏飞:《我国第一张以"股票"发行的公债》,《河北经贸大学学报》1999 年第 2 期。

[11]邓宜红:《试析 1935 年以前中国银行对待政府内债态度之演变》,《民国档案》1993 年第 1 期。

[12]丁玉萍:《近代中国证券市场不发达的表现及原因》,《玉林师范学院学报》2006 年第 2 期。

[13]杜恂诚:《中国近代两种金融制度的比较》,《中国社会科学》2000 年第 2 期。

[14]杜恂诚:《1933 年上海城市阶层收入分配的一个估算》,《中国经济史研

究》2005 年第 1 期。
[15] 杜恂诚:《股市风潮与投机心理》,《上海经济研究》1993 年第 5 期。
[16] 杜恂诚:《关于中国近代经济史研究方法的创新》,《中国经济史研究》1996 年第 1 期。
[17] 杜恂诚:《近代中国股份有限公司治理结构中的大股东权利》,《财经研究》2007 年第 12 期。
[18] 杜恂诚:《一九二七年前中国金融的自由市场制度》,《上海社会科学院学术季刊》2000 年第 3 期。
[19] 杜恂诚:《中国近代的三次金融风潮及其启示》,《改革》1997 年第 2 期。
[20] 杜恂诚:《中国近代经济的政治性周期与逆向运作》,《史林》2001 年第 4 期。
[21] 范方志:《中国金融产权制度变迁与经济增长》,《上海金融学院学报》2004 年第 1 期。
[22] 方亮、张涛:《金城银行对民族工业的放款与投资(1917—1937)》,《绥化师专学报》1994 年第 4 期。
[23] 高德步:《论经济史学的对象、任务与方法》,《南开经济研究》2000 年第 6 期。
[24] 高德步:《经济学中的历史学派和历史方法》,《中国人民大学学报》1998 年第 5 期。
[25] 高德步:《制度变迁理论与我国的改革实践》,《经济理论与经济管理》1996 年第 1 期。
[26] 高德步:《诺斯的制度变迁理论与中国社会变革评说》,《学习与探索》1996 年第 4 期。
[27] 高德步:《制度变迁理论:马克思与诺斯》,《经济学家》1996 年第 5 期。
[28] 高海燕:《近代外国在华洋行、银行与中国钱庄》,《社会科学辑刊》2003 年第 2 期。
[29] 何旭艳:《1921 年北洋政府整理公债述评》,《湖南大学学报》2005 年第 2 期。
[30] 何旭艳:《信托业在中国的兴起和初步发展(1921—1937 年)》,《中国经济史研究》2005 年第 1 期。
[31] 何益忠:《变革社会中的传统与现代——1897—1937 年的上海钱庄与华资银行》,《复旦学报》1998 年第 3 期。

[32] 洪葭管:《从中国近代的金融风潮看当代的金融危机》,《浙江金融》1998年第9期。
[33] 胡滨、尹振涛:《基于法与金融视角下的中国金融法治建设》,《西部金融》2008年第9期。
[34] 黄少安:《关于制度变迁的三个假说及其验证》,《中国社会科学》2000年第4期。
[35] 黄震:《南京国民政府时期(1927—1937)金融统制探略》,《政法论坛》2008年第1期。
[36] 贾秀慧:《近代中国股票市场述评》,《统计教育》2005年第2期。
[37] 剑荣:《虞洽卿与上海证券物品交易所》,《档案与史学》1996年第3期。
[38] 姜良芹:《1927—1937年国民政府公债市场监管体制评析》,《江海学刊》2004年第5期。
[39] 姜良芹:《南京国民政府1932年内债整理案述论》,《中国经济史研究》2002年第4期。
[40] 姜良芹:《南京国民政府1936年内债整理案述评》,《近代史研究》2004年第1期。
[41] 姜涛:《50年来的晚清政治史研究》,《近代史研究》1999年第5期。
[42] 剧锦文:《转轨时期中国国家资本的历史性变革》,《学术月刊》2006年第8期。
[43] 康金莉、姚会元:《南京政府时期北四行有价证券投资研究》,《石家庄经济学院学报》2008年第2期。
[44] 孔莉:《股份制企业在中国近代化初期的运作初探》,《经济问题探索》2000年6期。
[45] 孔祥毅:《1883年的金融危机中的票号与钱庄》(上),《山西财经大学学报》2006年第3期。
[46] 匡家在:《旧中国证券市场初探》,《中国经济史研究》1994年第4期。
[47] 兰日旭:《近代中国股份制企业"官利"制产生原因再探析》,《福建论坛》2008年第5期。
[48] 李伯重:《历史上的经济革命与经济史的研究方法》,《中国社会科学》2001年第6期。
[49] 李春梅:《从轮船招商局看中国近代股份制的兴起》,《四川师范大学学报》1995年第3期。

[50]李春梅:《买办与中国近代股份制的兴起》,《西南交通大学学报》2003年第6期。

[51]李树启、金雪军:《证券风云启示录之三:"信交风潮"》,《浙江金融》1998年第4期。

[52]李英铨:《近年来中国近代证券问题研究综述》,《广西梧州师范高等专科学校学报》2005年第4期。

[53]李英铨:《论1882—1883年中国金融风潮》,《安徽史学》2005年第6期。

[54]李玉:《1882年的上海股票市场》,《历史档案》2000年第2期。

[55]李玉:《19世纪80年代初上海股市风潮对洋务民用企业的影响》,《江海学刊》2000年第3期。

[56]李玉:《清末"橡皮股票风潮"》,《文史杂志》1997年第6期。

[57]李玉:《晚清昭信股票发行过程论略》,《近代史研究》2006年第4期。

[58]李玉:《中国近代股票的债券性——再论"官利"制度》,《南京大学学报》2003年第3期。

[59]林刚:《关于中国经济的二元结构与三元结构问题》,《中国经济史研究》2001年第3期。

[60]林刚:《张謇与中国特色的早期现代化道路》,《中国经济史研究》1997年第1期。

[61]林刚:《中国国情与早期现代化》,《中国经济史研究》1999年第4期。

[62]林榕杰:《从"转买转卖之枢纽"到"投机家的乐园"——中国近代人士对证券交易所作用的思索》,《福建论坛》2008年第2期。

[63]刘斌:《试论中国近代股票市场的兴起和特征》,《理论与改革》2007年第4期。

[64]刘斌:《中国近代股票市场与国民心理》,《重庆广播电视大学学报》2007年第1期。

[65]刘佛丁、王玉茹:《关于中国近代国民收入研究的状况和展望》,《天津商学院学报》1998年第3期。

[66]刘建生、刘鹏生:《晋商制度变迁方式分析》,《税收与企业》2003年第9期。

[67]刘兰兮:《关于近代市场研究的几个问题》,《清华大学学报》(哲学社会科学版)2007年第5期。

[68]刘秋根:《15—18世纪中国资金市场发育水平蠡测》,《人文杂志》2008年

第1期。

[69]刘巍:《对近代中国宏观经济运行的实证分析(1927—1936)——兼论中国经济史研究中的分析方法》,《中国经济史研究》2004年第3期。

[70]刘晓泉:《晚清与北洋政府时期内国公债研究综述》,《兰州商学院学报》2007年第1期。

[71]刘一民:《旧中国证券市场的历史考察》,《成都大学学报》1998年第4期。

[72]刘永祥:《北洋政府时期的私营银行》,《社会科学辑刊》2000年第6期。

[73]刘志英:《近代上海的外商证券市场》,《上海金融》2002年第4期。

[74]刘志英:《旧中国的证券立法研究》,《档案与史学》2003年第5期。

[75]刘志英:《抗战前期的上海华商证券市场》,《财经论丛》2004年第2期。

[76]刘志英:《沦陷时期上海华商股票市场管理研究》,《中国社会经济史研究》2003年第1期。

[77]鲁篱:《自治如何形成——对证券交易所法律地位的历史比较》,《现代法学》2004年第4期。

[78]鲁文辉、丁晓中:《试析1921年"信交风潮"的影响》,《淮阴师范学院学报》2003年第2期。

[79]罗友山:《国家金融垄断资本扩张的产物——评1946—1949年的上海证券交易所》,《上海经济研究》2002年第9期。

[80]马长林:《旧上海股票交易"茶会时代"之前后》,《上海档案》1993年第2期。

[81]潘国琪:《国民政府1932年公债整理案述评》,《福建论坛》2001年第4期。

[82]潘国琪:《国民政府1936年公债整理案述评》,《贵州师范大学学报》2003年第1期。

[83]潘国琪:《近代中国国内公债史研究》,《浙江大学学报》2003年第5期。

[84]潘国旗:《北洋政府时期国内公债总额及其作用评析》,《近代史研究》2007年第1期。

[85]潘培志:《近代中国证券交易所探析》,《广西广播电视大学学报》2000年第1期。

[86]潘晓霞,《近十年中国近代金融史研究综述》,《江海学刊》2005年第6期。

[87] 彭厚文:《近代上海证券交易所流变考述》,《江南学院学报》1998年第3期。
[88] 彭厚文:《旧中国证券市场若干问题的订正与商榷》,《中国经济史研究》1997年第3期。
[89] 彭厚文:《上海早期的外商证券市场》,《历史档案》2000年第3期。
[90] 彭厚文:《上海早期的证券交易》,《财经研究》1998年第6期。
[91] 彭厚文:《战后上海证券交易所述论》,《近代史研究》2002年第3期。
[92] 乔亮:《中国近代股票经济思想的经济学分析》,《重庆工商大学学报》2007年第4期。
[93] 乔兆红:《跨入近代的门槛——民初中国商人的趋向和特点》,《中国社会科学院研究生院学报》2005年第5期。
[94] 施正康:《近代中国证券思想概论》,《世界经济文汇》1999年第2期。
[95] 史志宏:《关于"清代经济运作的特点"的思考——与陈春声、刘志伟同志商榷》,《中国经济史研究》1991年2期。
[96] 史志宏:《清代前期财政概述》,载《纪念商鸿逵教授逝世十周年论文集》,北京大学出版社1995年版。
[97] 宋士云:《北京证券交易所的两次起落》,《北京商学院学报》1995年第3期。
[98] 宋士云:《解放初期京津地区的证券交易市场》,《北京商学院学报》1997年第2期。
[99] 宋士云:《近代天津证券交易市场的兴起和消亡》,《南开经济研究》1995年第1期。
[100] 宋士云:《抗日战争时期我国的股票市场》,《齐鲁学刊》1998年第5期。
[101] 宋士云:《略谈北京证券交易所的两次起落》,《中国青年政治学院学报》1995年第3期。
[102] 宋士云:《民国初年上海的证券交易市场》,《同济大学学报》1998年第4期。
[103] 宋士云:《民国初期中国证券市场初探》,《史学月刊》1999年第5期。
[104] 宋士云:《清朝末年中国的证券交易》,《山东师大学报》1997年第6期。
[105] 孙毅:《民国时期信托基金的投资管理及其规制》,《思想战线》2008年第4期。
[106] 田永秀、姜海臣:《1927年前中国发展股份制企业及股票市场的思想论

略》,《山东经济》2008年第9期。

[107] 田永秀:《1862—1883年中国的股票市场》,《中国经济史研究》1995年第2期。

[108] 田永秀:《试论中国近代的三次股市危机》,《西南民族学院学报》2000年第10期。

[109] 田永秀:《中国近代第一代股民心态剖析》,《中国社会经济史研究》2006年第4期。

[110] 汪敬虞:《十九世纪外国侵华企业中的华商附股活动》,《历史研究》1965年第4期。

[111] 汪开振:《半个世纪前的中国证券期货市场》,《上海经济研究》1995第4期。

[112] 汪中华:《试论旧中国证券市场的兴衰》,《学术交流》1998年第5期。

[113] 王爱兰:《解放前天津的证券交易所》,《现代财经》2001年第3期。

[114] 王红曼:《清末金融立法与金融发展》,《历史教学》2008年第8期。

[115] 王健:《试论犹太人与近代上海经济》,《史林》1999年第3期。

[116] 王晶:《1932年的公债风潮:国民政府与上海金融界关系述评》,《档案与史学》2000年第3期。

[117] 王业兴:《论民国初年中国金融业近代化趋向》,《学术月刊》1999年第9期。

[118] 王永贞:《近代中国证券交易市场的历史考察》,《聊城师范学院学报》1998年第4期。

[119] 王玉茹:《经济史与经济学理论》,《学术月刊》2007年第1期。

[120] 王玉茹:《中国近代的经济增长和中长周期波动》,《经济学》(季刊)2005年第1期。

[121] 王正华:《1927年蒋介石与上海金融界的关系》,《近代史研究》2002年第4期。

[122] 王志华:《略论中国近代证券立法》,《江西财经大学学报》2004年第6期。

[123] 王中茂、梁凤荣:《清季华商附股外资企业之得失再认识》,《郑州大学学报》2001年第5期。

[124] 魏浩然、杨帆、余海岗:《抗战前南京国民政府金融立法浅论》,《哈尔滨学院学报》2004年第6期。

[125] 魏明孔:《中国前近代社会国家的经济职能》,《学术月刊》2006 年第 8 期。
[126] 吴承明:《经济史:历史观与方法论》,《中国经济史研究》2001 年第 3 期。
[127] 吴承明:《经济学理论与经济史研究》,《经济研究》1995 年第 4 期。
[128] 吴承明:《谈谈经济史研究方法的问题》,《中国经济史研究》2005 年第 1 期。
[129] 吴承明:《中国经济史研究的方法论问题》,《中国经济史研究》1992 年第 1 期。
[130] 吴景平:《近代中国内债史研究对象刍议——以国民政府 1927 年至 1937 年为例》,《中国社会科学》2001 年第 5 期。
[131] 吴景平:《上海钱业公会与南京国民政府成立前后的若干内债——对已刊未刊档案史料的比照阅读》,《近代史研究》2004 年第 6 期。
[132] 武艳敏:《略论 1921 年内债整理》,《兰州学刊》2004 年第 5 期。
[133] 徐华:《从 1910 年橡皮股票风潮看清末的金融市场》,《临沂师范学院学报》2001 年第 1 期。
[134] 徐建生:《民国北京、南京政府经济政策的思想基础》,《中国经济史研究》2003 年第 3 期。
[135] 徐建生:《民国初年经济政策的背景与起步》,《民国档案》1998 年第 2 期。
[136] 徐建生:《钱庄·票号·银行——中国近代金融业的兴起》,《中国经济体制改革》1993 年第 8 期。
[137] 徐建生:《证券交易所近代兴衰记》,《中国经济体制改革》1993 年第 10 期。
[138] 严亚明:《近代洋务股份制企业股票性质与股权状况》,《南阳师范学院学报》2005 年第 7 期。
[139] 严亚明:《论晚清发展证券市场的思想主张》,《南阳师范学院学报》2004 年第 4 期。
[140] 严亚明:《浅谈洋务股份制企业的政企关系》,《青海师专学报》2004 年第 3 期。
[141] 杨斌:《抗战时期国民政府发行公债政策述评》,《江西社会科学》2001 年第 1 期。

[142]杨瑞龙:《论制度供给》,《经济研究》1993年第8期。

[143]杨勇:《晚清时期我国企业股权融资偏好分析》,《科学·经济·社会》2006年第2期。

[144]杨在军、张岸元:《关于近代中国股份制起源的探讨》,《江西社会科学》2003年第1期。

[145]姚会元、易棉阳:《中国政府金融监管制度的演进与特点(1900—1949)》,《广东金融学院学报》2007年第5期。

[146]易继苍、史荣华:《买办商人、华商附股与近代中国国人投资理念的嬗变》,《贵州大学学报》2007年第3期。

[147]于雁、姜海、曹流:《论清政府与1883年金融危机》,《湖北师范学院学报》2001年第2期。

[148]张春廷:《中国证券市场发展简史(民国时期)》,《证券市场导报》2001年第5期。

[149]张春廷:《中国证券市场发展简史(清朝晚期)》,《证券市场导报》2001年第4期。

[150]张洁:《产权变化对企业制度的影响——浅析中国第一个股份制公司轮船招商局》,《内蒙古社会科学》2002年第1期。

[151]张启祥:《北洋政府时期的九六公债述评》,《史学月刊》2005年第6期。

[152]张寿彭:《旧中国交易所探源》,《兰州大学学报》1990年第1期。

[153]张秀莉:《上海外商企业中的华董研究(1895—1927)》,《史林》2006年第6期。

[154]张忠民:《近代上海产业证券的演进》,《社会科学》2000年第5期。

[155]赵津:《不动产走向市场——论近代中国房地产商品化的历史前提》,《中国经济史研究》2005年第4期。

[156]赵津:《近代政府对城市土地经济的宏观调控》,《近代史研究》1994年第3期。

[157]赵津:《让更多的人共享经济史研究的成果——我在经济史教学改革中的一点尝试》,《中国经济史研究》2006年第2期。

[158]赵秀芳:《抗战前十年中国金融业的现代化趋向》,《文史哲》2003年第4期。

[159]郑仁木:《民国时期证券业的历史考察》,《史学月刊》1998第3期。

[160]郑晔:《近代五次金融风潮评述》,《四川金融》1998年第11期。

[161] 钟思远:《公债是私营银行发展的主要原因吗?》,《财经科学》1992年第4期。
[162] 钟思远:《旧中国的股票市场》,《海南金融》1998年第2期。
[163] 周建波:《洋务运动期间规范证券市场思想》,《中国改革》2001年第4期。
[164] 周育民:《清末内债的举借及其后果》,《学术月刊》1997年第3期。
[165] 周育民:《试论息借商款和昭信股票》,《上海师范大学学报》1990年第1期。
[166] 朱国明:《旧上海两大证券交易所的经营权之争》,《档案春秋》2007年第1期。
[167] 朱海城、朱秋孟:《近三十年中国近代华商股市研究述评》,《石家庄经济学院学报》2008年第5期。
[168] 朱荫贵:《"孤岛"时期的上海众业公所》,《民国档案》2004年第1期。
[169] 朱荫贵:《1918—1937年的中国证券市场》,《复旦学报》2006年第2期。
[170] 朱荫贵:《近代上海证券市场上股票买卖的三次高潮》,《中国经济史研究》1998年3月。
[171] 朱荫贵:《抗战前钱庄业的衰落与南京国民政府》,《中国经济史研究》2003年第1期。
[172] 朱荫贵:《抗战时期的上海华商证券市场》,《社会科学》2005年第2期。
[173] 朱荫贵:《抗战时期的上海中国股票推进会》,《中国经济史研究》2006年4月。
[174] 朱荫贵:《如何评价近代中国国家资本企业》,《学术月刊》2006年第8期。
[175] 朱荫贵:《试论近代中国证券市场的特点》,《经济研究》2008年第3期。
[176] 朱荫贵:《试论南京国民政府时期国家资本股份制企业形成的途径》,《近代史研究》2005年第5期。
[177] 朱荫贵:《中国近代股份制企业的特点——以资金运行为中心的考察》,《中国社会科学》2005年第5期。
[178] 庄少绒:《中国近代金融法治演进的特点及其影响因素——从法律文化的视角》,《理论月刊》2007年第11期。

五、外文文献

[1] 〔日〕滨田峰太郎:《支那の交易所:附邦人关系企业》,中华经济社大正十

一年版。

[2]〔日〕滨田峰太郎:《中国最近金融史——支那の通货、为替、金融》,东洋经济新报社昭和十一年版。

[3]〔日〕根岸佶、越智元治:《支那及满洲の通货と币制改革》,东亚同文会发行昭和十二年版。

[4]〔日〕井村薰雄:《通货の种别と金融》,上海出版协会昭和二年版。

[5]〔日〕井村薰雄:《支那の金融ご通货》,上海出版协会大正十三年版。

[6]〔日〕木村增太郎:《支那の经济と财政》,东京大阪屋号书店大正十二年版。

[7]〔日〕中支那振兴株式会社调查课:《上海华商证券业概况》,昭和十六年版。

[8] Albert Feuerwerker, "Materials for the Study of the Economic History of Modern China," *The Journal of Economic History*, 1961, 21:41—60.

[9] Andrea Lee McElderry, *Shanghai Old-style Banks (ch'ien-chuang), 1800—1935: A Traditional Institution in a Changing Society*, Ann Arbor: Center for Chinese Studies, University of Michigan, 1975.

[10] Arthur N. Young, *China's Wartime Finance and Inflation, 1937—1945*, Cambridge: Harvard University Press, 1965.

[11] Chen Zhiwu, "Stock Market in China's Modernization Process: Its Past, Present and Future Prospects," Yale School of Management, Working Paper, 2006.

[12] Frank M. Tamagna, *Banking and Finance in China*, New York: International Secretariat, Institute of Pacific Relations, 1942.

[13] Goetz Mann, William N. and Andrey Ukhov, *China and the World Financial Markets 1870—1930: Modern Lessons from Historical Globalization*, The Wharton Financial Institutions Center, 2001.

[14] Lance Davis, Larry Neal, Eugene N. White, "How It All Began: The Rise of Listing Requirements on the London, Berlin, Paris, and New York Stock Exchanges," *The International Journal of Accounting*, 2003, 38:117—143.

[15] Lance Davis, Larry Neal, "The Impact of Micro Structure on the Efficiency of Security Exchanges, London, New York, and Paris, 1800—

1914," *AEA Papers and Proceedings*, 1998, 5.

[16] Lamy Neal, Lance Davis, "The Evolution of the Rules and Regulations of the First Emerging Markets: the London, New York and Paris Stock Exchanges, 1792—1914," *The Quarterly Review of Economics and Finance*, 2005, 45:296—311.

[17] Philip C. C. Huang, "The Paradigmatic Crisis in Chinese Studies: Paradoxes in Social and Economic History," *Modern China*, 1991, 3:299—341.

[18] W. A. Thomas, "An Intra-Empire Capital Transfer: The Shanghai Rubber Company Boom 1909—1912," *Modern Asian Studies*, 1998, 32: 739—760.

[19] W. A. Thomas, *Western Capitalism in China: A History of Shanghai Stock Exchange*, Ash gate Publishing Limited, 2001.